La vie, sucrée

de Juliette Gagnon

DE LA MÊME AUTEURE

La Vie sucrée de Juliette Gagnon, tome 2, *Camisole en dentelle et sauce au caramel*, Éditions Libre Expression, 2014.

Pourquoi cours-tu comme ça ?, collectif, Éditions Stanké, 2014.

La Vie sucrée de Juliette Gagnon, tome 1, *Skinny jeans et crème glacée à la gomme balloune*, Éditions Libre Expression, 2014.

La Vie épicée de Charlotte Lavigne, tome 4, *Foie gras au torchon et popsicle aux cerises*, Éditions Libre Expression, 2013.

La Vie épicée de Charlotte Lavigne, tome 3, *Cabernet sauvignon et shortcake aux fraises*, Éditions Libre Expression, 2012.

La Vie épicée de Charlotte Lavigne, tome 2, *Bulles de champagne et sucre à la crème*, Éditions Libre Expression, 2012.

La Vie épicée de Charlotte Lavigne, tome 1, *Piment de Cayenne et pouding chômeur*, Éditions Libre Expression, 2011.

NATHALIE ROY

La vie, sucrée de Juliette Gagnon

TOME 3

Escarpins vertigineux
et café frappé à la cannelle

Libre Expression
Une société de Québecor Média

Catalogage avant publication de Bibliothèque et Archives nationales du Québec et
Bibliothèque et Archives Canada

Roy, Nathalie, 1967-
    La vie sucrée de Juliette Gagnon
    Sommaire: t. 3. Escarpins vertigineux et café frappé à la cannelle.
    ISBN 978-2-7648-0991-4 (vol. 3)
    I. Roy, Nathalie, 1967- . Escarpins vertigineux et café frappé à la cannelle. II. Titre.
III. Titre: Escarpins vertigineux et café frappé à la cannelle.

PS8635.O911V54 2014b   C843'.6   C2014-940382-8
PS9635.O911V54 2014b

Édition: Nadine Lauzon
Révision et correction: Marie Pigeon Labrecque et Julie Lalancette
Couverture et mise en pages: Chantal Boyer
Photo de l'auteure: Sarah Scott

Cet ouvrage est une œuvre de fiction; toute ressemblance avec des personnes ou des faits
réels n'est que pure coïncidence.

Remerciements
Nous reconnaissons l'aide financière du gouvernement du Canada par l'entremise du Fonds
du livre du Canada pour nos activités d'édition.
Nous remercions le Conseil des Arts du Canada et la Société de développement des entre-
prises culturelles du Québec (SODEC) du soutien accordé à notre programme de publication.
Gouvernement du Québec – Programme de crédit d'impôt pour l'édition de livres – gestion
SODEC.

Les Éditions Libre Expression
Groupe Librex inc.
Une société de Québecor Média
La Tourelle
1055, boul. René-Lévesque Est
Bureau 300
Montréal (Québec) H2L 4S5
Tél.: 514 849-5259
Téléc.: 514 849-1388
www.edlibreexpression.com

Dépôt légal – Bibliothèque et Archives nationales du Québec et Bibliothèque et Archives
Canada, 2015

ISBN: 978-2-7648-0991-4

Distribution au Canada
Messageries ADP inc.
2315, rue de la Province
Longueuil (Québec) J4G 1G4
Tél.: 450 640-1234
Sans frais: 1 800 771-3022
www.messageries-adp.com

Diffusion hors Canada
Interforum
Immeuble Paryseine
3, allée de la Seine
F-94854 Ivry-sur-Seine Cedex
Tél.: 33 (0)1 49 59 10 10
www.interforum.fr

À toutes mes lectrices et à tous mes lecteurs…
pour avoir changé ma vie

1

STATUT FB DE **JULIETTE GAGNON**
À l'instant, près de Boucherville
Déménager mon amie Clémence, c'est du sport!
Heureusement que Marie-Pier nous aide.
Trop hâte de sauter dans la piscine! 🏊
#faitchaud #brasmorts

—*O*n achève-tu? Je commence à être tannée!
— Il reste seulement trois boîtes, Juju. Une chaque pis on a fini.

Mon amie Clémence me regarde avec compassion, tandis que Marie-Pier, mon autre bonne copine, m'encourage à sa façon en me traitant gentiment de moumoune. Elle sait que ça me secoue les puces.

— OK, *go*! Mais après, on se jette dans la piscine.

Elles m'approuvent d'un signe de tête avant de retourner au camion chercher les dernières boîtes remplies à craquer. Je les suis en me traînant les pieds.

Aujourd'hui, 1er juillet, Clémence emménage chez Yanni, son amoureux qui habite la banlieue. Marie-Pier et moi lui avons offert notre aide pour tout apporter, à l'exception des gros meubles, puisqu'ils ont été transportés il y a quelques jours par son chum et ses amis.

Un petit déménagement facile, croyait-on. Euh... pas vraiment! Notre Clem en a, de la vaisselle, de la bouffe, des vêtements, des chaussures, des bibelots, des plantes, des cadres et des gugusses de toutes sortes. Et c'est sans compter le linge, les livres, les jouets et les autres bébelles des jumeaux.

J'ai un peu rouspété en constatant l'ampleur du travail, d'autant plus que Clémence n'avait pas fini d'emballer tous ses trucs, mais ma bonne humeur est rapidement revenue à l'idée de passer la journée entière avec mes copines.

Une fois de plus, je songe à quel point je suis chanceuse de les avoir dans ma vie. Sans elles, je ne serais pas passée à travers les dix mois qui viennent de s'écouler.

— Ta jambe? Ça va, Juju? s'informe Clémence avec empathie.

— Oui, oui, pas de problème.

Du bout des doigts, j'effleure la cicatrice avec laquelle j'apprends à vivre de mieux en mieux. Elle se trouve sur le côté extérieur de ma cuisse gauche et sa forme ronde me rappelle cette chaude nuit d'août de l'année dernière. Celle où tout aurait pu basculer.

— Tiens, en voilà une qui n'est pas trop lourde, précise Clémence, en déposant dans mes bras une boîte qui sent les épices.

— T'es plus obligée de me ménager, tu sais. Je suis complètement guérie.

De mes deux *best*, Clémence est celle qui a le plus souffert de ce qui m'est arrivé. Elle s'en est même voulu de ne pas avoir compris à quel point la femme de l'homme que je fréquentais à l'époque avait l'esprit dérangé.

Ursula Dimopoulos ; un nom que je m'efforce d'oublier, mais qui revient me hanter de temps en temps. Parfois, je la revois m'attendant dans mon appartement, son revolver dans les mains, le regard fou et la voix mécanique. Je me souviens d'avoir perdu connaissance, puis d'être revenue à moi quelques instants plus tard. C'est là que j'ai décidé de ne pas me laisser faire. Je lui ai sauté dessus, un coup de feu a retenti et la balle s'est logée dans ma cuisse.

J'en ai eu pour des mois de réadaptation, de découragement et de souffrance. J'ai même craint de ne plus pouvoir exercer mon métier, celui de photographe. Mais depuis quelques mois, je suis de retour sur mes deux jambes, avec une envie de vivre plus forte que jamais.

— Merci, les filles ! *Good job !* lance Clémence en déposant la dernière boîte sur le comptoir.

— *Yesss !* appuie Marie-Pier.

— Il était temps ! dis-je en essuyant du revers de la main la sueur qui coule sur mon front.

— Heureusement que ton chum avait une bonne excuse pour ne pas être là, dit Marie-Pier.

— Il pouvait pas refuser, précise Clémence. C'est la première fois qu'on lui demandait de remplacer à la radio.

Yanni est chroniqueur sportif à la télévision. Depuis longtemps, il rêve d'animer à la radio. C'est aujourd'hui son jour de chance ! Il est en ondes. *Now !*

— Tu l'écoutes pas, Clem ?

— Je vais me rattraper sur le Web plus tard. Là, on a autre chose à faire, hein les filles ? Allez donc dans la piscine. Je prépare de la sangria et je vous rejoins, propose notre hôtesse.

— Ohhh ! Bonne idée !

— De la sangria turquoise en plus, Juju. Ta préférée.

— Arrête de me gâter comme ça, Clem ! Je vais devenir haïssable.

— Parce que tu l'es pas déjà ? me taquine Marie-Pier.

— Dahhhh !

Je fais une fausse moue boudeuse et je m'éloigne vers la salle de bain pour me changer. Je sors mon bikini orange et blanc de mon sac de plage pour le déplier sur la sécheuse. Il est légèrement délavé et ça me rappelle les nombreuses heures passées dans la piscine pour mes séances de physiothérapie. Que de mauvais souvenirs… Je me dis qu'il est temps d'en acheter un nouveau, histoire de passer à autre chose et d'effacer définitivement toutes les traces de ce chapitre de ma vie.

D'un geste décidé, je jette mon deux-pièces dans la petite poubelle en osier et je sors en trombe.

— Clem !

— Qu'est-ce qui se passe ? me demande-t-elle, inquiète devant l'urgence de mon ton.

— As-tu un maillot de bain à me prêter ?

— Oui, oui. T'as oublié le tien ?

— Euh… pas vraiment, mais je suis plus capable de le voir, même en peinture.

Mon amie n'a pas besoin de me poser d'autres questions. Elle comprend que ce vêtement est lié à ma période noire. Et que je souhaite le faire disparaître… comme tout le reste qui y est rattaché.

— Je reviens.

Elle quitte la pièce et je retourne dans la cuisine où j'attrape un muffin sur une étagère à gâteaux. Comme tout ce qui entre dans la cuisine de mon amie, il semble fait maison. Je le sens pour déterminer sa saveur, mais aucun arôme ne s'en dégage. Je le grignote et… Ah ouache ! C'est lourd et même pas sucré. J'avale ma bouchée sans la mâcher et je remets le muffin sur l'étagère, en le plaçant de façon à ce qu'on croie qu'il est intact.

— J't'ai vue !

Marie-Pier surgit à mes côtés, vêtue d'un maillot sport prune, qui est tout sauf sexy. Je n'ose pas le lui dire, mais depuis qu'elle a recommencé à courir des marathons je trouve qu'elle fait moins d'efforts pour avoir l'air féminine. Elle s'habille presque uniquement avec des vêtements de sport ou de plein air, sauf quand elle travaille comme vendeuse d'autos au garage de son père. Le reste du temps, c'est Marie-Pier l'athlète. Et ça ne plaît sûrement pas à tous les hommes. Mais bon, comme elle me dit qu'elle n'est pas malheureuse, célibataire, je la laisse faire.

— Ils sont pas mangeables, ces muffins-là !

— Ben voyons ! Ça doit pas être si pire.

— Goûtes-y, tu vas voir !

Mon amie m'obéit et en arrive au même constat que moi.

— C'est à quoi, tu penses ? m'interroge-t-elle.

— Au son, peut-être ?

— D'habitude, y a des raisins, non ?

— Me semble. Mais peut-être que les raisins font partie de ce que Clem veut éliminer de son alimentation.

— Ben voyons, c'est des fruits !

— Ouin, mais comme on n'en produit pas au Québec...

Ce printemps, Clémence, nutritionniste bien établie, a suivi une formation d'appoint sur l'alimentation responsable. Depuis, elle tente de manger exclusivement des produits locaux. C'est certes louable et je l'admire d'agir pour préserver notre planète et encourager l'économie québécoise, mais elle est parfois un peu trop intense à mon goût. Comme ce midi de la semaine dernière où, en revenant d'une escapade au zoo de Granby avec ses jumeaux de sept ans, je l'ai convaincue d'arrêter dans un *fast food* pour souper. Avant même que je commande ma poutine, elle a demandé au cuisinier la provenance des pommes de terre qu'il utilisait. «Du franchiseur», a-t-il indiqué.

Devant sa réponse stupide, Clem a eu envie de tourner les talons, mais comme ses flos réclamaient leurs *hot-dogs* à grands cris, elle a cédé. Non sans rechigner pendant tout le repas.

— On avait pas dit qu'on commandait une pizza? me rappelle Marie-Pier, en jouant avec le muffin, ne sachant plus trop quoi en faire.

— Clem a changé d'idée. Elle va nous faire des hamburgers.

— Hein? Des vrais hamburgers?

— Comment ça, des «vrais»? Qu'est-ce que tu veux que ce soit d'autre?

Voyant que mon amie n'a pas trouvé de solution pour se débarrasser du muffin qu'elle tient toujours entre ses mains, je m'en empare et je le mets à la poubelle. Non sans avoir pris la précaution de le cacher sous d'autres déchets. Marie-Pier approuve mon geste en me jetant un regard complice.

— *Check* ben ça, elle va les faire avec du tofu!

— Ah non! Pas des hamburgers au tofu? Yark!

— C'est exactement ça! lance Clémence en entrant dans la cuisine. Et c'est très bon, vous allez voir.

Oups… Nous voilà prises en flagrant délit. Comme je sais que le sujet de la bouffe santé est particulièrement épineux entre nous, je tente de me racheter.

— J'ai pas dit que c'était pas bon, j'ai…

— Juju, je te demande juste un peu d'ouverture d'esprit.

— OK, c'est beau, je vais en manger. Mais j'espère que t'as du ketchup.

— Ben oui! Mais avant, on va prendre notre sangria. Allez vous préparer, j'ai presque fini.

Clémence me tend un maillot de bain noir et blanc et me tourne le dos pour attraper la bouteille de curaçao bleu dans une armoire. Je pose ma main sur son épaule. Elle se retourne, l'air inquiet.

— Merci, Clem. Merci pour tout.

Ma copine me fait un sourire attendrissant et je la quitte en la priant de ne pas se faire attendre trop longtemps.

*

— Quelle date t'as dit, Marie?

— Pas avant début août.

— Toi, Clem, c'est possible?

— Attends un peu, je vérifie sur mon calendrier.

Rafraîchies par notre baignade et notre sangria, nous voilà à table, en train de manger nos burgers qui sont, ô surprise, délicieux. La conversation porte sur nos vacances estivales. Notre grand défi: trouver trois jours où nous sommes disponibles en même temps pour aller à la mer. C'est loin d'être évident.

— Je pourrais… les 3, 4 et 5, précise Clémence.

— *Fuck!* J'ai un contrat le 5, dis-je. Les 2, 3 et 4?

— Humm… j'ai les gars jusqu'en fin d'après-midi, mais je pourrais demander à mon ex de les garder.

— Emmène-les, sinon, propose Marie-Pier, elle-même maman d'une petite fille.

— NON! PAS QUESTION!

— Capote pas, Juliette!

— On a dit qu'on voyagerait juste les trois. Pas de chum, pas de flos. C'est clair, me semble?

— Ouin, ben, à ce sujet…

À son air légèrement embarrassé, je comprends immédiatement où mon amie veut en venir.

— Marie-Pier, t'as promis!

— J'ai rien promis pantoute.

Je prends une grande respiration pour me calmer. Et comme mon verre de sangria est vide, je ne peux pas compter sur l'alcool pour m'aider. Dans ma tête, je cherche une façon stratégique de lui faire comprendre que sa fille peut se passer d'elle pendant quelques jours.

— Elle a quel âge, Eugénie, maintenant? Un an et demi?

— Pas encore.

— Tu penses pas que ce serait bien que ta fille comprenne que t'as une vie, toi aussi? Que t'existes pas juste pour la satisfaire, elle?

Ma copine me dévisage avec un drôle d'air, comme si j'avais dit une énorme bêtise. Pourtant, je crois fermement que, enfant ou pas, on doit respecter les autres.

— Juliette, arrête de dire des conneries. Tu connais rien là-dedans.

— C'est pas des conneries. Hein, Clem?

— Euh… ça marche pas comme ça, Juju. Les enfants, surtout à cet âge-là, ne veulent pas te partager.

— Il faudrait qu'ils apprennent, si tu veux mon avis!

Mes *best* poussent un soupir de découragement. Je déteste quand elles se mettent à deux sur mon cas. Ce n'est pas parce que je ne suis pas moi-même maman que mon opinion ne compte pas.

— En tout cas, moi je pars à trois ou je pars pas pantoute!

— Ah que t'es intense! OK, c'est beau, je l'emmènerai pas.

— Bon, ça c'est mieux! Et puis son père peut s'en occuper, non?

L'année dernière, Marie-Pier et Félix, le papa de sa fille, ont tenté de se rapprocher. Ils se sont fréquentés quelques mois, mais ça n'a pas fonctionné. Pourquoi? Ma copine est restée vague à ce sujet. Je la soupçonne d'avoir mis fin à leur relation pour éviter de s'engager avec lui… et garder le contrôle sur Eugénie. Un papa présent les fins de semaine et pendant les vacances, c'est moins menaçant qu'un père à plein temps, non?

— Oui, oui, c'est pas ça, le problème.

— C'est quoi, d'abord?

— Rien, rien…

— Marie, *come on*! dis-je, irritée.

— J'ai peur de m'ennuyer. Trois jours sans elle, j'ai jamais fait ça.

Son ton légèrement angoissé efface toute mon exaspération. Je croyais qu'avec le temps mon amie deviendrait une maman moins tourmentée. Mais non. Au contraire, on dirait que ça empire. Quand elle a accepté de faire une place à Félix dans leurs vies, j'étais certaine qu'elle lâcherait prise. Bon, pas complètement, on s'entend, mais au moins un petit peu. Et non, rien n'a changé. C'est tout juste si elle permet au père de sa fille de la lui «enlever» pendant une journée et demie.

Ça m'attriste de la voir mettre sa vie amoureuse au neutre comme elle le fait depuis la naissance de ma filleule. La seule bonne nouvelle des derniers mois, en ce qui concerne Marie-Pier, c'est qu'elle a renoué avec sa passion de la course à pied. Si seulement elle pouvait rencontrer un beau marathonien qui lui chavirerait le cœur…

— Tu sais, Marie, intervient Clémence de sa voix douce, ça passe très vite trois jours.

— C'est vrai, ça, dis-je. De toute façon, avec le programme que j'ai en tête, t'auras pas le temps de t'ennuyer.

En entendant mon ton coquin, Marie-Pier fronce les sourcils.

— On avait pas dit qu'on allait là pour se reposer ?

— Ben là ! Noooon ! On se reposera après.

— Je suis pas certaine de vouloir te suivre. C'est quoi exactement ton *programme* ?

Quelle question inutile ! Comme si elle ne savait pas ce que j'avais envie de faire pendant cette escapade.

— Coudonc, Marie, faut-tu tout t'expliquer de A à Z ?

— C'est pas ça ! C'est juste que j'ai pas besoin de m'envoyer en l'air avec n'importe quel Américain de service, moi !

Sa remarque jette un froid à table. Je ne mérite pas pareille accusation. Pas après tout ce que j'ai vécu. Je bondis de ma chaise, prête à l'attaque.

— Un Américain de service, c'est mieux qu'un vibrateur de service, tu sauras.

— En tout cas, tu vas prendre ta chambre toute seule. Moi pis Clem, on dort pas avec toi.

— Les filles, arrêtez-moi ça, OK? nous prie notre hôtesse. On dirait pas que vous avez vingt-huit ans.

Comme toujours, Clémence, notre aînée de six ans, a le don de nous faire descendre de nos grands chevaux. Je me rassois tranquillement, encore d'humeur bougonne, mais moins furieuse. Marie-Pier évite mon regard, ce qui signifie qu'elle éprouve un malaise et possiblement du remords.

— J'ai le droit d'avoir du *fun*, bon, dis-je, les yeux rivés sur mon assiette désormais vide.

Il s'écoule quelques secondes avant que Marie-Pier prenne la parole.

— S'cuse-moi. J'aurais pas dû dire ça.

— C'est *cool*.

— Fait que… on se *booke* ça? C'est beau pour tout le monde? vérifie Clémence.

— Moi, j'embarque, dis-je.

— Oui, oui, je vais être là… sans Eugénie.

— Yé!

Ma bonne humeur retrouvée, je suggère à mes amies de poursuivre le *party* en nous concoctant notre *drink* préféré, puisque nos verres sont vides. Nous débarrassons la table et, une fois à l'intérieur, j'offre mes services de barmaid.

— Je vais nous faire les meilleurs mojitos au monde!

— C'est pas la modestie qui t'étouffe, hein? me nargue amicalement Marie-Pier, ce qui me confirme que notre épisode est bel et bien terminé.

— *Nope!* Je sais peut-être pas faire grand-chose dans une cuisine, mais derrière un bar, c'est une autre histoire.

Je fouille dans l'armoire vitrée, parmi les mille et une bouteilles de boisson : tequila, brandy, vodka à l'érable, amaretto, Grand Marnier, etc. Rien pour me satisfaire.

— Ça va mal, Clem, t'as pas de rhum.

— Oui, oui, j'en ai apporté de l'appart. Regarde là-dedans.

Du doigt, elle m'indique un tas de boîtes non déballées. Je m'en approche et j'en ouvre une première : les jouets des jumeaux. Je la referme. La deuxième contient des produits de pharmacie : shampoing, fixatif, démaquillant, vernis à ongles en quantité industrielle, etc.

— On aurait dû les identifier. C'est même pas des trucs qui vont dans la cuisine !

— En dessous, peut-être…

Je déplace quelques boîtes pour en ouvrir une troisième. Mon regard est aussitôt attiré par un article de journal plié en deux. À la lecture du titre, je me fige. J'ai le souffle coupé. « François-Xavier Laflamme remporte le Prix du jeune architecte de l'année. »

F-X. Mon amant. Celui avec qui je voulais faire ma vie. Celui avec qui plus rien n'est possible. Je m'attarde sur la photo qui accompagne le texte. Ses grands yeux tendres et son sourire charmeur réveillent en moi une foule de souvenirs.

2

STATUT FB DE **JULIETTE GAGNON**
Il y a 3 mois, près de Montréal
C'est un miracle !!! J'ai fini ma réadaptation. À la
poubelle, les béquilles, la canne et tout le reste. Je suis
guérie… et ce n'est pas un poisson d'avril. Qui vient
fêter avec moi au Furco ?

— *V*ous allez être combien, finalement ?
— Euh… Je ne sais plus trop.

En arrivant au Furco, il y a trente minutes, je me
suis assise à une table pour quatre personnes, croyant
que des amis se joindraient à moi en cette fin de
journée du 1er avril. Mais plus d'une heure après avoir
lancé l'appel à tous sur Facebook, je suis toujours seule
et quelque peu découragée.

Moi qui me faisais une telle joie de partager la
bonne nouvelle de ma guérison avec d'autres. Je
savais que je ne pouvais pas compter sur Marie-Pier et
Clem, toutes deux retenues au boulot, mais je croyais

sincèrement que, sur mes deux mille cent quarante-cinq connaissances Facebook, quelques-unes se pointeraient. Et ça se dit des amis… Pfffff!

C'est donc en tête à tête avec ma bière et un bol de frites-mayonnaise que je célèbre la fin d'un long et difficile parcours. Physiquement autant qu'émotivement. Mais tout ça est derrière moi. Maintenant, je n'ai qu'une envie: me remettre à la photo. Après sept mois d'inaction, j'ai des fourmis dans les jambes.

Si je n'ai pas pu accepter de contrat pendant tout ce temps, j'ai cependant préparé mon retour. J'en ai profité pour explorer un aspect de la photo que j'avais envie d'essayer depuis longtemps: le reportage. J'ai proposé des idées de sujets à la direction de plusieurs revues féminines avec lesquelles j'étais déjà en contact.

Ma suggestion de suivre dans leur quotidien des hommes et des femmes qui exercent un métier dangereux a plu à la rédactrice en chef de *Miss Duchesse*. C'est donc dans deux semaines que je commence cette série, en accompagnant un pompier-araignée sur le terrain. Une journaliste fera une entrevue avec lui par la suite. Je suis trèèèèèès heureuse de ce tournant de ma carrière, qui donnera un nouvel élan à ma petite entreprise fondée l'année dernière.

Autour de moi, le bar se remplit de plus en plus: des travailleurs du centre-ville en veston-cravate venus pour le 5 à 7, des groupes de filles hyper sexy qui boivent du vin rosé ou des cosmos en rigolant, une gang de copains et copines *hipster* qui parlent fort et quelques touristes qui souhaitent se fondre dans la faune montréalaise… Je suis la seule à être seule. Plutôt poche…

J'ai soudainement le goût d'être ailleurs. Là où la solitude ne me pèsera pas. Dans une salle de cinéma, par exemple. Sur mon iPhone, je consulte l'horaire des films en salle, en terminant ma bière le plus rapidement possible. Concentrée sur ma recherche, je ne vois le serveur poser un seau sur ma table qu'à la dernière minute.

— C'est quoi?

— Une bouteille de mousseux.

Surprise, je regarde autour de moi pour voir qui peut bien m'avoir envoyé pareil cadeau. Aucune connaissance à l'horizon.

— Ça vient de qui?

— On m'a demandé de garder le secret, répond le serveur en plaçant deux flûtes devant moi qu'il s'empresse de remplir.

Intriguée et amusée par la situation, je scanne les noms de mes amis dans ma tête, à la recherche de celui ou celle qui a assez de classe pour faire un tel geste. Il s'agit certainement de quelqu'un qui sait que j'aime les bulles italiennes puisque j'ai devant moi une bouteille de Prosecco.

Immédiatement, mes soupçons se portent sur mononcle Ugo, le meilleur ami de maman. Ugo n'est pas mon vrai oncle, mais c'est tout comme. Et même plus. Depuis mon enfance, il est là pour moi. Davantage maintenant, puisque mes parents sont partis vivre au Costa Rica, il y a quelques années. Oui, c'est tout à fait son genre de commander du mousseux.

Je surveille les environs, la tête tournée vers le bar, espérant le voir surgir. Tout à coup, j'entends qu'on tire la chaise à ma gauche. Je me retourne, toute souriante, prête à accueillir mononcle. Quand j'aperçois l'homme qui prend place à mes côtés, mon sourire s'efface aussitôt. François-Xavier.

— Qu'est-ce que tu fais là?

Il me regarde droit dans les yeux, nullement déconcerté par mon ton légèrement agressif.

— Je veux qu'on se parle. Pour vrai cette fois-ci.

— On a rien à se dire, F-X. Ça fait cent fois que je te le répète.

Il reste silencieux quelques instants. Son regard, toujours fixé sur le mien, est d'une telle intensité qu'il me trouble tout entière.

Mes jambes deviennent molles, ma respiration, plus rapide, et une grande chaleur envahit le bas de mon ventre. Le désir. Puissant, violent, douloureux. Celui qui me fait perdre la tête, qui m'aspire complètement et m'enlève tout jugement. Un désir comme j'en ai rarement connu et que je refuse de ressentir à nouveau pour lui.

J'essaie de chasser mon excitation en repensant à toute la peine que j'ai vécue parce que je suis tombée amoureuse de ce gars marié à une folle et papa d'un jeune enfant. Et à tous les problèmes que ça m'a apportés. Je m'efforce de focaliser mon attention sur ces pensées, mais les images qui me viennent en tête sont plutôt celles de ses mains enivrantes sur mon corps. Elles caressent langoureusement l'aréole de mes seins, effleurent l'intérieur de mes cuisses, chatouillent mon clitoris et m'amènent à… NON ! Je ne veux plus penser à lui. Je bois d'un trait mon verre de mousseux, je repose la coupe bruyamment et je bondis de ma chaise.

— Je m'en vais !

— Donne-moi deux minutes, s'il te plaît.

— Non.

— Juliette…

F-X se lève à son tour, tend la main vers la mienne, que je cache derrière mon dos. Mon geste ne semble pas le décourager.

— Je te crois pas, Juliette.

— Qu'est-ce que tu crois pas ?

— Que tu m'aimes plus.

J'attrape mon sac à bandoulière rose Adidas, bien décidée à fuir. Pas question d'aborder ce sujet. Mes sentiments envers mon ex-amant sont confus dans mon cœur, mais pas dans ma tête. C'est elle qui me dit que je ne l'aime plus. Et si mon cœur et mon corps veulent me lancer un autre signal, eh bien je n'ai qu'à faire la sourde oreille. Et tout sera plus facile.

— Fais-toi à l'idée, F-X. C'est fini.

— Je suis libre, maintenant. Tu le sais.

Libre, François-Xavier Laflamme ? Pas vraiment ! Oui, d'accord, il a quitté Ursula après qu'elle m'a agressée. Facile, elle est en prison depuis son arrestation. Mais qu'arrivera-t-il quand elle sortira, possiblement au cours des prochains mois ? Crisse de système de justice à marde qui libère les détenus au tiers de leur peine ! Une peine de trois ans se transforme en un séjour d'un an. Inadmissible !

Et maintenant qu'il est monoparental, que sa belle-famille tente de contrôler sa vie, qu'il gère son bureau seul, sans associé, alors que sa carrière d'architecte est à son sommet... je ne vois pas comment Juliette Gagnon pourrait *fitter* dans tout ça ! Trop compliqué, trop dangereux.

Je ne peux pas nier qu'il m'est arrivé d'y penser. Reprendre avec F-X. C'est ce qu'il a voulu dès qu'il a été débarrassé de sa miss Tzatziki. Mais quelque chose s'est brisé la nuit où Ursula m'attendait dans mon appart. J'ai été trop démolie, trop fragilisée pour pouvoir m'abandonner dans ses bras à nouveau. Même si parfois c'est ce que je souhaiterais le plus au monde. La confiance en notre avenir ensemble s'est envolée.

— Combien de fois va falloir que je te répète que c'est fini, nous deux ?

— Dis-moi que tu m'aimes plus en me regardant droit dans les yeux pis je vais te laisser tranquille.

Ça, j'en suis incapable. Il va deviner que je lui mens, j'en suis certaine. François-Xavier me connaît depuis l'enfance. Nous avons grandi dans la même rue et il a toujours su lire mon âme.

— Faut que j'aille aux toilettes.

Je m'y dirige avec la ferme intention de quitter le bar immédiatement après avoir séché les larmes qui me montent aux yeux. Pourquoi faut-il qu'il vienne me bouleverser à nouveau ? J'étais bien ces derniers mois, sans le voir, sans l'entendre, sans le lire. Comment a-t-il su que je venais ici ? Nous ne sommes plus amis Facebook… À moins qu'il ait utilisé un pseudonyme pour me suivre.

En entrant dans le cabinet, je me promets de faire le ménage de mes contacts dès que je serai à la maison. Assise sur la cuvette, je laisse mes larmes couler, en me disant qu'il me faudra encore des semaines avant de l'oublier. Je pleure silencieusement, pour éviter d'attirer l'attention des deux filles qui se maquillent de l'autre côté de la porte.

Quand elles quittent la pièce, quelques instants plus tard, je me sens un peu mieux. J'essuie mon visage avec du papier hygiénique et je tire le loquet. Je m'apprête à sortir quand on pousse la porte contre moi. Surprise et affolée, je tente de la refermer, mais je n'y arrive pas. Elle s'ouvre finalement sur F-X, qui s'introduit dans la cabine et enclenche le verrou.

Sans un mot, il s'avance et je recule jusqu'au fond, coincée entre le mur et la toilette. Il a ce regard que je lui connais bien. Fougueux, déterminé, provocant. Celui qui annonce clairement ses intentions. Et lui répondre non, ce n'est pas une option. Il s'arrête à dix centimètres de moi et me fixe, comme le loup prêt à bondir sur sa proie.

Même si mon corps tout entier frissonne de désir, j'ai encore ma tête qui, elle, sait ce qui est bien pour moi. Il approche sa main de ma taille et soulève ma blouse, m'allumant deux fois plus. Au même moment, j'entends quelqu'un entrer dans la cabine voisine, ce qui me ramène à la raison.

— Non.

F-X n'en a rien à foutre de mon faible « non », que j'ai murmuré pour ne pas alerter la femme qui fait pipi à côté. Il pose sa main douce sur mon ventre et remonte jusqu'à mon sein gauche, rabaisse le bonnet de mon soutien-gorge pour frôler mon mamelon. Je gémis de plaisir en lui répétant un « non » pas du tout senti et il poursuit ses caresses plus intensément. Il m'embrasse dans le cou puis sur la bouche, me forçant à ouvrir les lèvres. *Oh my God* que c'est bon! J'ai trop envie qu'il me prenne là, tout de suite. Mon corps réclame furieusement le sexe dont il est privé depuis des mois.

Comme s'il avait compris mes besoins, F-X descend la fermeture éclair de mon jeans d'un coup sec et fait de même avec la sienne. Puis c'est l'extase. Et je voudrais que ça dure des heures et des heures. Je m'abandonne totalement, oubliant tout ce que j'ai enduré récemment.

Quelques minutes plus tard, alors qu'il replace ses beaux cheveux bruns que j'ai ébouriffés pendant l'amour, la peur revient me hanter. Peur que l'histoire se répète. Peur d'être à nouveau prise à espérer un homme qui n'a pas de temps pour moi et dont la vie est ultra compliquée. Peur que sa crisse de malade d'ex s'en prenne une autre fois à moi. Peur de souffrir encore. Et je ne veux plus ça. *Never!*

Avant de me quitter, il me caresse la joue en me souriant tristement. Il se penche à mon oreille.

— Je vais t'attendre, Juliette. Jusqu'à ce que t'arrêtes de te convaincre que t'es capable de te passer de ça.

Ses paroles m'ébranlent, mais je reprends vite le contrôle. Je le regarde sortir du cabinet en me jurant que c'est la dernière fois de sa vie qu'il me baise.

3

STATUT FB DE **JULIETTE GAGNON**

Il y a une heure, près de Montréal

Aujourd'hui, je prends mon destin en main.
Fini l'attente ! Je passe à l'action… policière.
À suivre. ☺

— Bonjour, j'aimerais voir le sergent-détective Vaillancourt, s'il vous plaît.

— Euh… vous voulez dire Patrick Vaillancourt ?

— Oui, oui, Patrick Vaillancourt.

Me voici au quartier général du Service de police de la Ville de Montréal, en ce lendemain du déménagement de Clémence. La réceptionniste qui m'accueille semble mystérieusement mal à l'aise devant ma requête.

— C'est à quel sujet ?

— C'est personnel.

La dame dans la cinquantaine, à la coupe courte et banale, retire ses lunettes de presbytie et m'observe quelques instants avec insistance. J'ai l'impression qu'elle essaie d'en savoir plus sur mon identité.

— Donc, ça ne concerne pas une enquête en cours?

— Euh… oui et non.

Le regard de mon interlocutrice se fait maintenant inquisiteur. Je réalise que ma réponse est vraiment stupide.

— C'est oui ou c'est non?

— Non, désolée…

— L'agent Vaillancourt est occupé pour le reste de la journée. Je peux lui transmettre un message?

— Il doit bien prendre un *break* pour le lunch, dis-je, en regardant ma montre qui indique 11 h 50.

— Il est à l'extérieur du bureau.

— Je peux attendre qu'il revienne.

— Je ne vous le conseille pas, mentionne-t-elle sèchement. Donnez-moi votre numéro, il va vous rappeler.

Je ne peux m'empêcher de soupirer d'impatience, ce qui fait hausser les sourcils de la réceptionniste. Mais je m'en fiche. J'ai besoin de parler à Patrick aujourd'hui. Et le plus tôt sera le mieux.

Cet enquêteur est le policier qui a piloté mon dossier impliquant miss Tzatziki. Il a été tellement gentil et dévoué que je cherche depuis longtemps une façon de le remercier. C'est la nuit passée, dans un moment d'insomnie, que j'ai trouvé une super idée. Je souhaite la lui proposer à l'instant.

— Madame? Votre numéro? me demande à nouveau l'employée du SPVM.

Bon, je n'ai plus le choix. Déçue, je lui donne mes coordonnées et je quitte l'endroit. À l'extérieur, Montréal vibre au rythme du Festival de jazz, une des nombreuses célébrations de l'été. Et une des raisons qui fait que j'aime tant ma ville pendant la saison chaude. Non pas que je sois une grande amatrice de jazz, mais j'adore l'ambiance qui règne dans les rues du Quartier des spectacles, devenues piétonnières pour l'occasion.

Ce midi, travailleurs et touristes se côtoient pour un lunch rapide au son des saxophones, contrebasses et trompettes. Des spectacles intimes et doux prennent place le jour et ça donne envie de flâner un peu.

Je m'arrête à un camion qui offre de la cuisine de rue pour commander une assiette de *fish and chips* de morue. Je gagne l'esplanade de la Place des Arts et je m'assois dans l'immense escalier pour savourer mon dîner, tout en observant la faune bigarrée. J'aime contempler les gens, toujours à l'affût d'une scène qui ferait une belle photo. Mais à l'heure actuelle, rien ne m'inspire. Je m'efforce de trouver quelque chose, mais le cœur n'y est pas.

Malgré moi, mon esprit me ramène à ma journée d'hier, au moment où j'ai découvert l'article de journal qui m'a bouleversée au point d'avoir de la difficulté à m'endormir le soir venu. Mes amies ont tenté tant bien que mal de me changer les idées, mais le fantôme de F-X a assombri notre moment entre filles.

Ça faisait longtemps que je n'avais pas pensé à mon ex-amant. Des semaines, en fait. Depuis notre dernière rencontre, dans les toilettes du Furco il y a trois mois, F-X a voulu renouer, me faisant assidûment la cour par texto. Voyant que je ne répondais jamais, il a cessé de m'écrire des messages d'amour, souvent coquins, accompagnés de photos qui me chaviraient. Le dernier texto qu'il m'a fait parvenir le mois passé disait ceci :

« Je t'aime, Juliette, et je t'aimerai toujours. Quand tu seras prête, je serai là, mais pour l'instant, je te laisse réfléchir. En espérant que tu me reviendras bientôt. xxxxxxxx »

Depuis, plus de nouvelles. Et je m'en porte bien. Quand je ne le vois pas ou que je n'entends pas parler de lui, je parviens à le ranger dans un petit tiroir de mon cœur. Mais dès qu'il se manifeste, je faiblis.

Cette nuit, entre une crise de larmes et une rage de sucre qui m'a poussée à engloutir la danoise aux framboises que je me réservais pour le déjeuner, j'ai décidé que c'était assez. Fini le « braillage » pour F-X Laflamme ! Il n'est pas le seul gars sur la Terre, après tout. Et comme la meilleure façon d'oublier un homme, c'est d'en avoir un autre dans son lit, j'ai scanné dans ma tête tous les *prospects* possibles. Et celui sur lequel j'ai arrêté mon choix s'appelle Patrick Vaillancourt. En plus, il est sergent-détective, ce que je trouve particulièrement séduisant. Détective... ça fait mystérieux. Comme lui.

Quand je l'ai connu, dans le cadre de l'enquête policière, j'ai tout de suite été charmée par cet homme de trente-quatre ans, nouvellement affecté aux crimes contre la personne... et célibataire. Si je connais ces détails, c'est tout simplement parce que je l'ai questionné. Ça n'a pas été évident de le faire parler, mais à chaque rencontre j'en apprenais un peu plus sur le bel enquêteur au regard sombre.

Nous nous sommes parlé à plusieurs reprises, même après la fin des procédures judiciaires. Je lui ai donné des nouvelles de façon régulière pendant plusieurs mois, le tenant informé de l'évolution de ma réadaptation.

Avec ses cheveux foncés plaqués vers l'arrière, ses sourcils hyper fournis légèrement en broussaille et son air réservé qui appelle au mystère, Patrick est bien différent des hommes qui m'attirent généralement. Il ne sourit pas comme un Dieu et il est plutôt de nature discrète et sérieuse. Est-ce que je le qualifierais de ténébreux ? Comme les personnages des romans policiers que je lis ? Je pense que oui. Et ça me plaît.

Il ne joue pas non plus la carte de la séduction... Mais ça, c'est parce que j'étais une « victime ». Me *cruiser* aurait été un manque de professionnalisme total. Mais maintenant que mon dossier est clos, plus rien ne l'en empêchera. Je me croise les doigts en souhaitant fort, fort qu'il me rappelle.

Mon plat terminé, je quitte l'esplanade avec l'envie de boire un café glacé pour faire passer le tout. Je marche dans la rue Sainte-Catherine en direction d'un commerce où je peux utiliser une de mes nombreuses cartes de fidélité. À la quantité de frappuccinos à la noisette, de mokas au caramel salé, d'espressos *con panna*, de limonades au thé glacé et de frappés orange et mangue que je consomme sur la route, mes cartes sont fort utiles.

J'entre dans une brûlerie et l'odeur de café fraîchement infusé me réjouit aussitôt. Petits bonheurs de la vie que j'apprécie de plus en plus… Une fois ma boisson entre les mains, je décide de paresser un peu dans un confortable fauteuil en cuir brun. Je m'y installe et je fais défiler mon fil Facebook sur mon cellulaire pour passer le temps.

J'apprends qu'une amie cuisine une salade mexicaine pour le lunch, qu'une autre veut acheter un climatiseur d'occasion pour sa chambre, que le chien d'un tel est tout sale après avoir joué dans la boue, que les ongles de cette fille de Québec sont maintenant d'un beau « vibrant violet », que cet animateur radio de Sherbrooke a été « nominé » pour faire trois actions positives par jour, qu'une autre devrait vivre à Londres, si l'on en croit ce stupide questionnaire… Bref, la routine, quoi ! Mais rien qui m'allume vraiment pour commenter.

Je publie une photo de mon frappuccino, à la vanille cette fois-ci, pour faire différent. J'ajoute un simple « Menoum » et j'attends les *like* et les commentaires de mes amis. Je sais, ça fait un peu « fille qui n'a pas de vie », mais sincèrement, il y a des jours où je me sens exactement comme ça. Et aujourd'hui, c'est le cas.

Cet après-midi, par exemple, je n'ai aucune idée de la façon dont je vais occuper mon temps. Pourtant, la journée est superbe. Je pourrais faire une balade à vélo le long du canal Lachine, relaxer à ce spa-sur-l'eau dans le Vieux-Port ou sauter dans ma petite Honda pour aller photographier les chevreuils qui peuplent ce magnifique parc de Longueuil… mais on dirait que rien ne me tente. Avec mes amies, j'aurais plus envie de bouger, mais seule, je manque de motivation.

Parfois, mes horaires irréguliers me pèsent. Comme aujourd'hui, un mardi où mes copines sont au boulot. Ou samedi dernier, quand j'ai travaillé toute la journée et la soirée pour un mariage. Mais bon, c'est ça la vie d'entrepreneure. Je vais là où mes clients me demandent. Parfois, c'est juste chiant.

Je termine ma boisson bien sucrée en faisant un peu trop de bruit avec ma paille. Oups... Je lève les yeux pour voir si on a entendu mon manque de savoir-vivre, mais je suis soulagée de constater que personne ne fait attention à moi. Mon regard est attiré par un homme et une femme en uniforme qui font la file pour commander un café. Deux policiers... dont l'un est nul autre que Patrick Vaillancourt !

Meuhhhhh ! Tu parles d'un hasard ! Bon, c'est vrai qu'il travaille à deux pas d'ici, mais quelle chance tout de même. Moi qui voulais justement lui parler. Je replace ma frange derrière mon oreille et je m'avance vers lui. Tout occupé qu'il est à sortir de l'argent de son portefeuille, il ne me voit pas arriver à ses côtés.

— Patrick ?

L'enquêteur se tourne vers moi et affiche un air surpris. C'est la première fois que je le vois en « habit de police » : chemise bleu très foncé, veste noire sans manches, pantalon dans les mêmes teintes... Wow ! Vraiment sexy, ce kit !

À l'époque, il portait toujours un complet un peu quelconque, de couleur sombre, avec une chemise blanche ou bleue et une cravate sans grande person-nalité. J'ignore pourquoi il a changé son habillement, mais ça lui va à ravir.

— Juliette Gagnon ?

— Yep ! C'est moi.

Je lui tends la main, qu'il serre avec un peu trop de retenue à mon goût. Il n'a jamais été très chaleureux, mais là, sa froideur m'attriste.

— Comment allez-vous ? demande-t-il poliment.

Hein ? Depuis quand me vouvoie-t-il ? Il est vrai qu'à l'époque ça n'a pas été facile de le convaincre de me tutoyer, mais je croyais que c'était chose réglée.

— Super bien. Et toi ?

Pas question de me mettre à lui donner du vous à mon tour. Surtout pas avec les intentions qui m'animent. À la gauche de Patrick, sa collègue semble se poser des questions à mon sujet. Je décide d'éclaircir la situation, en lui tendant aussi la main.

— Bonjour, j'ai connu Patrick l'année dernière, quand il a enquêté sur une histoire qui m'est arrivée. Il a fait une super job !

— Enchantée. Régine Murat, je suis sa *partner*.

Ah bon ! Méchante partenaire, mon Patrick ! On pourrait sans l'ombre d'un doute qualifier Régine de magnifique. D'origine haïtienne, elle est splendide avec ses longs cheveux de jais, bouclés et attachés en queue de cheval, ses lèvres pulpeuses maquillées d'un *gloss* très léger et ses yeux aux très longs cils. Elle ressemble plus à un mannequin qu'à une policière. D'autant plus qu'elle doit mesurer au moins un mètre soixante-dix-sept et qu'elle n'a pas une once de graisse sur le corps.

— Vous travaillez aux enquêtes aussi ?

— Non, non, je suis patrouilleuse.

— Ah d'accord.

Patrick détourne le regard pour se concentrer sur le menu, inscrit sur un tableau derrière le comptoir. Il ne semble pas très à l'aise de poursuivre la conversation. Ce qui ne m'empêche pas de la relancer.

— Je t'ai jamais vu porter un uniforme avant. C'est nouveau ?

— Euh… oui.

— Patrick, intervient Régine, tu devrais peut-être l'informer de ton nouveau statut.

— Ah bon ? C'est quoi ? T'as été nommé lieutenant ? Ou caporal peut-être ?

Je vois enfin un sourire poindre sur les lèvres de mon enquêteur.

— Caporal, c'est dans l'armée, ça !

— Ah, je savais pas.

La file s'est dissipée et c'est à leur tour de commander leur café. Patrick demande à sa collègue de lui acheter un double espresso et m'invite à le suivre. Il s'arrête près de la porte d'entrée, dans un coin tranquille.

— Écoute, Juliette…

— Ah, tu me tutoies maintenant ?

— Ouais. Je voulais pas avoir l'air trop familier devant Régine.

— OK… t'es comme bizarre depuis tantôt. C'est *weird*, ton affaire.

— Non, non. C'est juste que… ben, je suis plus enquêteur. Pas pour le moment du moins.

— Hein ? Comment ça ?

— *Long story*. Mais pour l'instant, je suis affecté à la patrouille.

— C'est poche, ça. Des coupures, je suppose ?

— Ouin, c'est ça.

— Dommage, j'avais quelque chose à te proposer.

— C'est par rapport à ton dossier ? Y a du nouveau ?

— Non, non, c'est ben plus le *fun* que ça !

— Ah bon, tu m'intrigues.

Enfin, le voilà qui sort de sa coquille. Je vais peut-être retrouver le Patrick que j'ai connu. Certes réservé, mais intéressé et allumé.

— Mais j'y pense. La patrouille, ça se passe un peu comme dans l'émission *19-2* ?

— Ça dépend, on est pas mal plus équilibrés que les personnages de cette série-là. Mais oui, ça raconte ce qu'on vit sur la route.

Régine s'approche de nous et tend un café à son partenaire.

— Je t'attends dans le char, lui mentionne-t-elle, avant de me faire un signe de tête pour me saluer.

Aussitôt que je suis certaine qu'elle ne peut plus nous entendre, je poursuis mon idée.

— Je pense que ça pourrait marcher, mon affaire. Tu finis à quelle heure aujourd'hui ?

— À 4 heures, pourquoi ?

— Viens me rejoindre au Confessionnal vers 5 heures et demie.

— Où ?

— Au Confessionnal, dans le Vieux.

Et sans même lui laisser le temps de réfléchir à mon invitation, je sors de l'établissement d'un bon pas. Pas question qu'il me rattrape pour me dire qu'il n'y sera pas. Une fille sait ce qu'elle veut !

4

STATUT FB DE **JULIETTE GAGNON**
À l'instant, près de Montréal
Confiance, Juliette, confiance !
Une nouvelle rencontre me rend nerveuse.
Pensez à moi ! #futurchum ?

*A*ssise à une table du Confessionnal devant un
verre de rosé déjà presque vide, j'attends Patrick
depuis une vingtaine de minutes. Pour une raison que
je m'explique mal, je suis nerveuse. En temps normal,
je serais plutôt irritée par son retard. Mais il faut croire
que cette rencontre m'intimide plus que je le croyais.

Je me demande si je n'ai pas agi trop impulsive-
ment en relançant le beau policier. Après tout, je ne
le connais pas beaucoup et je n'ai aucune idée si je lui
plais. Peut-être que je ne suis pas son genre et qu'il
préfère les grandes noires au sourire cochon. Peut-
être aussi qu'il aime les filles plus réservées, un peu

à son image. Est-ce que mon côté exubérant lui tape sur les nerfs?

Non, mais c'est quoi, cette perte de confiance en mes moyens? Ce n'est pas dans ma nature de me questionner autant. Je dois admettre que ça fait un moment que je n'ai pas cherché à séduire un homme. Est-ce que je serais rouillée? Possible…

Je fais cul sec avec le reste de mon vin et je commande un deuxième verre pour me donner du courage. Je repense à ma stratégie et ça me rassure. Je suis d'abord ici pour faire une offre professionnelle à Patrick. Si par la suite je sens une ouverture, je lui montrerai qu'il m'attire. Prenons les choses une à une. Je ne suis pas obligée de me retrouver dans son lit dès ce soir… même si ce n'est pas l'envie qui manque.

Je consulte à nouveau l'heure sur mon iPhone. Une demi-heure de retard. Je constate avec joie que je suis maintenant contrariée: signe que mon assurance revient. Envoye, le flic, rapplique sinon je m'en vais.

Ça aussi, c'est étrange… avoir rendez-vous avec un flic. J'ai plutôt l'habitude de fréquenter des artistes, des créateurs, des gars qui me ressemblent, qui ont une sensibilité toute particulière. Avec mon policier, je sors carrément de ma zone de confort. Excitant, mais un peu terrorisant en même temps… S'il me trouvait justement trop sensible? Pas assez terre à terre? Bon, c'est reparti! Ça suffit, les remises en question.

Nouveau coup d'œil circulaire dans le bar. Toujours rien. Je lui donne encore cinq minutes et je déguerpis. Il y a des limites à faire rire de soi.

Quelques instants plus tard, Patrick franchit la porte du bar et se dirige vers moi, l'air toujours aussi impénétrable. Impossible de dire s'il est heureux ou pas d'être ici. Rien pour me mettre dans de meilleures dispositions.

— Deux minutes de plus pis je m'en allais, dis-je en guise d'introduction.

Je lui montre mon agacement en ne me levant pas pour l'accueillir ni pour lui faire la bise. Décontenancé, il hésite et prend place en face de moi, sur le banc d'église.

— Désolé, je... j'aurais voulu t'appeler pour t'avertir, mais j'avais pas ton numéro.

— Ah non? Pourtant je te l'ai donné à l'époque.

— Oui, mais il est dans le dossier d'enquête.

— Ah oui. Et comme t'es plus enquêteur...

Une ombre passe devant les yeux du beau policier et je m'en veux immédiatement d'avoir utilisé un ton méprisant. Qu'est-ce qui me prend d'être détestable tout à coup? Ce n'est pas parce qu'un homme m'a fait de la peine que je suis obligée d'en blesser un à mon tour. J'essaie de me racheter en laissant tomber ma mauvaise humeur.

— J'imagine que t'as été retenu au bureau?

— Euh... pour dire vrai, je savais pas trop si je devais venir ou pas.

— Ah non? Comment ça? dis-je, légèrement vexée.

— Mettons que c'est pas une invitation très conventionnelle.

Sa réponse me fait sourire. Je l'imagine tout embarrassé à tenter de savoir si c'est éthique de prendre un verre avec une « ex-victime ». Au fond, c'est *cute* comme comportement.

— Je pensais que t'avais déjà compris que je suis pas une fille trop conventionnelle.

— Tant qu'à ça.

Patrick n'en dit pas plus long et pose ses yeux sur la carte des *drinks*. J'en profite pour l'observer. Il est vêtu d'une chemise à carreaux bleus et verts, qui rappelle le tartan écossais, et d'un jeans marine à la coupe plutôt ordinaire. Ça fait des lustres que je n'ai pas vu un gars porter un pantalon autre que *skinny* ou *slim*. Une autre différence avec mon monde habituel... tout comme les chaussures qu'il a aux pieds : des baskets noires sans grande personnalité.

Décidément, il a besoin d'une styliste. Si nous devenons plus intimes, je me promets de lui fournir quelques bons conseils. Il est plutôt beau mec, pourquoi tout gâcher en s'habillant de manière aussi banale? Le jeans, par exemple, aurait intérêt à être plus serré, histoire qu'on puisse mieux évaluer la marchandise.

Mon compagnon m'informe qu'il a choisi une bière blonde en fût et me demande si je désire autre chose. Je lui réponds en désignant mon verre de vin encore presque plein.

— Un petit truc à grignoter, peut-être? m'offre-t-il.

— Ça va. Peut-être plus tard, merci.

Patrick n'attend pas que le serveur vienne nous voir et il se rend au bar pour passer sa commande. Visiblement, il n'est pas très à l'aise en ma compagnie. Drôle de bonhomme, mon nouvel ami policier. Un peu difficile à saisir. S'il est venu me rejoindre, c'est que je ne dois pas le laisser indifférent. Pourtant, il semble vouloir être ailleurs et ce n'est certainement pas juste pour une question éthique.

Ah! Je viens de comprendre. C'est clair comme de l'eau de roche et j'aurais dû le deviner dès son arrivée. Il n'est plus célibataire, c'est ça, le problème. À l'heure actuelle, je suis convaincu qu'il s'interroge: va-t-il trahir sa nouvelle blonde?

Je l'étudie pendant qu'il se rassoit à notre table et qu'il avale une immense gorgée de bière… un autre signe de son malaise. Sincèrement, savoir qu'il est en couple ne me dérange pas trop. Je ne crois pas que Patrick soit le genre de gars avec qui je pourrais tomber en amour. L'important, c'est qu'il ait envie de s'amuser, comme moi j'ai le goût de le faire. Parlons-lui tout d'abord de mon projet, le reste suivra.

— J'ai eu une super bonne idée!

— Ah oui, laquelle?

— Je vais faire un photoreportage sur toi.

— Hein? Sur moi?

— Ben oui! J'ai un contrat avec *Miss Duchesse*. Je suis des gens qui font un métier dangereux sur le terrain. La patrouille, c'est dangereux, non?

— Y a des risques, oui. Mais ça marche pas comme ça.

— Quoi ça?

— Le reportage. Il faut que tu passes par les relations médias, que tu aies leur autorisation.

— Pas de problème, tu me donneras le numéro de téléphone.

— Ça m'étonnerait qu'il te laisse me suivre, moi. Ils vont te proposer une autre équipe.

— Pourquoi? Moi, c'est toi que je veux.

— De toute façon, je suis pas certain que ça m'intéresse.

— Ben là! C'est super positif comme topo. Je vais faire de toi un héros.

Patrick repose son verre de bière qu'il s'apprêtait à porter à ses lèvres et me dévisage d'un air interloqué.

— Quoi? T'es pas content? Tu vas être le plus *hot* des patrouilleurs! Plus que Claude Legault dans *19-2*.

Il éclate alors d'un grand rire franc. Et ça le rend complètement irrésistible.

— Juliette, t'es d'une naïveté déconcertante.

— Je suis pas naïve, dis-je, légèrement offusquée.

— En plus, t'es pas certaine de tomber sur une journée où il va y avoir de l'action. Ça peut être très tranquille, parfois.

— On a juste à faire ça la nuit. Le vendredi, par exemple.

— Même à ça, y a rien de très héroïque à arrêter des gars soûls qui se battent en sortant d'un bar.

— Je suis certaine que je vais être chanceuse. J'ai confiance.

— C'est ce que je disais, t'es naïve.

Là, il me pompe l'air solide! Comme si on n'avait pas le droit d'être optimiste dans la vie. Si je me mettais moi-même des bâtons dans les roues chaque fois que je veux réaliser un projet, je n'arriverais jamais à rien. L'essentiel, c'est d'y croire, non?

— Je suis pas mal plus allumée que tu penses! La preuve: j'ai compris que t'es mal à l'aise avec moi parce que t'es plus célibataire.

— Tu penses ça?

L'air amusé qu'il affiche me rend encore plus marabout. Pourquoi trouve-t-il ça drôle?

— Oui. Pis tu te demandes si c'est correct de prendre un verre avec une autre fille.

— T'es dans le champ, Juliette. Complètement.

— Ah ouin? Sérieux?

— Tout ce qu'il y a de plus sérieux.

— Donc, t'es pas en couple?

— Eh non!

Cette nouvelle information ne me réjouit pas réellement, pas plus qu'elle ne m'attriste. En fait, elle me laisse perplexe. Je m'explique d'autant plus mal son comportement. Est-il vraiment gêné parce qu'il a été mon enquêteur? Je dois lui faire comprendre que le passé appartient au passé. Point à la ligne. *Anyway*, il n'y a pas de conflit d'intérêts puisqu'il ne travaille plus aux crimes contre la personne. Et à ce que je sache, je n'ai jamais eu affaire à lui comme patrouilleur.

Même si finalement ses nouvelles fonctions m'accommodent, je ne peux m'empêcher de trouver étrange une telle rétrogradation. Il a beau évoquer les coupes budgétaires, je ne suis pas certaine que ce soit la seule et unique raison.

— Comment tu trouves ça, la patrouille?

— Bof…

Pas très jasant, M. le policier.

— C'est-tu vraiment juste à cause des coupures que t'es plus aux enquêtes?

— Oui, oui, dit-il, le regard fuyant.

— Ah bon? Moi, j'ai l'impression qu'il y a autre chose.

Devant mon insistance, Patrick décide de s'ouvrir. Un peu, juste un peu.

— Peut-être, mais ça me tente pas d'en parler.

— En tout cas, tu dois avoir fait quelque chose de vraiment grave pour te retrouver là.

— Ça veut pas dire ça, affirme-t-il, soudainement sur ses gardes.

— Ben là ! C'est certainement pas parce que tu rentres en retard le matin.

Ma remarque fait sourire Patrick, mais il ne se confie pas davantage. *Too bad !* J'en saurai plus bien assez vite. Pour être certain que je lâche le morceau, il s'emploie à me faire parler des derniers mois, histoire de se mettre à jour depuis notre dernière conversation. Si je m'en souviens bien, elle remonte au printemps, quand je lui ai annoncé que j'avais terminé ma réadaptation.

Je lui raconte que j'adore mon nouveau mandat avec la revue *Miss Duchesse*. Jusqu'à présent, j'ai photographié des pompiers-araignées en train de secourir un travailleur blessé tout en haut d'une grue. J'ai survolé des feux de forêt à bord d'un avion-citerne, en compagnie de son valeureux pilote, et finalement j'ai assisté au sauvetage de trois kayakistes en perdition sur le fleuve, effectué par la Garde côtière.

— C'est pas mal plus excitant que des mariages…

— Ça, j'en doute pas. Qu'est-ce qui t'a donné cette idée ? Passer des mariages aux faits divers, c'est comme pas naturel.

— J'avais envie d'être dans l'action. Pis de faire des photos qui parlent, tu comprends ?

— Oui, oui.

— J'en ai quelques-unes dans mon téléphone, tu veux les voir ?

Sans même qu'il acquiesce, je change de chaise pour me rapprocher et je me colle contre lui pour lui mettre mon iPhone sous le nez. Étonnamment, il ne s'éloigne pas et laisse son bras contre le mien. Pas trop déplaisant.

— Tu fais pas tes photos avec ton iPhone? me demande-t-il.

— Meuhhh! Ben non, franchement! Je travaille avec de l'équipement professionnel. Mais je transfère toujours quelques images sur mon cell pour pouvoir les montrer.

— Ça me rassure.

— Coudonc, tu me niaises-tu?

— Un peu, oui, dit-il, un sourire moqueur aux lèvres.

Je lève les yeux au ciel, faussement exaspérée. Au fond, je suis heureuse de le voir se détendre. Au moment même où je me fais cette réflexion, il déplace sa chaise légèrement vers la droite, mettant une distance entre nous deux. *Oh my God…* pas évident à suivre, ce Patrick Vaillancourt.

Déboussolée, je me concentre à faire défiler les images sur mon écran, en les décrivant.

— Celle-là, c'est ma préférée. Regarde les visages des deux gars.

Le gros plan montre un pompier-araignée en plein sauvetage d'un travailleur blessé, sur la plate-forme d'une grue, à une trentaine de mètres du sol. Le premier se veut rassurant, tandis que le deuxième est complètement paniqué.

— Wow! T'étais vraiment à côté d'eux pour prendre cette photo-là?

— Oui, je suis montée dans la grue moi aussi.

— Ils ont accepté ça?

— Les pompiers? Ben oui! Ça leur fait une méchante belle pub.

— Quand même, t'as dû être très convaincante.

— J'en suis capable, crois-moi.

Ce que je ne dis pas à mon compagnon, c'est qu'au départ il n'était pas prévu que je grimpe dans la grue. Mais quand les secouristes y sont montés par les escaliers, un collègue de la victime a échappé à la surveillance policière et les a suivis. J'en ai fait autant.

C'est ce qui m'a permis de capter le reste de la scène. Comme ces images des sauveteurs qui balancent dans le vide le travailleur couché sur une nacelle, laquelle est attachée à un système de poulies. Et celles du pompier-araignée qui descend en rappel le long de la grue, tout en stabilisant la nacelle devant lui. Des photos que je n'aurais jamais pu faire si j'étais restée passivement au sol comme on me le demandait. Un peu d'indiscipline, c'est parfois payant. Même si ça attire les remontrances…

— T'as l'air d'une fille qui sait ce qu'elle veut !

— Euh… oui, on peut dire ça.

Je pourrais ajouter que ça dépend des jours. Qu'il m'arrive plus souvent qu'à mon tour de douter, de ne pas savoir où je m'en vais dans la vie. Comme en cet instant même, où je ne suis plus du tout certaine que ce soit une bonne idée de *cruiser* ce policier qui semble coincé. Je pourrais choisir quelqu'un de simple, d'accessible, comme ces gars que je rencontre dans les bars et qui, tout comme moi ces temps-ci, ne songent qu'à avoir un peu de plaisir dans les bras d'une autre personne. Qui veulent un truc sans conséquence, quoi !

J'ai l'impression qu'avec Patrick ce n'est pas ce qui m'attend… si jamais ça va plus loin entre nous deux. Par contre, l'idée de faire un reportage avec lui se précise de plus en plus dans ma tête. Je dois le convaincre de participer et j'espère que les images que je lui montre présentement l'inciteront à me dire oui.

Je cherche maintenant quelques clichés de l'opération de la Garde côtière et je fais circuler mes photos à la vitesse de l'éclair, tout en prenant une gorgée de rosé. Soudainement, Patrick m'enlève mon appareil des mains.

— Eille !

— Attends, je veux voir. C'est quoi, cette photo-là ?

Il lorgne mon écran d'un drôle d'air, éveillant mon inquiétude. Quelle est cette image que je n'ai pas vue passer parce que je regardais mon verre de vin ?

J'espère que… oh non ! C'est à mon tour de lui arracher mon iPhone pour voir mes craintes confirmées.

Le cliché montre le haut de mon corps, du cou jusqu'au nombril, avec pour seul vêtement un soutien-gorge rouge et noir hyper sexy. *Push-up* aidant, j'ai une fichue de belle craque, dans laquelle je me suis amusée à faire glisser une grosse chaîne en or quétaine, munie d'un pendentif de flamant rose… Un bijou que ma grand-mère avait reçu en cadeau, mais qu'elle détestait. Elle me l'a donné, croyant que ça pouvait m'être utile un jour dans mon métier… Eh bien oui, je m'en suis servi pour faire de la photo, mais pas de façon professionnelle, ni pour « égayer le portrait d'une madame habillée en beige », comme me l'avait suggéré nonna. Ici, on ne parle surtout pas de vêtements drabes.

Gênée qu'il soit tombé sur cette photo que j'avais prise pour l'envoyer à un *fuck friend* qui m'avait laissée tomber à la dernière minute et ainsi lui montrer ce qu'il avait manqué, je ferme mon cellulaire et je le remets prestement dans mon sac à main.

— Belle photo… mais tu devrais pas avoir ça dans ton cell, si je peux me permettre.

Il a raison, ce n'est pas très intelligent. N'importe qui pourrait me chiper mon téléphone et la publier sur Facebook. Mais j'y pense ! Impossible de savoir que c'est moi ; mon visage n'apparaît pas sur la photo. Servons cette version des faits à Patrick.

— C'est pas moi, c'est une photo artistique.

— Excuse-moi, mais ça ressemblait pas mal à tes cheveux…

Fuck ! Les cheveux, je les avais oubliés, ceux-là.

— Bon, bon, OK, tu m'as démasquée. Je vais l'effacer, t'es content ?

— Fais-le tout de suite, sinon tu vas l'oublier.

— OK, *mister law and order*.

— Je dis ça pour ton bien. Pis appelle-moi pas comme ça.

— Ah non, pourquoi ? Ça te va bien, je trouve.

— Ça fait trop *straight*.

— Parce que tu l'es pas ?

— Pas tant que ça, se défend-il.

— Un peu quand même, t'es une police.

— Ça non plus, j'aime pas ça.

— Quoi ?

— Me faire appeler « une police ».

— Ben, c'est quand même ça que t'es.

— Je suis policier, précise-t-il, vexé.

— OK, policier… S'cuse. C'était pas péjoratif, dis-je, plus douce.

— Je sais bien. Désolé, je suis un peu susceptible sur certains trucs.

— C'est pas comme si je t'avais traité de « beu ».

— Non, non, t'as raison. C'est juste qu'on en entend de toutes les couleurs dans cette job-là.

— J'imagine…

Le silence s'installe à la table, pendant que je fouille dans mon sac à main, décidément beaucoup trop rempli, à la recherche de mon cellulaire que je viens pourtant juste de déposer. Patrick en profite pour jeter un œil sur le menu. Un menu que je connais par cœur.

— Les *grilled cheese* sont super bons. On peut en partager un, si tu veux.

— OK, bonne idée.

Patrick fait signe au serveur que nous avons besoin de lui et commande un petit snack, un autre verre de vin pour moi et une deuxième bière pour lui. Quand il a terminé, ma photo litigieuse a disparu de mon téléphone.

— C'est fait ! Personne peut me faire de chantage maintenant. Je suis à l'abri de tout…

Mon ironie n'échappe pas à mon compagnon, qui semble contrarié. Oh là, là… il n'entend pas à rire, M. le policier. D'accord, il m'a prévenue qu'il était susceptible, mais là ça dépasse les bornes.

— Patrick, il est où, ton sens de l'humour ?

Ma question a pour effet de le détendre et il me fait son plus beau sourire.

— T'as raison… encore une fois.

Pour toute réponse, je me donne un petit air baveux, laissant entendre que j'ai *toujours* raison. Puis, je pouffe de rire.

— Je te niaise, je suis pas du genre à me prendre pour une autre, inquiète-toi pas.

— Je suis pas inquiet. Je te trouve juste un peu désarmante.

— Désarmante, hein? Venant d'un policier, c'est pas dangereux? Ça veut dire que je pourrais t'enlever ton arme…

— T'es une p'tite comique, toi…

— OK, je fais de l'humour à cinq cennes… Pourquoi désarmante?

— Je sais pas trop… Je m'attendais pas à ça.

— À çaaaaaaa?

— Ton invitation, ton idée de reportage, la façon dont tu…

— Dont je quoi?

— Ben je sais pas. Je me demande si tu flirtes avec moi, c'est pas clair.

Bang! J'avoue que je suis un peu stupéfaite par sa remarque et sa franchise. Depuis quand un gars a-t-il besoin d'exprimer ça tout haut? Ce sont des choses qui se sentent, qui n'ont pas à être dites dès le départ.

— Ayoye! Le moins qu'on puisse dire, c'est que tu y vas pas par quatre chemins.

— Ouin, je suis allé trop fort, je pense, ajoute-t-il comme s'il réalisait avoir manqué de subtilité.

— C'est pas grave, mais compte pas sur moi pour éclairer ta lanterne, par exemple. Faut quand même entretenir une part de mystère.

— Compris.

L'arrivée de notre sandwich sur la table nous permet de passer à autre chose. Je le relance avec mon idée de reportage.

— Alors, c'est oui pour le topo? Envoye donc! T'as pas confiance en mes qualités de photographe?

— Ben non, c'est pas ça.

— Donc, y a pas de problème?

Devant mon insistance, Patrick abdique.

— OK, c'est beau. Fais ta demande aux relations médias pis on verra bien.

— *Yesss!* Tu vas voir, tu vas devenir la police la plus *hot* de la ville.

Pour lui signifier que j'ai fait exprès de l'appeler «la police», je lui envoie un petit clin d'œil complice et je mords à pleines dents dans mon sandwich dégoulinant de fromage fondu. Un délice!

5

STATUT FB DE **MARIE-PIER LAVERDIÈRE**
Il y a 5 minutes, près de Montréal
Les décapotables, c'est surévalué! Je comprends
pas pourquoi mon amie Juliette y tient autant.
#TripDeFillesEnChar 🏎️

— *C*'aurait été le *fun* d'y aller en décapotable,
non?

— Je te l'ai dit, Juliette, on n'a pas de décapotables.

Je me trouve chez Honda Laverdière, avec Marie-
Pier et Clémence, pour choisir le véhicule avec lequel
nous irons à la mer dans moins d'un mois. Pratique
d'avoir une amie qui travaille chez un concessionnaire
automobile. Qui appartient à sa famille, de surcroît.

— À moins qu'on aille chez Acura?

— Juliette! Je peux pas croire qu'on trouvera pas
quelque chose à notre goût ici. Regarde, on a plein de
démos.

— Oui, oui, mais pas de décapotables.

— Coudonc, c'est une fixation, ton affaire.

Je hausse les épaules, ne sachant pas trop quoi répondre à l'accusation de Marie-Pier. En fait, je suis déçue. Je nous imaginais toutes les trois paradant sur la Main d'Old Orchard Beach, à bord d'une rutilante voiture sport, cheveux au vent. Attirant ainsi les regards des gars qui marchent dans la rue ou qui circulent à nos côtés. Tout pour se faire remarquer… ce qui n'arrivera pas dans une Odyssey.

— On prendra quand même pas ça!

Avec découragement, je montre la minifourgonnette bourgogne, stationnée dans le garage avec les autres voitures d'essai.

— Mais non, répond Marie-Pier. Peut-être si on avait emmené les enfants, comme je pensais qu'on le ferait.

Je remarque son ton légèrement frustré, tout comme Clémence, qui intervient de sa voix douce.

— Marie, on va se reprendre avec les flos, promis. Là, on a besoin d'un *break*, d'être juste nous trois.

Marie-Pier soupire, avant de se ranger à ces arguments.

— T'as raison, Clem. Ça va faire du bien à tout le monde.

— Trois jours, c'est vite passé. T'auras pas le temps de t'ennuyer d'Eugénie.

— C'est clair. On va être ben trop occupées, dis-je pour appuyer Clémence.

— Ah oui, toi pis ton « programme »… se moque Marie-Pier.

— Je te jure que tu vas l'aimer, mon « programme ». Pis il ne concerne pas juste les gars.

— Ben hâte de voir ça. Bon, on le choisit-tu, ce char-là? Sinon, on va y aller avec mon VUS.

— Ah non! On a dit qu'on voulait quelque chose de plus sexy, de plus fille.

— Plus sexy? Non, on a dit plus luxueux. Ça nous prend une Crosstour.

Marie-Pier nous dirige vers une superbe voiture noire aux poignées de portière chromées et aux roues étincelantes. Elle ouvre la portière et je remarque que l'intérieur est en cuir beige. D'un chic fou!

— Wow! Est super belle!

— Et y a plein de place pour nos bagages, ajoute Clémence, en jetant un œil au coffre de l'auto.

— Faut juste espérer qu'elle ne sera pas vendue d'ici un mois, précise Marie-Pier.

— Ah ouin, elle est à vendre. C'est poche, ça, dis-je, déjà pessimiste.

— On écoule notre stock de l'année, même certains démos y passent.

— Ils doivent être moins chers, en plus?

— C'est sûr.

— Fait que ça se peut qu'elle ne soit plus disponible?

— C'est possible, mais on va se croiser les doigts. Donc, elle vous plaît?

— Mets-en, elle est super *cool*.

— C'est parfait, ajoute Clémence.

Nous scellons notre accord par un *high five* bien senti. Malgré mon enthousiasme, je ne suis pas satisfaite à cent pour cent. L'idée qu'un client se procure « notre » voiture d'ici un mois m'achale. Il existe certainement un moyen d'éviter ça. En la cachant peut-être? Je m'apprête à en parler avec mon amie vendeuse d'auto quand une voix se fait entendre à l'interphone.

« Marie-Pier Laverdière est demandée au *show room*. Marie-Pier Laverdière. »

— Désolée, les filles, le boulot m'appelle.

— OK, mais est-ce qu'on dîne ensemble comme prévu? demande Clémence.

— Oui, oui, en espérant que ce sera pas trop long. Je vais aller voir ce que c'est pis je reviens.

— Vas-y. En attendant, je vais consulter mes courriels. Y a deux, trois trucs que je dois régler.

— Parfait, Clem. Mais va t'installer dans la salle d'attente, ce sera plus confortable. Toi, Juliette?

— Euh… Est-ce que je peux aller voir ma filleule?

— Ben oui, elle va être contente de te voir.

La petite passe ses journées à la garderie du garage, qui accueille les enfants des employés et, de façon ponctuelle, ceux des clients. Comme ça, elle n'est jamais bien loin de sa maman… ce qui fait bien l'affaire de celle-ci.

Nous quittons le garage pour nous rendre chacune à notre destination. Lorsque j'arrive devant la salle de jeux vitrée, l'enfant me reconnaît et ses grands yeux s'illuminent. Autant j'adore jouer et papoter avec elle pendant un moment, autant je suis heureuse de la quitter… et de ne pas avoir à changer sa couche. Ma filleule comble parfaitement mes besoins maternels, qui ne sont pas très élevés. Pas au point d'avoir envie d'un bébé à moi.

— Allô, ma pitchounette!

Eugénie est une belle petite brunette qui ressemble plus à son père qu'à mon amie. Elle n'a pas hérité de la tignasse rousse ni du teint laiteux de Marie-Pier. Dommage, c'est tellement *cute* – et rare –, un bébé roux. Mais bon, elle est tout de même très jolie. Sauf qu'elle se distingue moins, côté physique. C'est par sa personnalité qu'elle se fait remarquer.

Je m'assois à l'indienne sur le tapis vert lime couvert d'illustrations d'animaux et je m'amuse moi aussi à composer un visage farfelu à Mme Patate. La petite est dans une forme splendide et elle gazouille sans arrêt comme à son habitude. À seize mois, Eugénie Laverdière a un charisme incroyable, elle envoûte tout le monde. Plus tard, je la vois animatrice, comme maman. Elle ferait fureur. Autant que Charlotte Lavigne dans ses meilleures années, j'en suis certaine.

— Bonjour, Juliette.

Je lève les yeux vers l'homme qui vient d'entrer dans la garderie. David, le papa de Marie-Pier. Comme toujours, je suis heureuse de le rencontrer. Bon d'accord, je l'avoue, David n'est pas seulement le père de ma meilleure amie d'enfance, il est aussi celui qui, un soir d'égarement, a comblé mes besoins charnels. Une aventure à laquelle je repense avec beaucoup de tendresse.

— Bonjour, David, comment vas-tu?

— Très bien. Et toi? répond-il, en s'assoyant prestement au sol avec nous.

Toujours aussi souple, à ce que je constate. Quelques images de notre moment passé dans une minifourgonnette me reviennent à l'esprit. Je m'empresse de les chasser d'un mouvement sec de la tête.

Le papa de Marie-Pier est assurément un quinquagénaire attirant. Le George Clooney de l'industrie automobile, rien de moins. Non seulement il est classe, mais il est toujours intéressant et attentionné quand je le croise. Le problème, c'est que je ne peux pas parler avec lui. Même si mon aventure date d'il y a deux ans, Marie-Pier m'en veut encore d'avoir couché avec son père et c'est tout juste si elle tolère que je lui adresse la parole. Il ne faut donc pas qu'elle me voie en sa compagnie.

— En pleine forme. Marie est occupée avec un client?

— Oui, un fatigant qui n'arrive pas à se brancher. Un jour il veut une Civic, le lendemain, une Fit. Je suis à la veille de lui dire d'aller s'acheter une Toyota.

J'éclate de rire, charmée par son humour et aussi attendrie par la façon dont il caresse doucement les cheveux de sa «petite Génie», comme il l'appelle. Puisque ma copine semble occupée pour un moment, je décide de rester ici.

— Et toi, du nouveau dans ta vie?

Peu après notre aventure, David s'est séparé de son épouse, la mère de Marie-Pier. Depuis, je pense qu'il profite de son statut de célibataire, mais je n'en sais pas plus puisque le sujet est tabou entre mon amie et moi.

— Rien de spécial. Tranquille.

— Ben voyons! Fais-moi pas croire qu'un bel homme comme toi a pas plein de femmes à ses pieds!

Pour toute réponse, David me sourit d'une façon énigmatique et porte son attention sur Eugénie, qui trouve que le sac à main de Mme Patate constitue un excellent dîner.

— Dis-moi, David, les démos, ici, est-ce que ça se vend rapidement?

— Qu'est-ce que tu veux dire?

Je lui explique notre plan pour nos vacances du mois d'août, en lui précisant quelle voiture nous comptons utiliser. Je suis étonnée de la réaction de David, qui semble surpris de l'initiative de sa fille. Honnn… à moins qu'elle ne lui en ait pas parlé. Oups…

— Écoute, Juliette, je vais en discuter avec Marie-Pier, mais ça fait quand même beaucoup de route pour un démo. Je suis pas certain que ce soit une bonne idée. Où allez-vous exactement?

— Euh… pas loin.

Ici, je crois qu'il est préférable de taire que notre itinéraire compte près de mille kilomètres, aller-retour.

— Où ça, pas loin?

— En Estrie, dans le bout de Magog.

— En Estrie? Mais t'as parlé de la mer.

— Ah j'ai dit ça? Euh… me suis trompée, je parlais du lac Memphrémagog, c'est un peu la mer, non?

— Quand même différent, mais…

— *Anyway*, on va faire attention. Mais penses-tu qu'on peut cacher la Crosstour, d'ici à ce qu'on la prenne?

— Hein? De quoi tu parles?

Notre conversation est interrompue par l'arrivée d'une femme dans la pièce. D'allure costaude, les cheveux auburn tirant sur le rouge, coupés court, elle porte un uniforme bleu marine et a les mains tachées de noir. Je n'ai jamais vu cette mécanicienne ici avant.

— David? demande-t-elle, d'une voix plus douce et plus féminine que son image.

— Oui, Arianne?

— J'aurais le temps de faire ton auto si tu veux. À moins que tu sortes ce midi?

— Non, j'en ai pas besoin.

— OK, *boss*! Elle va être prête dans deux heures.

— Merci.

Au lieu de quitter la garderie, Arianne s'approche et s'accroupit devant Eugénie.

— Comment va notre petite puce aujourd'hui?

Eugénie sourit à pleines dents à son interlocutrice, en lançant des «Anne, Anne, Anne». Visiblement, elles se connaissent. La mécanicienne s'apprête à caresser le visage de l'enfant et je ne peux m'empêcher d'interrompre son geste, en repoussant sa main.

— Attention, t'as les mains toutes sales!

— Elles sont pas sales, elles sont tachées.

— Pis, ça! Je suis certaine que Marie-Pier ne voudrait pas que tu touches à sa fille.

Arianne pousse un long soupir et me dévisage un instant avant de poursuivre.

— T'es Juliette, toi, hein?

— Ouin, comment tu sais ça?

— MP m'a parlé de toi.

MP? Pourquoi cette fille que je ne connais ni d'Ève ni d'Adam semble-t-elle intime avec mon amie d'enfance et proche de sa fille, qu'elle appelle «puce»? Un surnom que j'ai toujours détesté.

— Et tu sauras, ajoute-t-elle, que je viens faire des coucous à Eugénie tous les jours. On s'adore, elle et moi.

Puis elle pince amicalement la joue de la petite, qui rit de bon cœur. Malgré moi, je sens monter une pointe de jalousie. J'ai soudainement peur qu'elle prenne ma place dans le cœur de l'enfant, puisqu'elle la côtoie quotidiennement. Alors que moi, je la vois deux, trois fois par semaine. Je dois défendre mon territoire.

— Moi aussi, elle m'adore. C'est moi sa marraine.

— Je suis au courant. MP me l'a dit, répond calmement Arianne.

Décidément, la nouvelle employée de Honda Laverdière sait trop de choses sur moi. Est-elle une bonne copine de Marie-Pier ou est-ce simplement une fouineuse ? Je vais devoir enquêter.

— Bon, je retourne à l'atelier, annonce-t-elle. David, je te texte quand j'ai fini ?

— OK, merci, Arianne.

Et la voilà qui quitte la garderie, non sans avoir déposé un bisou sur la joue de la petite et m'avoir amicalement saluée, en précisant qu'on va certainement se revoir. Ce qui me laisse un peu perplexe.

— Elle travaille ici depuis quand ?

— Je sais pas, trois, quatre mois environ, m'informe David.

— Tant que ça ? Comment ça se fait que je l'ai jamais vue avant ?

— Peut-être parce que tu viens pas souvent. Et puis elle est toujours dans l'atelier.

— Ouin… sauf quand elle visite Eugénie.

Mon air contrarié ne laisse pas mon compagnon indifférent. Il prend un ton empathique.

— Juliette, tu serais pas un peu jalouse, par hasard ?

Je hausse les épaules, me trouvant bête de réagir ainsi. Mais c'est plus fort que moi.

— Je sais, j'ai pas d'allure.

— Mais non, t'es juste insécure. Mais fais-toi-z'en pas avec ça. Eugénie t'aime, ça changera pas.

— J'espère que t'as raison.

— C'est sûr que j'ai raison. C'est la sagesse qui parle.

— Je t'ai pas toujours connu aussi sage, dis-je, coquine.

Aussitôt ces paroles prononcées, je les regrette. Qu'est-ce qui me prend d'évoquer notre aventure ? J'oublie qu'elle a failli me coûter mon amitié avec

Marie-Pier. Ressaisis-toi, Juliette! Comme s'il comprenait lui aussi qu'il est préférable de changer de sujet, David revient sur notre conversation à propos de la Crosstour.

— Qu'est-ce que tu voulais dire tout à l'heure quand tu parlais de cacher l'auto?

— Ben oui, la cacher pour que personne la voie et l'achète.

David me dévisage d'un air abasourdi. Puis il se met à rire de bon cœur.

— Vraiment, Juliette, tu ne cesses de me surprendre.

— Ben quoi!!

— Mon travail, c'est de vendre des autos. Je vais tout de même pas m'en priver pour un *trip* de filles.

Déçue et légèrement offusquée, je fais la baboune et je baisse le regard. Oui, comme une enfant à qui on refuse un bonbon. C'est une stratégie que j'utilise parfois et qui fonctionne, disons… une fois sur deux. Dont cette fois-ci, j'en mettrais ma main au feu.

— Tu y tiens tant que ça? ajoute-t-il, plus doux.

Je lève les yeux en lui faisant mon plus grand sourire.

— On serait pas mal plus *hot* dans ce char-là que dans le CRV de Marie.

— Prenez ta Civic. Tu l'aimes toujours autant?

— Je l'adore. C'est Marie qui la trouve trop petite. Elle est habituée à plus spacieux.

— Et Clémence, elle?

— Elle a une auto de *soccer mom. No way!*

— Bon, regarde ce qu'on va faire, Juliette. Si la Crosstour est vendue, je vous prête la mienne.

— Une pareille?

— Encore plus luxueuse. *Deal?*

— *Deal*, certain! T'es trop chou, David.

Je me penche vers la droite pour l'embrasser sur la joue. Mes lèvres s'y attardent un peu trop longuement, ce qui fait frissonner David. Il me regarde, les yeux remplis de désir.

— Envoye, va-t'en, dit-il, en joignant le geste à la parole.

— Pourquoi ? Je suis pas pressée.

Je suis consciente que je joue avec le feu, encore une fois. Mais c'est plus fort que moi. Je suis trop en manque d'attention.

— Tu sais pourquoi. Et aussi parce que tu veux surtout pas que Marie-Pier nous voie.

— Là, t'as un point. Pour le reste, c'était pas désagréable.

Je lui fais un petit clin d'œil et je me lève prestement, le laissant tout à ses fantasmes. Et moi, ça ne me déplaît pas de me savoir toujours désirable à ses yeux.

6

STATUT FB DE CLÉMENCE LEBEL-RIVARD
Il y a 23 minutes, près de Montréal

Le mariage, vous en pensez quoi?
C'est quand même tout un engagement, non?

— J'étais certaine que tu l'avais informé qu'on empruntait une auto!

Assise devant une tapenade d'olives vertes, que je partage en entrée avec mes deux copines, je reviens sur ma conversation de tout à l'heure avec David. Marie-Pier n'est pas très heureuse que j'aie dévoilé à son père nos projets de voyage.

— Je voulais le faire. J'ai juste pas eu le temps, précise-t-elle.

— En tout cas, je lui ai pas dit qu'on allait aux États. Je pense qu'il aurait trouvé ça trop loin.

— Tu lui as dit quoi?

— Qu'on allait à Magog.

— Ça marche pas, ça, Juliette.

— Pourquoi? Au moins, on est certaines qu'il va nous passer la Crosstour.

— Ça veut dire que tu *facebookeras* pas pantoute notre séjour à la mer?

— Euh…

— Je te rappelle qu'on est amies avec lui.

— OK, mais je mettrai rien, c'est tout.

— Permets-moi d'en douter, intervient Clémence en trempant un morceau de pain pita dans le délicieux mezzé.

— Je suis capable, tu sauras!

— De toute façon, reprend Marie-Pier, j'ai pas l'intention de lui mentir. S'il nous arrive quelque chose, je veux pas avoir de problème.

— Comme tu veux. Et puis, il m'a promis qu'il nous prêterait sa propre auto si celle qu'on veut est vendue. C'est *nice*, non?

À voir le visage renfrogné de ma copine, ce n'est pas si *nice* que ça, après tout. Clémence, qui a l'habitude de sauver la mise dans ces situations, reste impassible. J'imagine qu'elle ne veut pas jeter de l'huile sur le feu et qu'elle préfère laisser passer. Vite, changeons de sujet.

— J'ai rencontré la nouvelle mécanicienne.

— Arianne?

— Yep. C'est ton amie?

— Amie, c'est un grand mot. Mais elle est très gentille. En plus, elle s'entend bien avec Eugénie.

— J'ai vu ça, oui.

Marie-Pier ne relève pas ma remarque et nous explique plutôt qu'Arianne est entrée chez Honda Laverdière au printemps en remplacement d'un employé qui prenait sa retraite. Première femme à travailler à l'atelier, elle a su charmer ses collègues grâce à son humour et sa bonne humeur naturelle.

— Je l'ai trouvée pas mal bonne, elle s'est intégrée à l'équipe facilement.

— Ça doit pas être évident de travailler juste avec des gars quand t'es la seule femme, reconnaît Clémence.

— C'est parce que tu l'as pas vue, dis-je.

— De quoi tu parles ? me demande Marie.

— Avoue qu'elle est pas très féminine.

— Peut-être, mais la combinaison de travail, c'est rien pour avoir l'air féminin.

— Ouin, t'as peut-être raison.

Je prends sur moi pour ne pas me laisser aller à dénigrer cette femme que je ne connais pas, uniquement parce qu'elle me rend anxieuse. C'est enfantin et déplacé !

L'apparition du serveur, qui débarrasse la table en nous informant que nos plats principaux arrivent dans la minute, clôt la conversation sur Arianne. Ce n'est que quelques instants plus tard que Clémence rompt le silence, en adoptant un ton inhabituellement solennel.

— Les filles, y a quelque chose dont je veux vous parler.

— Ç'a ben l'air grave. Tu m'inquiètes.

— Mais non, Juju. C'est juste que j'ai besoin de conseils.

— C'est quoi ?

— Yanni… il voudrait que… euh…

— Voudrait quoi ? Ç'a ben l'air compliqué.

— En fait, il m'a demandée en mariage.

— Hein ? C'est trop génial !

— Wow ! C'est super, ça ! renchérit Marie-Pier.

— On va aller aux noces ! Yé !

Tout heureuse, je me lève pour aller féliciter mon amie convenablement, en l'embrassant sur les deux joues.

— Arrête, Juju !

— Ben quoi ! C'est une grande nouvelle. Je suis trop contente pour toi. Je veux pas faire tes photos, par contre. Sinon je profiterai pas de la soirée. Mais je vais te trouver un top photographe.

— S'il te plaît, calme-toi.

— Pourquoi? C'est trop *cool*. Notre Clem qui va se marier.

— Le problème, c'est que je veux pas me marier.

Les paroles de mon amie me font l'effet d'une douche froide. Je ne la suis pas. Pas du tout. Elle a la chance d'avoir un gars qui l'aime assez pour lui faire la grande demande. Avec les trois enfants de son chum et ses jumeaux, ils pourraient créer un cortège hallucinant.

De plus, elle peut compter sur deux extraordinaires copines, qui seraient les plus belles demoiselles d'honneur du monde. Et elle va refuser ce rêve de princesse? Offert sur un plateau d'argent, en plus!

— Je comprends pas. Ça me dépasse.

— Pourquoi tu veux pas te marier, Clem? lui demande Marie-Pier, elle aussi un peu sous le choc.

— Parce que… J'ai peur que ça nous porte malheur.

— Ben voyons! Pourquoi ça vous porterait malheur?

— Je sais que c'est pas logique, mais je crains que ça brise quelque chose. On est bien, là! Pourquoi changer ça?

Je profite de la venue du serveur, qui apporte ma truite saumonée à l'érable, ainsi que les deux moussakas de mes amies, pour réfléchir aux propos de Clem. J'en viens à la conclusion que c'est l'expérience de son premier mariage, avec le père de Mathis et Matéo, communément appelés les deux M, qui dicte sa conduite.

— Clémence, dis-je d'une voix compatissante, c'est pas parce que ça s'est mal terminé avec Arnaud que ce sera la même chose avec Yanni.

— Juliette a raison. Ils sont pas tous des salauds comme lui.

Le premier époux de Clem est un être que nous trouvons toutes les trois ignoble. Il a trompé notre copine, non pas avec une maîtresse, mais en participant à des clubs échangistes. Il fréquentait ces endroits avec une collègue de travail, qui se faisait passer pour sa conjointe. OUA-CHE!

— Je sais bien, mais c'est plus fort que moi, confie Clémence.

— Ouais, mais c'est une méchante belle preuve d'amour qu'il te fait là, déclare Marie-Pier.

— Mets-en. Moi, j'aimerais ça qu'un gars comme lui me demande en mariage. Il est parfait, ton Yanni.

— Et vous faites un super beau couple.

— Vous êtes *sweet*, les filles. Mais ce qui me fait peur aussi, c'est toute l'histoire du partage des biens.

— Je comprends, dis-je, t'as été assez échaudée avec Arnaud.

En plus d'être infidèle, l'ex de Clémence est un fainéant notoire qui gagne à peine sa vie. Au moment du divorce, il a donc passé *go* et gardé la moitié de tout ce qui leur appartenait. À part la compagnie de prêt-à-manger santé de mon amie. Ouf…

— Sauf que là, tu vas mieux te protéger, c'est tout, suggère Marie-Pier.

— Juste l'idée de devoir parler de tout ça me décourage. En ce moment, c'est simple. J'ai acheté la moitié de la maison, pis chacun paie ses affaires.

— Quand même, vous faites pas chacun votre épicerie?

— Ben non, Juju. On *splitte* les dépenses communes, mais pour le reste, c'est chacun pour soi.

— En tout cas, moi, j'accepterais. La vie est trop courte pour passer à côté du bonheur.

— Je suis d'accord avec Juliette. T'es la seule de nous trois qui a quelqu'un dans sa vie. Profites-en.

— Ouin, vous avez peut-être raison. Je vais y penser.

— En plus, il va être super déçu si tu refuses, dis-je.

— Ça aussi, c'est ma crainte. Je me sens prise entre deux feux.

L'angoisse que je sens poindre dans la voix de mon amie m'attriste. Je pose ma main sur la sienne et je la regarde droit dans les yeux.

— Fais ce qui est mieux pour toi. Pas pour lui, pas pour les deux M. Pour toi toute seule, Clémence Lebel-Rivard. *Deal?*

Ma copine hésite un instant puis elle scelle notre accord en répondant simplement : *deal*. Satisfaite, je replonge dans mon assiette, en écartant les choux de Bruxelles. Ils ont beau être rôtis à l'huile d'olive et à la pancetta, je déteste ces légumes.

Après quelques bouchées de poisson moelleux, je relance la conversation en donnant des nouvelles de quelqu'un que nous aimons toutes beaucoup.

— Est-ce que je vous ai dit pour mononcle Ugo ?

— Non, quoi donc ? demande Marie-Pier.

— Il a vendu sa boucherie.

— Enfin !

— Bonne chose de faite !

L'été dernier, Ugo a appris qu'il avait un cancer de la prostate. Tout un choc, autant pour lui et son conjoint, Bachir, que pour moi et ma mère, sa meilleure amie depuis des lustres. Après d'intenses traitements de radiothérapie, le cancer a été mis en veilleuse. Ugo parle de rémission. Moi, je crois en la guérison.

Cet épisode a fait réfléchir mononcle Ugo, qui a passé sa vie dans la plus belle boucherie du Plateau-Mont-Royal, à travailler comme un forcené. À soixante-dix ans, il a décidé qu'il était temps que ça change et il l'a mise sur le marché il y a six mois. La vente s'est conclue hier.

— Qui l'a achetée ? s'intéresse Clémence.

— Un couple de Français établi ici depuis plusieurs années.

— *Cool*. Et qu'est-ce qu'il va faire de son temps maintenant ?

— Je sais pas trop, mais maman le talonne pour qu'il aille passer l'hiver avec elle et papa au Costa Rica.

— Bonne idée.

— Je suis pas certaine… mettons que ma mère, elle peut être assez intense, merci.

— Ça, c'est sûr, intervient Marie-Pier, qui a grandi dans la même ruelle que moi et qui a été témoin à plus d'une reprise de l'intensité de ma mère – de la trop grande intensité, devrais-je spécifier. D'ailleurs, poursuit-elle, on se demande de qui tu retiens, hein, Juliette ? C'est Lavigne que t'aurais dû t'appeler, pas Gagnon.

— Je ressemble à mon père aussi !

— C'est juste dommage que t'aies pas hérité de ses talents en cuisine, en remet Clémence pour se moquer.

— Bon, bon, lâchez-moi donc un peu.

Nous mangeons quelques instants en silence puis c'est au tour de Marie-Pier d'aborder un autre sujet. Celui dont je n'aurais jamais dû leur parler.

— Pis, ton photoreportage avec la police ? Ça marche ou pas ?

Il y a un peu plus d'une semaine maintenant que j'ai rencontré Patrick Vaillancourt pour lui parler de mon projet professionnel. Une idée que mes amies ont remise en question parce que j'ai malencontreusement laissé échapper que ladite police, je la trouvais pas mal à mon goût. Mélanger travail et sexe n'est pas toujours souhaitable, m'ont-elles avisée.

Bien entendu, j'ai fait fi de leur avertissement et j'ai envoyé une demande en bonne et due forme aux relations médias. Depuis, j'attends leur autorisation.

— Tu me fais penser, c'est ce matin qu'ils se réunissaient pour décider s'ils acceptent ma proposition ou pas. Peut-être qu'ils m'ont répondu. Ça vous dérange si je regarde mes courriels ?

Mes copines me donnent leur consentement. C'est une règle que nous nous sommes fixée toutes les trois pour éviter d'avoir toujours le nez collé sur nos cellulaires. Quand on mange ensemble, on doit demander la permission aux autres si on veut consulter nos messages. Et on doit avoir une fichue bonne raison de le faire. Résultat : on vit beaucoup plus dans le moment présent.

Je sors mon téléphone de mon blouson de jeans et je vérifie mes courriels. Je constate que le SPVM m'a fait parvenir un message à 11 h 46. Je l'ouvre.

> *Madame Gagnon,*
> *C'est avec plaisir que nous acceptons votre idée de reportage sur nos patrouilleurs. Vous ferez donc équipe avec Patrick Vaillancourt, comme demandé…*

— Yessssss ! Les filles, j'ai un *go* !

Mes amies me félicitent pendant que je poursuis ma lecture.

> *… ainsi qu'avec sa collègue, Régine Murat.*

Bon, ça c'est moins agréable, mais il fallait bien s'y attendre. L'important, c'est que je puisse passer une nuit complète avec Patrick Vaillancourt. Entre deux photos, je trouverai bien le moyen de lui faire savoir que, son uniforme de police, je l'enverrais bien valser sur le plancher de ma chambre.

7

STATUT FB DE **JULIETTE GAGNON**
À l'instant, près de Montréal
En patrouille avec le SPVM.
Leur travail est fascinant. #NOT
La nuit est trop tranquille !!!
#bonjourlapolice

*I*l doit se passer quelque chose ! Il doit se passer quelque chose ! Il doit se passer quelque chose, bon !

C'est ce que je souhaite intérieurement depuis le début de la nuit. Assise à l'arrière de l'auto-patrouille de Patrick et Régine, à sillonner les rues du centre-ville de la métropole, je commence à perdre patience. Voilà plus de deux heures que nous sommes à la recherche de scènes d'action pouvant illustrer leur travail.

Mais tout ce que ce premier samedi des vacances de la construction nous a apporté jusqu'à présent, ce sont des appels de routine. Un accident léger entre deux véhicules au coin d'Ontario et Saint-Hubert, une chicane de couple dans un appartement de la rue de Bullion et une arrestation pour un vol de cartes iTunes dans une pharmacie ouverte vingt-quatre heures sur vingt-quatre... *boring!*

J'ai réussi à faire quelques clichés, mais rien de spectaculaire. Ma tâche est d'autant plus compliquée qu'en aucun temps on ne doit reconnaître les visages des citoyens interceptés et des témoins. Bref, les seules personnes qui peuvent être identifiées sont mes deux policiers vedettes... Enfin, bientôt vedettes, je l'espère.

Dans une vingtaine de minutes, ce sera la fermeture des bars. Peut-être aurons-nous droit à un peu plus de vie dans les rues? À la condition que ce ne soit pas seulement des bagarres de gars soûls... comme me l'a prédit Patrick.

— C'est ça, les vacances de la construction. C'est tout ou rien, m'informe-t-il, assis du côté passager.

Il se tourne vers moi et me fait un petit air impuissant à travers le grillage qui nous sépare. Au volant, sa collègue quitte la rue Sherbrooke pour emprunter le boulevard Saint-Laurent, qui est pratiquement désert. Décourageant...

— Ouin, peut-être que j'aurais dû prendre la seconde option, finalement.

Quand ma demande a été autorisée par les policiers des relations médias, ils m'ont offert deux choix. Ou bien je faisais mon reportage ce week-end. Ou bien j'attendais un mois. Ils tenaient absolument à ce que Régine, qui part en vacances lundi jusqu'à la mi-août, soit présente. Je n'avais pas envie de mettre mon projet sur la glace aussi longtemps.

— Tu serais peut-être tombée sur une nuit aussi tranquille. On ne sait jamais comment ça va aller.

J'ai réussi à faire revenir Patrick au tutoiement, même en présence de sa partenaire. Nous avons eu une rencontre préparatoire hier tous les trois avec les relations médias et c'est à ce moment-là que j'ai insisté pour qu'on soit plus familiers. Ils ont tous accepté, même Marc-Antoine, le relationniste qui nous suit dans un véhicule fantôme. Son rôle, dit-il, est de me faciliter la tâche et de veiller à ma sécurité.

Je crois plutôt qu'il est là pour s'assurer que je ne prends pas de photos qui nuiraient à l'image de la police. C'est pas mon but... chose ! Je suis là pour vous faire passer pour des héros ! D'accord, pour l'instant, il n'y a rien d'héroïque aux gestes effectués depuis le début de notre *chiffre*. Mais je garde espoir.

En attendant, essayons d'en savoir un peu plus sur la relation entre les deux patrouilleurs. Sont-ils vraiment de simples collègues ?

— Toi, Régine, ton chum en pense quoi, que tu sois dans la police ? Est-ce qu'il a peur pour toi ?

La conductrice me jette un coup d'œil stupéfait dans le rétroviseur, puis elle retourne à sa conduite. *Fuck !* Qu'est-ce que j'ai bien pu dire de déplacé ?

— Si ça te dérange pas, Juliette, j'aimerais mieux pas parler de ma vie privée.

— Désolée, je voulais pas être indiscrète. C'est juste que j'ai souvent entendu dire que c'était pas évident pour les conjoints des policiers. Surtout quand ils sont pas eux-mêmes dans la police.

— Ça dépend, c'est jamais pareil, répond-elle.

— C'est pour ça qu'il y a beaucoup d'agents qui sortent avec des collègues ?

— Je crois pas qu'il y en a plus que dans d'autres milieux.

— Semble-t-il, oui. Paraît que c'est beaucoup plus fréquent.

— Ah bon ? J'ai pas remarqué.

— Par exemple... vous deux ? Ça fait combien de temps que vous travaillez ensemble ?

Patrick me regarde d'un air irrité.

— Où veux-tu en venir avec tes questions, Juliette ? Est-ce que ça fait partie de ton reportage ?

— Non, non, pas vraiment. Mais je suis curieuse. Vous êtes ensemble dans le même char huit heures par jour. Veut, veut pas, ça crée des liens.

— Des liens professionnels, oui, affirme Régine d'un ton qui clôt la discussion.

OK, chef! Je ferme ma gueule. Mais ça ne m'empêche pas d'essayer d'analyser la situation. Le problème, c'est qu'ils ne m'ont donné aucun indice. Bon, je verrai bien en temps et lieu.

Nous circulons sur la Main à pas de tortue, à l'affût de situations nécessitant une intervention. Mais, à ma grande déception, personne ne semble avoir besoin des forces policières. Je crains maintenant de rentrer pratiquement bredouille.

— Eillé, c'est long pas à peu près, votre job!

— Toi, c'est pas la patience qui t'étouffe, hein?

— T'as tout deviné, Patrick.

Des éclats de voix à notre gauche attirent notre attention. Deux gars visiblement en état d'ébriété s'engueulent solide sur le trottoir. Régine ralentit et immobilise l'auto-patrouille devant les querelleurs. J'empoigne mon appareil photo sur le siège, prête à bondir au premier signal.

Tout occupés à leur chicane, les fêtards ne nous ont pas vus arriver. Ce n'est qu'une fois le véhicule arrêté qu'ils s'aperçoivent de notre présence. Immédiatement, ils se taisent. Non, non, non! Ne soyez pas trop disciplinés, les gars!

Patrick sort du véhicule, suivi de Régine. Moi, je dois attendre le OK du relationniste pour quitter la banquette arrière de l'auto-patrouille. Cette façon de procéder m'énerve royalement, mais je n'ai guère le choix.

— Ça va, les gars? Qu'est-ce qui se passe? demande l'agent, fermement, mais sans agressivité.

Je me tourne vers l'arrière pour vérifier si Marc-Antoine est, lui aussi, à l'extérieur de sa voiture, qu'il a garée derrière la nôtre. Pas du tout! Non seulement il ne regarde pas la scène, mais il a son téléphone collé à l'oreille. Eille! C'est parce que c'est ici que ça se passe! Et je ne vais pas rater la *shot* de ma vie à cause d'un incompétent qui ne fait pas sa job!

Je tente de lui faire signe de regarder à sa gauche, mais il est tellement absorbé par sa conversation qu'il ne me voit pas. Ou plutôt il ne veut pas me voir. Aux grands maux les grands moyens. J'active l'application «lampe de poche» sur mon iPhone et j'envoie le faisceau lumineux dans son pare-brise. Il met la main devant lui pour me faire signe d'arrêter. Je m'exécute, espérant qu'il a compris le message. Mais non! Il poursuit sa conversation comme si de rien n'était. Je me retiens pour ne pas aller le sortir de force de sa voiture et je m'oblige à me calmer en prenant une grande respiration.

De toute façon, pour ce qui est de la *shot* de ma vie, on repassera. Autant les gars criaient fort tout à l'heure, autant ils sont tranquilles maintenant que des policiers les ont à l'œil. Ils ont même accepté de leur fournir une pièce d'identité. N'empêche que ç'aurait pu dégénérer, devenir une violente arrestation et, qui sait, une prise d'otages. Et moi, j'aurais manqué tout ça parce que monsieur ne faisait pas sa job? *No way!* Je dois lui faire part de mon insatisfaction. Mais en faisant l'effort de rester posée. Ce qui n'est pas toujours dans ma nature, on s'entend.

Les patrouilleurs terminent leur discussion avec les deux jeunes hommes, qui s'éloignent en partant chacun de leur côté. Les policiers reviennent dans le véhicule, sans les lâcher des yeux.

— C'était quoi, leur dispute?

— Pourquoi deux gars se chicanent-ils, selon toi? me demande Patrick.

— Je sais pas, moi. Une dette? Un des deux a prêté son char à l'autre et il a eu un accident? Ce sont des colocs pis y en a un qui paie pas son loyer?

— Bien plus évident que ça.

— Ah… une femme.

— Yep !

— Y en a un qui a volé la blonde de l'autre ?

— Ç'a l'air. *Business as usual…*

— Ouin, vous gérez de gros dossiers, vous autres, dis-je, en me moquant gentiment.

L'ouverture de la portière à ma droite et l'arrivée du relationniste dans la voiture mettent un terme à notre conversation. Bon, il se réveille, lui !

— Écoutez, j'ai une urgence, annonce-t-il.

Parfait, il va déguerpir et je vais pouvoir prendre toutes les photos que je veux. Yé ! J'évite d'afficher ma joie pour ne pas donner l'idée à Marc-Antoine de me renvoyer chez moi.

— C'est pas grave, on va se débrouiller.

— Il n'est pas question que tu continues sans moi, Juliette.

— Tu peux me faire confiance, tu sais.

— C'est juste pas possible.

— C'est quoi, ton *call* ? On pourrait peut-être y aller ? suggère Patrick.

— Ben oui ! Si c'est un gros événement, faut trop qu'on y aille ! Je vais enfin pouvoir faire des photos qui valent la peine.

— Arrêtez de vous emballer. Il se passe absolument rien.

— Quelle est l'urgence dans ce cas-là ? demande mon ami policier.

— Une histoire de taupe à la une de la version électronique du *Journal du Québec*.

— Chez nous ?

Pour toute réponse, le relationniste hoche la tête avec un air très mécontent.

— Tabarnak !

— C'est qui, le crosseur ? demande Régine.

Marc-Antoine explique qu'un enquêteur d'expérience, appartenant à la division du crime organisé, aurait vendu des informations à des motards. Patrick, qui connaît l'individu en question, n'en croit pas ses oreilles. Il le décrit comme un policier exemplaire, un collègue qui aime bien rigoler et un bon père de famille en plus.

— Lui, un sale? J'en reviens pas!

— Estie qu'on a pas fini d'en entendre parler, laisse tomber la policière, qui semble également sous le choc.

De mon côté, je suis d'humeur plus légère, et je me croirais dans une scène de *19-2*. Mais je garde ça pour moi, puisque l'heure est grave et je ne veux pas m'attirer des remontrances. J'essaie plutôt de savoir ce qui va arriver avec mon reportage.

— Qu'est-ce qu'on fait maintenant? Moi, j'aimerais ça continuer, au moins jusqu'à la fermeture des bars. C'est juste dans dix minutes.

— Je comprends, dit Marc-Antoine. Laisse-moi faire quelques appels, je vais essayer de trouver une solution, OK?

— Merci! C'est super gentil.

Le relationniste retourne à sa voiture, et nous attendons quelques instants en silence. Le spectre du policier-traître est bien présent dans le véhicule.

— Moi, j'ai besoin d'un café, annonce Régine. En voulez-vous un?

— Bonne idée, dis-je, pendant que Patrick refuse d'un geste de la main.

Enfoncé dans son siège, il semble abattu.

— Tu veux quoi, Juliette?

— Un latte, s'il te plaît.

Je fouille dans mon sac à main à la recherche de quelques dollars, mais Régine m'informe qu'elle m'offre la boisson.

— Merci, t'es trop fine.

Elle sort du véhicule et tourne le coin d'une petite rue où, me confie-t-elle, se trouve le meilleur café ouvert toute la nuit. Je change de place et je vais m'asseoir à l'avant, côté conducteur, pour réconforter Patrick. Il semble en avoir bien besoin.

— Ça t'affecte tant que ça?

— Je comprends pas que j'aie rien vu. Il avait son bureau juste à côté du mien. On lunchait ensemble de temps en temps.

À regarder Patrick et son air tourmenté, je me demande s'il est vraiment fait pour être policier. Il faut avoir une carapace plus dure que ça, non?

— Je connais pas votre milieu, mais à mon avis t'as rien à te reprocher. T'étais même pas dans son équipe.

— Non, mais ça m'arrivait de le consulter. Vu qu'il a déjà été aux crimes contre la personne.

Je ne trouve rien d'autre à dire pour l'encourager et je porte mon attention sur le boulevard Saint-Laurent et sa faune, qui se fait plus nombreuse. Enfin, un peu d'action, j'espère.

Tout à coup, mon regard est attiré par un groupe qui se tient devant l'entrée d'un bar, situé un coin de rue plus loin. Il semble y avoir de l'agitation, si je me fie à ce que j'entrevois d'ici et aux cris qui résonnent dans la nuit.

— Eille! On va-tu voir?

Patrick sort de sa léthargie et jette un œil sur la scène.

— Faut attendre Régine.

— Elle viendra nous rejoindre. On va tout manquer!

Nerveux, ses yeux vont de l'attroupement à la petite rue où est partie sa collègue. Il semble pris entre deux feux.

— *Come on*, Patrick!

Il ne réagit pas, et soudainement j'en ai marre d'être toujours en mode attente. Je dois bouger, provoquer le destin et arrêter de me fier à la chance. Les cris qui s'intensifient ajoutent à mon impatience.

— Ça brasse, Pat! Je te dis!

— OK, *go*! lâche-t-il finalement.

Comprenant qu'il accepte que je conduise la voiture jusqu'au prochain coin de rue, et puisque les clés sont dans le contact, je démarre en trombe.

— JULIETTE ! Quessé tu fais là ?

À ma grande surprise, mon compagnon referme la portière que je ne l'avais pas vu ouvrir. Qu'est-ce qui lui prend ? On ne perdra certainement pas de précieuses secondes à se rendre à pied.

— Je fonce !

— C'est moi qui conduis.

— T'as dit *go* !

Je réalise que Patrick voulait changer de place avec moi, mais il est maintenant trop tard. Nous sommes déjà arrivés et je n'ai même pas eu le temps d'allumer les gyrophares. Dommage, ç'aurait ajouté à l'excitation de jouer à la police. Je bondis hors du véhicule, je me précipite à l'arrière pour attraper mon appareil photo et me jeter dans l'action.

J'entends Patrick sortir lui aussi de l'auto-patrouille et me rappeler à l'ordre. Pas question, mon homme. Ni toi ni ce relationniste qui dort sur la *switch* vont m'empêcher de faire mon travail.

Du revers de la main, j'écarte un fêtard pour m'approcher du groupe, beaucoup plus imposant que je le croyais. Plusieurs dizaines de personnes forment un cercle autour de ce qui semble être une bagarre.

Je me fraie un chemin parmi ceux qui encouragent un certain Dan, en me penchant à quelques reprises pour éviter de recevoir des coups de coude. Alors que j'ai presque atteint mon but et que je vais finalement voir le spectacle qui s'offre à moi, on me tire vers l'arrière par le haut de mon chandail. Je recule malgré moi et je me retrouve face à face avec Patrick.

— Reste en retrait. C'est clair ?

Il me regarde comme un papa qui chicanerait sa fillette. Je n'aime pas du tout son attitude suffisante, mais je ne vois pas trop comment je pourrais lui désobéir. J'ai tout de même affaire à un représentant de l'ordre.

— C'est dangereux, ajoute-t-il.

Dangereux, dangereux... faut quand même pas exagérer. Mais le souvenir d'une manifestation au cours de laquelle j'ai été prise à partie à Québec me revient en mémoire. Il est vrai que, quand il y a foule, on ne peut rien prévoir. En même temps, j'enrage de savoir que le World Press Award est peut-être à ma portée. Ou, de façon plus réaliste, le prix Antoine-Désilets, remis à des photographes québécois.

À l'aide de son émetteur-récepteur, le policier réquisitionne des renforts. J'en profite pour vérifier si Marc-Antoine et Régine nous ont rejoints. Aucune trace de l'un ni l'autre. Je remarque que j'ai laissé la portière de l'auto-patrouille ouverte et me dis que ce serait une bonne idée d'aller la fermer, histoire de ne pas me faire voler le reste de mon équipement photo. Je m'approche quand je sens quelqu'un passer à toute vitesse à mes côtés et se diriger vers le véhicule du SPVM.

Sans que j'aie le temps de réagir, l'individu louche s'assoit au volant, claque la portière et fait démarrer le moteur. *WHAT?* Il n'est pas en train de voler un char de police? Ce n'est pas vrai!

— PATRIIIIIIIIICK!

Alerté par mon cri, l'agent se retourne, mais il ne semble pas voir que le véhicule de police est en marche. Une fois de plus, je constate qu'il n'est pas toujours vite sur ses patins pour un gardien de la paix. C'est à se demander s'il avait vraiment du flair comme enquêteur.

— Ton auto!

Patrick comprend finalement, sort son arme et se met à courir vers la voiture. Mais le voleur n'entend pas se laisser arrêter aussi facilement. Il appuie sur l'accélérateur et fonce tout droit vers lui. *Oh my God!* Est-ce que je vais assister en direct à un accident? D'instinct, je place mon appareil photo devant mon visage et je prends plusieurs clichés en rafale.

La séquence montre l'auto-patrouille, les phares allumés, se diriger vers le policier, lequel ne se laisse pas démonter. Il continue lui aussi d'avancer, défiant son adversaire. Non, non, non! Il ne va pas jouer les braves au point de se faire écraser ! Et ce malfaiteur, comment se fait-il qu'il ne craigne pas le revolver braqué sur lui ?

À la dernière fraction de seconde, et agile comme un chat, Patrick exécute un mouvement de côté. Il tombe à la renverse sur le trottoir, évitant de justesse les roues de la voiture, pendant que le filou poursuit son chemin sur le boulevard Saint-Laurent. Wow ! Une vraie scène de film d'action.

Je m'assure d'avoir quelques images de l'auto qui s'éloigne au loin, puis je m'élance vers mon compagnon. Heureusement, il se relève sans trop de peine.

— Es-tu correct ?

— Oui, oui, répond-il, visiblement de mauvaise humeur.

Le policier jette un œil du côté des gens qui assistent à la bagarre. Trop occupés à encourager les batailleurs, ils n'ont rien vu de la scène.

— Je m'excuse tellement, Patrick. J'ai jamais cru qu'on pouvait nous voler l'auto.

— C'était à moi d'y penser.

— Mais non, c'est mon erreur à moi.

Je sais que j'ai gaffé et je suis prête à en prendre l'entière responsabilité, mais je n'arrive pas à me sentir coupable. Je suis trop sur un *high* en raison des images que j'ai réussi à prendre. Et puis c'est juste une voiture… personne n'est mort ou blessé, à ce que je sache !

— En tout cas, t'étais *hot* ! J'ai des esties de belles *shots*. Viens voir.

Je fais défiler les photos une à une et je m'arrête sur celle qui montre Patrick pratiquement en plein vol. Il s'est donné une poussée et ses pieds ont quitté le sol d'au moins quinze centimètres… et moi j'ai capté tout ça ! C'est trop, trop bon !

— Juliette, câlisse ! Je viens de me faire voler mon char de police. Je suis pas *hot* pantoute. C'est une erreur de débutant… laisser les clés à l'intérieur.

— Bah, voyons! Tu diras que c'est de ma faute.

— Comment je vais justifier que tu conduisais? Je suis dans marde. Pis pas à peu près.

Je ne peux croire qu'il sera sanctionné pour avoir agi comme il l'a fait. À mes yeux, il s'est comporté en héros, rien de moins! Mes photos prouvent que jusqu'au dernier moment il a tenté d'arrêter le bandit. Et ce, au péril de sa vie.

— Je vais te défendre. Avec ce que j'ai dans mon appareil, ils n'oseront jamais te faire du trouble. Et pour les clés, on va trouver une solution.

— Trouves-en une tout de suite, parce qu'on est plus tout seuls, dit-il en regardant à sa droite.

Je fais de même et je vois Régine venir vers nous, suivie de Marc-Antoine. Leurs airs en disent long sur leur mécontentement. Euh... leur colère, en fait.

— Pourquoi vous m'avez pas avisé que vous partiez? demande tout de go le relationniste.

Avant que nous puissions répliquer, trois véhicules de police se stationnent à nos côtés. Les fameux renforts. Il était temps qu'ils se pointent, ceux-là.

Immédiatement, les agents interviennent pour ramener le calme dans la rue. Je les vois se rendre jusqu'aux bagarreurs et j'ai envie d'aller les retrouver pour faire d'autres photos. Mais je suis convaincue que mon *ami* des relations médias ne l'entend pas ainsi.

— J'attends votre réponse! clame-t-il.

— C'est ma décision, M-A. Pas celle de Patrick.

En l'appelant par ses initiales, j'espère le faire descendre de ses grands chevaux. Mais je crois bien que j'ai parlé dans le vide. Ça ne le rend pas plus conciliant du tout.

— Comment ça? C'est quand même pas toi qui conduisais?

— Oui, justement.

— Pardon? Est-ce que tu viens de me dire que t'étais au volant d'un véhicule de police?

— Oui, mais...

Sans me laisser le temps de finir ma phrase, Marc-Antoine se tourne vers Patrick et s'adresse à lui d'un ton cassant.

— J'espère que t'as une bonne explication.

— C'est pas de sa faute, dis-je. Il voulait pas, je l'ai obligé.

— Obligé? Comment?

— Ben… euh…

— À part ça, il est où, le douze? intervient Régine en regardant autour d'elle pour repérer le véhicule.

Mon compagnon baisse le regard au sol, mort de honte. Régine et Marc-Antoine cherchent des yeux l'auto-patrouille, ne semblant pas comprendre qu'elle a disparu.

— Patrick? insiste sa partenaire.

Il lève la tête et la regarde d'un air coupable, n'osant pas répondre. Je décide de venir à sa rescousse.

— On se l'est fait voler!

— Quoi? C'est quoi, cette niaiserie-là? lance Marc-Antoine.

— C'est pas une niaiserie ni une *joke*. Hein, Patrick?

— Juliette dit vrai. J'ai essayé d'empêcher ça, mais j'ai pas pu.

— Non, mais il a été *fucking hot*! Si vous l'aviez vu…

— Juliette, va nous attendre dans mon auto.

— Mais je vous le dis, c'est moi la responsable. Pas lui.

— *NOW!*

J'obéis à regret, en me promettant de leur donner ma version des faits dès que possible. Une fois dans la voiture de Marc-Antoine, je passe encore en revue mes photos et je me dis que ça va faire un reportage sensationnel dans les pages de *Miss Duchesse*.

Ma satisfaction par rapport à mon travail me console d'avoir perdu une partie de mon équipement photo, qui était dans l'auto-patrouille. Décidément, je joue de malchance depuis quelques années; c'est la énième fois que je devrai remplacer mon matériel de travail parce qu'il a été volé. Heureusement, cette fois-ci, la perte se résume à quelques accessoires, et non pas à l'un de mes appareils.

Je regarde le trio de policiers, qui semble en pleine négociation de je ne sais quoi! Je me sens totalement impuissante... Pourvu que Patrick ne paie pas trop cher ma folie. Quoi qu'il en soit, après pareille mésaventure, je peux certainement oublier mon scénario numéro un: me perdre dans ses bras.

Je soupire de découragement et je me questionne sérieusement sur ma capacité à avoir une relation « normale » avec un gars. Pourquoi est-ce que j'ai TOUJOURS besoin de penser au sexe, avant de penser à l'amour?

« C'est parce que ton cœur n'est pas encore libre », m'a dit Clémence hier, lors d'une conversation téléphonique. Elle venait de me demander si Patrick Vaillancourt pourrait être mon chum. Ce à quoi j'ai répondu que je le voyais plus comme un amant. « Je crois pas pouvoir être en amour avec un gars comme lui. Pas pour l'instant, du moins. »

Et c'est là qu'elle a dit cette phrase qui m'a fait réfléchir. A-t-elle raison? Est-ce possible que, malgré moi, mon cœur appartienne toujours à F-X? Compliqué, tout ça...

Je décide de faire un effort et de m'imaginer amoureuse de Patrick. D'accord, il n'est pas aussi sexy que la plupart des hommes que j'ai eus dans ma vie, mais je dois admettre que, tout à l'heure, il m'a vraiment impressionnée. Le voir braver un malfaiteur sans hésitation avait quelque chose d'extrêmement séduisant. Il mérite ma considération et peut-être pas seulement pour une baise. Mais comment m'y prendre? J'ai la douloureuse impression qu'il ne voudra plus rien savoir de moi.

À l'extérieur, d'autres policiers sont venus prêter main-forte à ceux déjà présents. Ils ont réussi à calmer la foule et ils ont procédé à des arrestations. Je cherche mes acolytes des yeux, mais je ne les trouve pas. Où sont-ils passés ? Ils n'ont pas sacré leur camp sans m'avertir, j'espère !

Toc, toc, toc.

Je sursaute en entendant quelqu'un frapper à la fenêtre de la voiture. Un policier, que je ne connais pas, me fait signe de sortir. Je m'exécute et au même moment je vois Patrick et Régine monter à l'arrière d'une auto-patrouille, qui démarre aussitôt.

— Eille ! Ils s'en vont où ? Je voulais leur parler.

Il ne répond pas et m'indique plutôt de me diriger vers une autre voiture de police. Je repère Marc-Antoine, toujours son fichu cellulaire collé à l'oreille, et je change de direction pour aller le rejoindre. L'agent m'attrape fermement par le bras, pour me remettre dans le chemin initial. Je me dégage avec vigueur.

— Je veux juste aller voir le relationniste.

— Il est occupé. On va vous raccompagner chez vous, madame Gagnon.

Il désigne à nouveau le véhicule qui m'attend. J'hésite à m'y rendre. La nuit ne peut pas finir en queue de poisson comme ça ? Ça n'a aucun sens que chacun parte de son côté sans avoir fait le point. Il faut absolument que je parle à Marc-Antoine.

— Deux minutes, monsieur l'agent. S'il vous plaît.

— Désolée, madame Gagnon, suivez-moi.

Je cède et je vais m'asseoir dans l'auto-patrouille qui m'amène chez moi. En chemin, le sentiment de confusion que je ressens s'amplifie de seconde en seconde. Trop d'émotions se bousculent dans mon cœur. L'impression d'un travail inachevé, la fierté quant aux photos contenues dans mon appareil et une grande tristesse à l'idée de savoir que je me retrouverai seule dans mon lit. Encore une fois.

8

Mononcle Ugo dépose devant moi une énorme assiette de crêpes aux pommes et cheddar, que j'arrose de sirop d'érable avec générosité. Après la nuit pratiquement blanche que je viens de passer, ce déjeuner est le bienvenu.

Une fois rentrée chez moi en sécurité grâce aux bons soins du SPVM, je me suis couchée, mais sans jamais vraiment parvenir à m'endormir profondément. Trop envahie par les questionnements, j'ai sommeillé, sans plus. Au bout de quelques heures, exaspérée, je me suis levée pour venir voir mon sage. Et trouver réponse à mes interrogations.

J'attaque mon repas pendant qu'Ugo se prépare un thé vert pour accompagner ses rôties de grains entiers au beurre d'amandes. Je lui ai tout raconté de ma sortie rocambolesque avec le SPVM et je l'ai vu se retenir d'éclater de rire à quelques reprises. Je lui ai aussi montré quelques-unes de mes photos transférées dans mon iPhone et dont je suis particulièrement fière. Il m'a chaudement félicitée. Maintenant, j'attends son verdict de la situation.

— Je peux pas te dire grand-chose, Juliette. J'imagine que tu vas avoir des nouvelles d'eux aujourd'hui.

— Penses-tu qu'ils peuvent me tenir responsable du vol du char de police?

— Non, je crois vraiment pas.

— Fiou. Je commençais à me faire des scénarios dans ma tête. Je me suis imaginé qu'ils venaient m'arrêter chez moi, avec les menottes pis *toutte*.

— Juliette, t'as trop d'imagination. N'empêche que c'était pas fort de laisser les clés dans l'auto.

— Je sais bien.

Je réalise que mon impatience m'a, une fois de plus, joué des tours. Mais en photo de terrain, le *timing* est tellement important. T'as beau être le meilleur capteur d'images du monde, si tu n'es pas au bon endroit, au bon moment, tu ne te distingueras pas. Et moi, je cherche coûte que coûte à me faire reconnaître et à rafler des prix. Dans mon milieu, la compétition est vive. Si je veux m'assurer un avenir confortable, je dois faire ma marque.

Je constate que, si je sais exactement où je m'en vais avec ma carrière, il n'en est rien avec ma vie personnelle. Je n'ai aucun plan à moyen ou long terme. Que des projets à très court terme. Comme m'envoyer en l'air cette semaine.

— À mon avis, mentionne Ugo, c'est le policier qui va avoir des problèmes.

— C'est ça qui m'inquiète, justement. Je veux pas qu'il paie pour ma gaffe.

— C'est la sienne aussi. Je suis convaincu que le SPVM ne laissera pas passer ça.

— Ah non! Faut pas!

Tout en avalant une gorgée de thé, Ugo m'observe d'un air soupçonneux. *Fuck!* Il se doute maintenant que je trouve Patrick à mon goût simplement parce que j'ai prononcé ces paroles. Ça doit être mon ton un peu implorant qui l'a alerté. Je change de sujet pour éviter les questions.

— Il est où, Bachir?

— À son cours de taï-chi.

— À 8 h 30 du matin?

— Ben oui.

— Et il va bien?

— Rien de spécial depuis que tu m'as demandé de ses nouvelles il y a deux jours.

En guise de réplique, je prends une grosse bouchée de crêpe. Mais Ugo n'est pas dupe.

— Le policier. Patrick, c'est ça?

— Hum, hum.

— C'est quelqu'un que tu connais?

— Pas vraiment, non.

Pour l'instant, je ne crois pas qu'il soit nécessaire de lui mentionner que nous avons un passé et peut-être un avenir ensemble. Puisque rien n'est certain…

— L'enquêteur dans ton dossier avec Ursula, c'était pas un Patrick?

Non, mais c'est quoi l'idée de toujours deviner quand je mens? Il n'y a que lui et maman pour me déchiffrer ainsi. Impossible de leur cacher quoi que ce soit. Inutile de contester.

— Ben oui, c'est lui.

— Drôle de hasard.

Je hausse les épaules, signifiant que je n'en sais pas plus. À mon grand soulagement, Ugo n'insiste pas. J'oriente maintenant la conversation sur mon reportage inachevé.

— J'espère que je vais pouvoir les suivre une autre nuit. C'est vrai que j'ai des bonnes *shots* du char qui fonce sur Pat… euh, sur le policier, mais c'est pas suffisant.

— Je suis pas convaincu qu'ils vont accepter que tu publies ces photos-là, Juliette.

— Hein ? Comment ça ?

— C'est pas tellement à leur avantage. Ils vont avoir l'air fous.

— Pourquoi ? Au contraire, Patrick a l'air d'un gars qui a peur de rien.

— Oui, mais il s'est quand même fait voler son auto-patrouille. Comment il va expliquer que les clés étaient restées à l'intérieur ? C'est de la négligence.

Ah cette maudite histoire de clés qui complique tout ! Il existe certainement une façon de présenter le reportage sans que mes amis policiers passent pour des incompétents. Je suis convaincue qu'il y a une solution et je dois… non, je *vais* la trouver ! Pas question que mes photos ne soient pas diffusées. Ohhhhhh non !

Nous terminons nos plats en nous obstinant sur la définition de « négligence ». Aux yeux de mon sage, le comportement du policier mérite une sanction. Ce avec quoi je ne suis pas d'accord.

— *Agree to disagree ?*

Pour appuyer ma proposition, je lève la main, attendant qu'Ugo me fasse un *high five* bien senti. Il me fait languir quelques secondes puis il scelle notre entente avec un petit sourire.

Il quitte ensuite la table pour ranger la cuisine et je me réjouis de voir qu'il a toujours cette belle énergie, celle que je lui connaissais avant la maladie et qui est revenue récemment. Mononcle a beau parler de période de rémission, moi, je sais dans mon cœur qu'il est complètement guéri et que cette épreuve est derrière nous.

Ce que j'ignore, c'est si le cancer a laissé des traces, s'il a eu des conséquences sur la vie sexuelle d'Ugo, par exemple. Et même si je sais que ce n'est pas de mes affaires, ça me préoccupe. Je ne voudrais pas qu'il se fasse planter là par un Bachir tanné de ne plus pouvoir baiser comme avant. Mais comment le faire parler? Toute la question est là.

Je le rejoins pour lui donner un coup de main. Je dépose nos assiettes sales dans le lave-vaisselle, en prenant bien soin de les rincer pour ne pas me faire chicaner. Je sens qu'il observe chacun de mes gestes. Achalant, à la fin. Je termine et je retourne à la table pour ramasser les napperons. En revenant au comptoir, qu'est-ce que je vois? Mononcle Ugo qui prend les assiettes que je viens de placer pour les rincer à nouveau!

— T'es fou! Complètement fou! Je comprends maman d'avoir capoté quand elle a vécu quelques mois avec toi.

Vers la mi-trentaine, ma mère a cohabité un temps avec son meilleur ami. Elle m'a raconté qu'Ugo était tellement maniaque du ménage qu'il repassait systématiquement derrière elle. Comme aujourd'hui avec moi et sa femme de ménage.

— Charlotte était très bien traitée, tu sauras.

— Ça, j'en doute pas! C'est juste que t'es épuisant à voir.

— Mais non.

— Bachir, ça le dérange pas?

— Pas du tout. Il aime ça lui aussi quand c'est propre.

— Archi, archi-propre, tu veux dire!

Ugo ne relève pas et poursuit sa tâche. Puisqu'on parle de Bachir, j'en profite pour l'interroger en douce sur leur relation.

— Ça fait combien d'années que vous êtes ensemble déjà?

— Plus de trente ans.

— Wow! J'aimerais ça me rendre là un jour.

— T'as le temps en masse.

— Ouin, faudrait que je finisse par tomber sur un gars qui a de l'allure.

— Comme un policier qui se jette devant une voiture? me taquine Ugo.

— Pfffff… n'importe quoi!

— Pas certain de ça, moi. Quoique ça m'étonne de ta part.

— De quoi tu parles?

— Je suis un peu surpris que tu sois attirée par un flic.

— Je suis pas attirée.

— Ah non? Tu t'es pas entendue tantôt quand tu me montrais les photos? Je pense que t'as dit au moins dix fois qu'il était *hot*.

— Bah, t'exagères. Et puis je parlais des images. Pas de lui.

— En tout cas, c'est tes affaires. Mais le milieu de la police, laisse-moi te dire que c'est assez spécial.

— Je le sais, j'ai vu *19-2*. *Anyway*, on parle pour rien dire parce que j'ai pas l'intention pantoute de sortir avec une police.

— Non, mais coucher avec, oui.

La réplique d'Ugo me stupéfie. Certes, il a l'habitude de me dire ce qu'il pense, mais il le fait de façon généralement plus diplomate. Et pas avec un ton méprisant comme celui qu'il vient d'employer.

— Coudonc, qu'est-ce que t'as contre les policiers?

Comme s'il s'apercevait de sa réaction un peu trop prompte, Ugo baisse la garde et revient à de meilleurs sentiments.

— Excuse-moi. J'ai rien contre eux. C'est juste que… ah laisse faire.

— Non, non, dis-le.

— En fait, je te vois pas avec un policier. T'es trop artiste, trop sensible. Ça te prend quelqu'un qui lui aussi a un côté artiste et qui est capable de te comprendre.

— Les artistes, on a vu ce que ç'a donné.

Je songe ici à F-X, architecte et artiste dans l'âme, ainsi qu'à un autre de mes chums, humoriste de métier. Deux relations catastrophiques.

— T'as pas été chanceuse, c'est tout. Le prochain, ce sera peut-être le bon. À la condition que tu fasses le bon choix.

— Le bon choix? Tu sais très bien c'était qui, le bon choix! Pis il a tout gâché en restant avec sa crisse de folle.

— Tu en veux encore beaucoup à F-X?

— Oui. Et j'essaie de passer à autre chose. Pis tu m'aides pas beaucoup avec tes préjugés sur les flics.

— Ah! Ah! lance Ugo avec un large sourire de vainqueur. Je savais qu'il y avait anguille sous roche. Il t'intéresse, le Patrick en question, non?

— Bon, OK. Il pourrait m'intéresser.

— Pourrait? Tu manques de conviction.

— Ahhhh tu m'énerves! C'est pas ça.

— C'est quoi, d'abord?

— Après la gaffe que j'ai faite, je suis pas certaine qu'il va vouloir me reparler.

— C'est possible.

Parfois, je souhaiterais qu'Ugo soit un peu plus menteur. Là, j'aurais aimé entendre quelque chose comme : « Mais non, pas de danger. » Ou bien : « Tu sais que personne peut te résister. » D'accord, ce n'est pas vrai, mais ç'aurait fait du bien à mon *ego*.

— Tu sais, Juliette, je dis pas ça pour être méchant. Je veux juste te protéger. Je voudrais pas que tu sois trop déçue.

Je soupire longuement... Il a telllllllement raison. Je me réfugie dans ses bras, en songeant que je ne dois jamais oublier pourquoi je lui ai donné le surnom de « sage ». Jamais.

9

STATUT FB DE **CHARLOTTE LAVIGNE**

Hier, près de Playa Potrero, Costa Rica

On veut m'empêcher de mener à bien mon projet, mais je ne me laisserai pas faire. Le gouvernement va entendre parler de Charlotte Lavigne.
#décidée 🌴

*F*inalement, je n'ai pas réussi à savoir si mononcle Ugo était devenu impuissant. Voilà à quoi je pense, en sortant de chez lui quelques heures plus tard. Le retour de Bachir dans l'appartement m'a empêchée d'investiguer et la conversation s'est plutôt orientée vers des sujets neutres. Je me promets que ce sera pour la prochaine fois.

Mais pourquoi attendre ? Je n'ai qu'à appeler maman. Je suis convaincue qu'elle est au courant. J'ai tout juste le temps de le faire en me rendant à mon prochain rendez-vous.

Je grimpe dans ma voiture, je mets en marche mon Bluetooth, je compose le numéro de mes parents au Costa Rica et je démarre.

— Bonjour, ma chérie !

— Bonjour, maman, comment ça va ?

— Très bien et toi ?

Ici, si j'étais honnête, je répondrais que je n'ai pratiquement pas dormi de la nuit parce que j'ai provoqué un vol de véhicule de police, que je suis une fois de plus mêlée côté cœur… bref, que ma vie est un peu beaucoup chaotique en ce moment. Mais je ne serai pas franche. Ce serait m'attirer beaucoup trop de questions.

— Super bien. Tu fais quoi là ?

— Ah ! Je suis en train d'écrire une lettre au gouvernement. Je suis partie en guerre contre lui.

— Hein ? Comment ça ? dis-je, en empruntant l'avenue du Parc vers le nord.

— Tu sais que ça fait un moment que P-O et moi on souhaite faire plus ici, avoir notre propre business.

— Oui, tu m'en as parlé.

Après plusieurs années à cuisiner pour les adeptes d'un chic centre de yoga, ma mère a décidé qu'elle avait besoin de nouveaux défis. Comme celui de fonder sa propre entreprise.

— Imagine-toi donc qu'une occasion en or s'est présentée il y a quelques semaines. Un promoteur a mis en vente un terrain sur le bord de la mer. Pas cher du tout.

— Et tu veux l'acheter ?

— Ouiiiiii ! Pour y construire mon propre centre de yoga.

Quand maman s'excite de la sorte, j'ai l'impression qu'elle a dix ans et non pas près de soixante-dix.

— T'es pas un peu vieille pour te partir en affaires ?

Silence au bout du fil. Telle que je la connais, elle doit être insultée.

— Je disais ça comme ça, maman. Me semble qu'à ton âge tu mériterais de relaxer un peu.

— Je relaxerai dans ma tombe, Juliette. D'ici là, j'ai encore assez d'énergie pour avoir des projets. Et surtout pour devenir ma propre patronne.

Lors de notre dernier appel FaceTime, maman m'a parlé de son employeur de façon peu flatteuse : « culture d'entreprise dépassée, approche conventionnelle, gestion sans humanité » et j'en passe.

Je ne suis donc pas étonnée qu'elle souhaite s'en aller. Mais je m'attendais à ce qu'elle prenne sa retraite et revienne au Québec. Il faut croire que ce n'est pas encore dans les cartes.

— Et c'est quoi, le problème avec le terrain ?

— Il est zoné agricole et le gouvernement refuse de le changer.

— Ouin, mais c'est peut-être un lieu protégé. Pour la faune ou des trucs comme ça.

— Pas du tout, c'est un terrain vacant depuis des années, pris en sandwich entre deux secteurs touristiques.

— Ah bon. Et pourquoi ils refusent de faire le changement, selon toi ?

— Parce qu'ils ne veulent pas qu'on l'achète. Vu qu'on est pas d'ici.

Je trouve son explication un peu tirée par les cheveux, mais comme je n'ai pas toutes les données en main, je préfère m'abstenir d'argumenter. Je risque toutefois une dernière question.

— Mais vous avez les moyens d'acheter ça et de faire construire un centre ?

— Oui, ce serait pas gros comme ici. Je rêve d'un petit truc familial et *cosy*. Et je me suis même trouvé un associé.

— Un Québécois ?

— Une Québécoise, oui. Parfois, je me demande si c'est pas ça qui les fatigue.

— Quoi donc ?

— Le fait que c'est deux femmes qui dirigent ça.

— Papa ne vous aide pas ?

— Oui, oui, mais c'est ma partenaire et moi qui portons le projet, tu comprends? *Anyway*, ils n'ont pas fini d'entendre parler de moi. J'ai commencé à me trouver des appuis dans la communauté locale.

— Et ça marche?

— Oui. Surtout quand je leur dis que je suis une ancienne vedette de la télé. Ça impressionne toujours les gens.

Ma mère n'a vraiment pas sa pareille pour mener ses idées à bon port. Un jour, il faudra que je prenne des notes.

Je jette un œil au cadran de ma voiture, craignant d'être en retard. Comme toujours, dès qu'on traverse l'avenue du Mont-Royal, ça circule au compte-gouttes. Je regrette de ne pas avoir emprunté une petite rue comme je le fais habituellement. La conversation avec maman m'a distraite.

— Tu es là, ma chérie?

— Oui, oui. C'est juste que je cherche un moyen de me sortir du trafic.

— Est-ce que tu me téléphonais pour quelque chose en particulier?

Avec toute cette histoire de zonage, j'en avais presque oublié la raison de mon appel.

— Je sors de chez Ugo.

— Oh, comment va-t-il? Toujours pas de signes de rechute?

— Non, non, tout va bien de ce côté-là. C'est juste que…

— Que quoi? Dis-moi pas qu'il a un autre problème de santé?

— Mais non! Arrête d'avoir tout le temps peur pour lui, maman.

— Dis-moi ce qui se passe, alors!

— Sais-tu s'il a gardé des séquelles de son cancer?

— De quoi tu parles exactement?

— Ben, tu sais, des séquelles sur… sur sa vie sexuelle.

Malaise au bout du fil.

— Et comment tu voudrais que je sache ça?

— Dahhhh! Maman! Parce que je suis convaincue que tu lui as posé la question.

— Non.

— Tu lui as pas demandé?

— Euh… en fait, oui. Si on veut.

— Hein? Tu lui en as parlé ou non?

— Oui, oui, je l'ai fait. Mais il a refusé de me répondre.

— *Fuck!*

— Sauf que…

— Sauf que quoi, maman?

— Ben, je sais qu'il est correct. Tout fonctionne bien.

— Ah ouin? Qui te l'a dit?

— Juliette, je te dévoilerai pas mes sources. Mais elles sont fiables. Tu peux dormir tranquille.

— OK, ça me rassure. J'aurais pas voulu que Bachir le laisse.

— Ça arrivera pas, promis!

— N'empêche que je serais curieuse de savoir qui a bien pu t'informer là-dessus. À part Bachir. Ou son médecin.

Maman se racle la gorge et passe à un autre sujet en me demandant s'il fait chaud à Montréal. Humm… suspect, tout ça. Comme si j'avais visé juste. Ça m'étonnerait que ce soit Bachir, si réservé, si respectueux de leur couple.

Le médecin d'Ugo, alors? Incroyable qu'elle soit parvenue à lui soutirer pareil renseignement. Mais avec Charlotte Lavigne, qui a été à la tête du plus populaire *talk-show* de l'histoire de la télé québécoise et qui s'est créé des relations dans tous les milieux, rien n'est impossible.

Comme j'arrive à destination, je mets fin à la conversation, promettant à ma mère de la rappeler bientôt. Oui, très bientôt même.

Je sors de ma voiture pour aller jouer à la gardienne d'enfants. Pendant que j'étais chez Ugo ce matin, Marie-Pier m'a appelée à la rescousse pour que je m'occupe d'Eugénie cet après-midi. Wow! Je suis toute contente.

C'est tellement rare que mon amie me fasse confiance et me laisse seule avec sa fille, dont je suis pourtant la marraine, alors je le prends quand ça passe.

Ce que je trouve étrange, par contre, c'est que Marie-Pier ait décidé à la dernière minute de se porter volontaire pour travailler à la mégavente sous le chapiteau, organisée par son père pour liquider les modèles de l'année. Ce n'est vraiment pas son genre, elle qui a l'habitude de tout prévoir. Je suis également très sceptique quant à l'efficacité d'un tel événement en plein milieu du mois de juillet. À mon avis, les gens ont plus la tête à la baignade qu'à changer de voiture, mais comme ce n'est pas moi la spécialiste, je n'ai rien dit.

En arrivant devant l'appartement, je n'ai même pas le temps de cogner que déjà Marie m'ouvre la porte.

— Bon, t'es là! me lance-t-elle, anxieuse.

— Tu guettais mon arrivée?

— Ben oui. Je vais être en retard.

— Salut quand même, dis-je en l'embrassant.

Ma copine réalise qu'elle a été un peu rude et se rattrape en me demandant si je suis plus en forme que tout à l'heure. Un peu plus tôt, je l'ai mobilisée au bout du fil de longues minutes pour lui raconter ma nuit d'aventures policières et me plaindre de la fatigue causée par le manque de sommeil.

Malgré tout, elle a sollicité mon aide pour s'occuper de sa petite. Encore un truc qui ne colle pas. Normalement, elle serait inquiète de la laisser avec quelqu'un qui est complètement crevé. Faut croire qu'elle est vraiment mal prise. Je lui réponds que ça va aller, que je viens de prendre un troisième café pour me tenir éveillée.

— Parfait, répond-elle, en s'éloignant vers le salon pour aller rejoindre Eugénie, que j'entends piocher sur son jouet de l'heure : un xylophone en plastique qui fait beaucoup trop de bruit, selon les voisins.

Mais on s'en fout ! Une enfant a le droit de s'exprimer librement. À la condition qu'elle ne le fasse pas à 6 heures du matin, comme c'est déjà arrivé.

J'observe Marie-Pier qui me précède. Curieusement, elle n'est pas vêtue comme elle l'est habituellement pour aller au boulot. C'est-à-dire en tailleur de couleur foncée, avec un chemisier blanc cassé, rose ou bleu poudre et des escarpins. Là, elle porte une jupe en toile grise, un simple t-shirt en coton blanc et des sandales robustes avec des courroies ajustables. De celles faites pour marcher et qui n'ont aucun style.

— Marie, tu vas pas travailler comme ça ?

— Hein ? Ben non, je vais me changer au bureau.

— Ah ouin, me semble que tu te compliques la vie.

— Mais non. Il fait chaud, je veux pas transpirer dans ma chemise en m'en allant.

— Dahhhh ! C'est parce que t'as la clim dans ton char !

Elle ne répond pas et se penche pour dire au revoir à la petite, qui babille joyeusement, comme elle le fait toujours.

— Tu vas être sage avec marraine Juju, hein ?

— Ben non, on sera pas sages ! dis-je pour narguer la maman trop contrôlante. On va manger plein de cochonneries, aller se rouler dans le sable au parc pis se déguiser avec les bijoux de maman, hein, ma belle ?

— Juliette ! Que je te voie.

— C't'une *joke*, Marie. Jamais j'oserais…

— Me semble, ouin, répond-elle, avant d'embrasser Eugénie sur le front.

Je me serais attendue à plus de résistance de sa part. En temps normal, elle m'aurait rappelé qu'il est strictement interdit de nourrir sa fille avec autre chose que ce qu'elle a prévu sur la liste aimantée sur le frigo. Je dis « en temps normal » parce que je sens qu'il y a quelque chose de pas net dans le comportement de mon amie. Je doute de plus en plus qu'il y ait bel et bien une vente cet après-midi chez Honda Laverdière.

— Allez-vous servir des *hot-dogs* ?

— Où ça ?

— Ben, au garage, c't'affaire !

— Ah oui, oui… Et des boissons gazeuses.

— Vraiment ?

Évitant mon regard, Marie se relève pour retourner dans le hall d'entrée. Je la suis, en étant maintenant convaincue que tout ça n'est qu'un prétexte pour sortir avec un gars. Et comme j'en suis ravie, je ne ferai rien pour la stresser en lui posant des questions. Je respecte le fait qu'elle ne semble pas prête à m'en parler, mais je m'organiserai pour lui tirer les vers du nez à son retour.

Mes doutes se multiplient par dix quand je la vois attraper un sac de sport, près de la porte. Depuis quand a-t-elle besoin de son matériel d'entraînement pour aller au boulot ? Son nouveau *prospect* est-il, lui aussi, un adepte de la course à pied ?

— Je vais revenir vers 5 heures, ça va ? demande-t-elle, en ouvrant la porte.

— Oui, oui, prends ton temps.

— Je laisse mon cell ouvert. T'as juste à me texter si y a quelque chose, OK ?

— J'aurai pas besoin, tout est sous contrôle. Pense pas à nous et amuse-toi.

— Qu'est-ce que tu veux dire ? lance-t-elle, tout à coup sceptique.

— Ben oui ! C'est un peu la fête, ce genre de vente-là, non ?

— Euh… si on veut. Bon, j'y vais. Bon après-midi… et merci, Juliette.

— N'importe quand !

Je lui fais la bise et la regarde s'éloigner d'un pas qui me semble plus léger que d'habitude. Satisfaite, je referme la porte et je retourne auprès de ma filleule.

— C'est qui, les chanceuses qui vont aller manger une grosssssse crème glacée à la gomme balloune? C'est nous!

*

Le chandail d'Eugénie n'a pas résisté à notre gâterie. Il est passé de rose tendre à bleu fluo. Oh là là… j'espère que ça va partir au lavage. Je n'avais pas du tout l'intention de mentionner à mon amie que nous avions mangé de la crème glacée. D'autant plus que j'ai oublié de vérifier si c'était permis à seize mois. Mais j'imagine que la propriétaire du bar laitier me l'aurait dit. Elle m'a bien vue partager mon cornet deux boules avec la petite, qui a adoré ça. J'ai l'impression que c'était la première fois qu'elle goûtait à ce délice. Il était temps!

Maintenant qu'elle s'est gavée de sucre, ma filleule se repose dans sa poussette, pendant que je la surveille, assise sur un banc du parc Mile End. Elle est tranquille, contrairement à tout à l'heure où elle était complètement survoltée. Je profite du moment de répit qui m'est accordé pour vérifier si le SPVM m'a donné des nouvelles. Depuis le début de la journée, j'attends de savoir à quoi m'en tenir pour la suite de mon reportage.

Quant aux photos qui dorment dans mon appareil, je ne sais pas trop quelle attitude adopter. Ai-je vraiment besoin de leur permission pour les publier? Patrick sait que les images existent; je considère ça comme une forme d'autorisation. S'il refuse que je les rende publiques, il n'a qu'à me le dire. Ce n'est pas moi qui vais le lui demander, certain!

Je consulte mes courriels sur mon cellulaire et je constate avec joie que j'ai un message de Marc-Antoine.

Bonjour Juliette,

Tu es convoquée au quartier général du SPVM, rue Saint-Urbain, lundi à 8 h, pour un débriefing sur l'incident de la nuit dernière avec la direction du service.

Merci de ta collaboration.

Marc-Antoine

Assez raide, merci, monsieur le relationniste. Et Patrick, lui? Qu'est-ce qui lui arrive? Dire que je n'ai aucun moyen de le joindre. Je n'ai ni son numéro de cell, ni son courriel, et, bien entendu, il n'a pas de compte Facebook.

Je réponds tout de go au policier :

Bonjour Marc-Antoine,

J'y serai! Dis-moi, sais-tu si Patrick a eu des problèmes avec la direction? Je te répète que tout est de ma faute et que…

— T'es complètement inconsciente!

Je sursaute en entendant une femme parler d'une voix forte et indignée à mes côtés. Mécontente, je lève les yeux, en espérant qu'elle n'a pas réveillé Eugénie. Alors que je m'attendais à voir une vieille chipie, c'est une fille à peine plus âgée que moi qui se tient devant la poussette. Le visage rouge de colère, les poings sur les hanches, elle est à l'attaque.

— Texter devant un bébé, ça se fait pas! me lance-t-elle, méprisante.

— Eille, wô! De quoi tu te mêles? Pis arrête de parler aussi fort!

Je montre du doigt la petite qui, heureusement, dort toujours paisiblement.

— Tu mériterais juste qu'on t'enlève ton flo!

— Tu racontes vraiment n'importe quoi! dis-je, exaspérée.

— Tu sais pas que les ondes électromagnétiques, c'est hyper néfaste pour le cerveau des enfants?

— Ah ouin? Pis tu penses qu'ici, dans le parc, y a pas d'autres ondes que celles de mon cellulaire? Je suis convaincue que tout le monde a un téléphone.

Pour appuyer mon affirmation, je désigne un jeune couple assis côte à côte sur le gazon, chacun les yeux rivés sur son appareil.

— Ça t'excuse pas. T'es sa mère!

— Je suis sa marraine. Et tu sauras que sa mère est très bien informée sur ce qui est bon ou pas pour sa fille.

— Il lui en manque des bouts.

— Pantoute! Elle a fait attention aux ondes au début, quand Eugénie était une nouveau-née. Elle m'a dit que c'était à ce moment-là, la période cruciale.

— Peut-être, mais c'est important jusqu'à trois ans au moins. Tu vas fermer ton cellulaire, oui ou non?

Son insistance me met à bout, mais elle me rend aussi perplexe. Je prends quelques instants pour examiner celle qui m'affronte. Elle est super jolie, avec ses longs cheveux bruns lissés au fer plat, ses yeux marron maquillés à la perfection et ses vêtements ajustés sur un corps mince et athlétique. Pourquoi a-t-elle besoin d'être aussi exécrable?

— C'est quoi, ton problème? T'aimes ça, écœurer les autres?

Ma question déstabilise mon adversaire, qui ne semble plus savoir quoi répondre.

— T'es malheureuse à ce point-là?

Là, je fais un *guess*. Je n'ai aucune idée si cette fille nage dans le malheur ou pas. Mais je suis convaincue qu'elle est fru. Hyper fru!

Puis, sans crier gare, elle laisse tomber sa garde et je vois des larmes apparaître au coin de ses yeux. C'est à mon tour d'être déconcertée.

— Ben voyons, prends-le pas comme ça, dis-je, en me radoucissant.

Elle tente de chasser sa peine en secouant la tête, mais ça ne donne pas de grands résultats. Les pleurs se répandent maintenant sur ses joues, qu'elle essuie du revers de la main. Je ne sais plus comment réagir. Toute ma hargne a disparu pour faire place à de la pitié, mêlée à de l'incrédulité. Elle reste toujours silencieuse, sans bouger, comme si elle attendait quelque chose. Je regarde autour de moi, inquiète que des gens assistent à cette scène un peu surréaliste par un tranquille samedi après-midi ensoleillé. Si elle s'était produite un vendredi soir dans un bar, alors que tout le monde est un peu affecté par l'alcool, j'aurais compris. Mais là ? Pleurer en plein milieu du parc ? Devant une pure inconnue ? *Weird*… Beaucoup trop *weird*.

Je me prépare à partir quand elle s'assoit à mes côtés, la tête dans ses mains. Est-ce qu'elle compte faire de moi sa confidente ? Hum… pas certaine que ce rôle va me plaire.

— C'est pas juste ! lâche-t-elle simplement, comme un enfant qui proteste parce que sa mère refuse de lui donner le même jouet que possède son ami.

— Qu'est-ce qui est pas juste ?

— Y a plein de filles qui ont des bébés pis qui leur font pas attention. Mais moi, qui serais la meilleure mère du monde, je suis même pas capable de me trouver un chum pour m'en faire un.

Ah ! la voilà, l'explication… l'envie. On ne peut pas dire que ce soit un sentiment qui m'habite souvent. Oui, il m'arrive parfois de souhaiter avoir les mêmes qualités d'entrepreneure que Clémence, la même discipline que Marie-Pier quand vient le temps de faire de l'exercice, mais ça ne me rend pas malade. En y réfléchissant, je m'aperçois que ma comparaison est plutôt boiteuse. Cette fille-là me parle de son désir criant d'avoir des enfants, un enjeu beaucoup plus vital. Ça vaut la peine de lui tendre l'oreille.

— T'es une super belle fille, je peux pas croire que les gars s'intéressent pas à toi ?

— Bof…

— Avoue.

— Oui, oui, y en a.

— C'est peut-être toi qui es trop difficile.

— Je tombe tout le temps sur des trous de cul.

— *Join the club.*

— Je suis certaine que tes histoires sont pas pires que les miennes.

— *Wanna bet?*

— Envoye donc! approuve celle que notre conversation semble consoler.

En effet, elle a séché ses larmes et un mince sourire se dessine sur son visage.

Je comprends mieux sa réaction intolérante de tout à l'heure. Elle était guidée par ce qui m'apparaît être une profonde déception. Je ne lui en veux plus et je dois admettre qu'elle m'est plus sympathique depuis que nous nous sommes trouvé un point en commun.

— OK, je te raconte, mais avant, c'est quoi ton nom?

— Rebeka.

— Moi, c'est Juliette.

Je lui serre la main et lui offre mon plus beau sourire, puis je me lance dans le récit de ma liaison avec F-X, en terminant par la nuit qui a mis fin à ma relation avec le bel architecte. Pour lui prouver que je dis la vérité, je remonte ma jupe à volants fleuris et lui laisse voir la cicatrice sur ma cuisse. Elle en est catastrophée.

— Ayoye… C'est pas *cool*, ça!

— Non, pas du tout.

Comme chaque fois que je repense à cet événement, un sentiment de tristesse, mêlé à de la gratitude, m'envahit. Triste que ce ne soit plus possible entre F-X et moi, et reconnaissante d'être encore en vie, ou de ne pas avoir été blessée plus grièvement.

— Et là, c'est vraiment fini? Y a pas moyen de vous réconcilier?

— Non, c'est trop *fucked up*!

J'ai beau essayer de m'imaginer en couple avec mon ami d'enfance, je n'y arrive pas. Et de toute façon, je ne sais même plus s'il m'attend encore, comme il me le promettait dans son dernier texto. Ça date quand même d'un mois et demi, il peut s'en être passé des choses dans sa vie depuis ce moment-là.

— F-X, est-ce que c'est pour François-Xavier? me demande Rebeka.

— Oui, pourquoi?

— Je connais un François-Xavier qui est architecte.

— Ah oui? François-Xavier Laflamme?

— Oui, c'est ça!

— Hein? Tu le connais d'où?

— Il vient d'aménager son bureau à côté du salon d'esthétique où je travaille.

— Meuhhh, tu me niaises. Où ça?

— Sur Notre-Dame, près du marché Atwater.

— Ah ouin, je savais pas qu'il était rendu dans ce coin-là.

— En fait, il y avait déjà un bureau d'architectes là. Lui, il vient de s'associer avec eux.

— Comment tu sais tout ça? Tu lui as parlé?

— Moi, non, mais ma *boss*, oui. Je pense qu'elle le trouve pas mal à son goût. Elle arrête pas de parler de lui.

Malgré moi, j'éprouve un pincement au cœur à l'idée que mon ancien amant soit courtisé par une autre femme. Ben voyons, Gagnon, tu t'attendais à quoi? À ce qu'il devienne moine pour noyer sa peine de t'avoir perdue? Décroche…

— Et il s'est associé avec qui?

— Les deux filles qui étaient déjà là.

— Deux filles? Comment ça, deux filles?

— Ben… je sais pas trop, répond Rebeka, visiblement mal à l'aise. J'imagine qu'elles sont compétentes.

— Elles ont l'air de quoi? dis-je, en le regrettant tout de suite.

— Ben, y en a une qui doit être dans la…

— Ah pis non, laisse faire. Je veux pas le savoir.

— OK, pas de problème. On change de sujet. À mon tour de te raconter toute l'estie de marde que j'ai endurée à cause de mon ex.

Je n'ai plus du tout la tête à écouter des histoires amoureuses ratées. Comme d'habitude, le fait d'avoir évoqué F-X m'a bouleversée et j'ai juste envie de rentrer chez Marie-Pier pour me remettre… et peut-être aussi en apprendre plus sur les fameuses associées de mon ancien amant. Je dois bien l'avouer, je meurs de curiosité. Mais je ne veux pas passer pour une égoïste finie aux yeux de ma nouvelle amie potentielle. Il me faudrait un prétexte.

Pendant que Rebeka me parle d'un certain Aziz et de sa jalousie maladive, je me penche sur Eugénie qui, décidément, avait bien besoin de sommeil. Elle dort toujours profondément. Et si elle se réveillait, comme ça, par hasard ? Ça me permettrait de quitter le parc, prétextant qu'elle a faim.

Bon plan ! Comment le mettre à exécution, maintenant ? Je sais, je n'ai qu'à lui pincer la joue discrètement. J'approche ma main de son visage et au dernier moment je recule. S'il fallait que ça laisse des traces, Marie-Pier ne me le pardonnerait jamais… mauvaise idée. Je me relève et j'écoute la suite du récit de Rebeka, en pensant à une autre stratégie.

— Pis là, Aziz l'a vraiment pas pris. Il pensait que je couchais avec lui. Mais il s'était jamais rien passé, il faisait juste me vendre des cafés !

— Hum, hum, dis-je pour avoir l'air de suivre ses propos.

Impatiente, je croise les jambes et je balance mon pied, quand tout à coup je frappe malencontreusement la poussette. J'entends la petite gémir dans son sommeil. Ah ! Voilà la solution !

Ma compagne est tellement prise dans son histoire qu'elle ne me voit pas tirer la poussette devant moi et donner de petits coups de pied par en dessous.

« Je suis la belle citadine, celle qui roule toujours en ville. Je suis la belle citadine, celle qui klaxonne et qui brille. »

Honn… j'ai déclenché le jouet préféré d'Eugénie qui, inévitablement, se réveille en pleurant. Pauvre chouette…

— C'est quoi ça ? demande Rebeka, de mauvaise humeur d'être ainsi interrompue.

— C'est encore sa bébelle qui part toute seule. Pis là, je serai jamais capable de la rendormir.

Je prends ma filleule dans mes bras et j'essuie ses larmes en la réconfortant. Ça m'aide à atténuer le léger sentiment de culpabilité que j'éprouve à son endroit.

— Excuse-moi, Rebeka, faut que j'y aille. Je pense qu'elle a faim.

— Mais tu veux pas connaître la suite ?

— Oui, oui. On se reprendra. Fais-moi une demande Facebook : Juliette Gagnon, je pose avec un appareil photo dans les mains.

— OK, parfait.

Les pleurs de la petite qui s'intensifient me donnent une raison de plus de partir. Ce que je m'empresse de faire, en la tenant d'une main et en poussant le landau de l'autre. Heureusement, ma copine habite tout près et c'est avec un énorme soulagement que je passe la porte de son appartement. Je me demande si j'aurai la patience d'attendre qu'Eugénie soit calmée pour entreprendre mes recherches sur les nouvelles collaboratrices de mon ex-amant.

10

STATUT FB DE **HONDA LAVERDIÈRE**
Fermé
Nous serons ouverts lundi pour vous accueillir
avec nos spéciaux d'été. Des prix imbattables,
du financement à 0 % et un service après-vente
impeccable. Venez nous visiter !

*A*vec elle, je n'ai rien à craindre. Voilà ce que je
pense en regardant la photo d'une femme dans
la quarantaine, sur le iPad de Marie-Pier. Sylvianne
Bergeron est l'une des deux associées de F-X. Cheveux
châtains courts, yeux noisette pétillants, elle est jolie,
mais elle a un look un peu matante avec son collier
aux trop grosses pastilles orange et sa blouse beige
bouffante.

Maintenant, allons voir la seconde collègue. Un
coup d'œil à l'image de Mélissa Campeau me met
immédiatement en alerte. Là, je sais que j'ai de la
compétition. Et solide, à part ça. Mais qu'est-ce

que je raconte? Je n'ai pas de rivale! C'est quoi, ces niaiseries-là?

N'empêche que, la Mélissa Campeau, elle est plus *hot* que moi, c'est clair! Son visage est trop, trop parfait, avec ses lèvres pleines et ses yeux aux cils immensément longs. Alors que moi, j'ai toujours trouvé que ma bouche était petite par rapport au reste de mon visage. Ça crée un certain déséquilibre. Mes amies ne sont pas d'accord, mais moi je persiste à croire que j'aurais été plus belle avec quelques centimètres de lèvres de plus…

Et comme si ce n'était pas suffisant, la nouvelle collaboratrice de F-X porte un chandail décolleté qui laisse entrevoir une poitrine assez volumineuse, merci! Encore un avantage pour elle.

Ah! Ah! Ah! Je m'exaspère moi-même à me comporter de façon aussi immature. Pour mettre fin au supplice que je m'impose, je ferme la tablette et je vais jouer avec Eugénie, assise sur le tapis du salon. Fraîchement lavée et changée, l'enfant s'amuse avec son casse-tête sonore. Décidément, elle aime les jouets qui font du bruit. Je place quelques morceaux de puzzle et, constatant qu'elle n'a plus besoin de moi, je vais me servir un apéro dans la cuisine. Après tout, il est 17 h 30. Marie-Pier est en retard d'au moins une demi-heure, rien de bien tragique là-dedans. Ce qui m'étonne, c'est qu'elle ne m'ait pas avisée.

Au frigo, je déniche une bouteille de rosé. Une de mes préférées en plus. Yé! Je m'en sers un verre, avant de retourner surveiller la petite. En dégustant mon vin, j'ouvre Internet pour vérifier à quelle heure la mégavente sous le chapiteau se terminait… si l'événement avait bel et bien lieu. J'ai beau chercher partout sur le site de Honda Laverdière, je ne vois aucune mention d'une activité spéciale quelconque. De plus, c'est indiqué: présentement fermé. Hé que je le savais!

Marie-Pier a tout inventé! Franchement, elle aurait pu se forcer pour trouver quelque chose de plus plausible. C'était beaucoup trop facile de découvrir la vérité. J'ai hâte de la voir patiner tout à l'heure, quand je vais lui demander de me raconter son après-midi en détail. Ce sera trop rigolo.

Mon amie n'a jamais été une bonne menteuse. Quand nous étions enfants, c'est toujours moi qui prenais les devants pour répondre aux questions des parents, après un mauvais coup. Je réussissais chaque fois à trouver une explication quelconque. La plupart du temps, ils gobaient mon histoire. Sauf quand elle était trop tirée par les cheveux. Il m'arrivait aussi de jeter le blâme sur F-X qui, parfois, ne disait rien et recevait les punitions à notre place. Déjà un gentleman…

La porte d'entrée s'ouvre sur Marie-Pier et je m'aperçois que, contrairement à ce qu'elle m'avait indiqué, j'ai oublié de la verrouiller derrière moi. Je vais avoir droit à un premier reproche, je crois.

— Salut! lance-t-elle, toute joyeuse.

Soulagée devant sa bonne humeur, je vais la rejoindre. Elle dépose rapidement son sac d'entraînement dans l'entrée, croyant que je ne la vois pas faire… Elle aurait bien besoin d'une leçon du type «Comment mentir à vos amis sans vous trahir». Mais laissons passer pour l'instant.

— Salut! Ça s'est bien passé, la vente?

— Euh, oui, oui… répond-elle, en enlevant ses sandales, le regard rivé au sol.

Quand elle se relève, je remarque que son visage est rougi, comme si elle avait attrapé un coup de soleil.

— Coudonc, c'était pas sous la tente, cette vente-là?

— Ben oui!

— Pis t'as attrapé un coup de soleil quand même?

— J'ai pas de coup de soleil.

— T'as la face toute rouge, Marie-Pier!

— Bah, c'est la chaleur. Comment ç'a été avec Eugénie?

Elle s'éloigne vers le salon et je la suis, dépassée par son comportement. Elle me prend vraiment pour une valise ! Elle s'assoit auprès de la petite et lui embrasse tendrement le front.

— Est-ce qu'il y avait beaucoup de clients ?

— *Full.*

— Ah bon ? En plein mois de juillet ?

— Oui, oui… faut dire qu'on avait des super bons prix.

Puisqu'elle me fait dos et qu'elle ne peut pas me voir, j'acquiesce de la tête en exagérant et en faisant un air sceptique. Me semble oui…

— Vous êtes sorties ? me demande-t-elle, en caressant les cheveux de sa fille.

— Oui, on est allées au parc. C'était super le *fun.*

— Tu lui as mis de la crème solaire ?

— Ben oui.

« Plus que toi », aurais-je envie de lui dire.

— Et du baume pour ses lèvres ?

— Non. J'ai pas vu ça dans le sac de bébé.

— Ah ouin ?

— Je te jure.

— Ah t'as raison. Je pense qu'il est dans ma sacoche. Tu veux bien me l'apporter, s'il te plaît ? Elle est dans l'entrée.

Je m'exécute et je m'agenouille ensuite auprès d'elle, pour vérifier si ma filleule a les lèvres gercées. Si c'est le cas, ça m'a échappé. Mais honnêtement, je ne vois aucun problème.

— Elle est correcte, non ?

— Oui, oui, c'est juste par précaution.

Marie-Pier fouille dans son sac à main pour dénicher le baume, mais elle n'y arrive pas. Exaspérée, elle sort des objets un à un pour libérer de l'espace. Son portefeuille, son cellulaire et ses clés se retrouvent sur le tapis, au grand bonheur d'Eugénie qui s'empare immédiatement de la breloque en forme de hibou qui décore le porte-clés.

Mon amie tombe enfin sur ce qu'elle cherchait et sort aussi une minibouteille de Purell. Après s'être désinfecté les mains, elle tente d'appliquer une bonne couche de baume sur la bouche de sa fille, mais celle-ci s'intéresse plus à son jouet et elle se débat.

— Bip !

Le cellulaire de ma copine émet le signal de l'arrivée d'un texto. Par réflexe, je regarde l'appareil. Mais j'ai à peine le temps de lire le nom de l'expéditeur que Marie le saisit prestement. Je ne suis pas sûre d'avoir bien vu, mais si oui, le texto venait d'une certaine Arianne. S'agit-il de cette mécanicienne que j'ai croisée l'autre jour à la garderie du garage ? Pourquoi mon amie voudrait-elle me cacher un message d'elle ? C'est quoi, le problème ? D'accord, cette fille m'a insécurisée quand j'ai découvert le fort lien affectif qu'elle avait avec ma filleule, mais je ne me souviens même pas d'en avoir parlé à mon amie.

Et puis, c'est en regardant Marie-Pier qui lit son texto que je comprends tout. Elle a cette petite flamme au fond des yeux… celle qu'on a quand on est amoureuse. L'espace de quelques secondes, je me dis que je me trompe, qu'il ne peut pas en être ainsi, qu'il est impossible qu'elle soit attirée par une femme, elle qui n'a eu que des hommes dans sa vie.

Mais quand Marie laisse sa fille en plan pour aller répondre à son message loin de mes yeux indiscrets, je sais que mon intuition est bonne. Elle n'a pas passé la journée avec un homme, mais bien avec une femme. Laide et grosse en plus. Mon amie est devenue lesbienne et, pour une raison que j'ignore, je suis incapable de l'accepter. Incapable.

11

— Je comprends juste pas !

Voilà ce que j'exprime à Ugo, chez qui je suis arrivée après m'être enfuie de chez Marie-Pier.

Quand elle est revenue au salon, après avoir répondu au texto de sa « blonde », j'ai prétexté un soudain mal de tête et je me suis précipitée ici. J'avais besoin d'avoir des réponses à mes questions. Dans ma tête, la nouvelle orientation sexuelle de Marie-Pier n'a tout simplement pas de sens.

— Juliette, tu extrapoles, je trouve. Elle ne sort peut-être pas avec Arianne. Ça se peut qu'elles soient seulement des amies.

— Non. Tu l'as pas vue quand elle a reçu le message. Elle avait l'air d'une vraie ado en amour.

— Et si c'était seulement une expérience? Comme toi tu l'as déjà fait?

Dans ma vie, j'ai eu une seule aventure homosexuelle. C'était avec une cowgirl, dans sa roulotte d'un camping quétaine, il y a deux ans. Ça ne s'est pas passé du tout comme je me l'étais imaginé, je n'ai éprouvé aucun plaisir et ç'a mis un terme à mon envie de coucher avec des femmes. Un soir que nous avions bu beaucoup de vin, j'ai raconté cet étrange épisode à mononcle Ugo, pour tenter de mieux comprendre ce qui m'avait poussée à me jeter dans les bras de cette campeuse avec qui je n'avais rien en commun. Pour lui, c'était simplement de la curiosité.

— Si c'est juste une expérience, comme tu dis, elle a eu pas mal plus de *fun* que moi!

— Ce serait pas difficile! Toi, ç'a été plutôt catastrophique.

— Tu peux le dire.

Ugo se lève et se dirige à la cuisine pour vérifier la minuterie de la mijoteuse, dont le contenu embaume la pièce. Je le suis, espérant qu'il m'offrira de rester à souper… Ça sent telllllllement bon!

— Qu'est-ce que tu prépares?

— Un mijoté de porc aux poires.

— Wow! Mais c'est pas un plat d'hiver?

— Peut-être, mais j'avais envie d'autre chose que du barbecue. Ça va être prêt dans une heure.

— Dans pas long!

— Je vais faire des pommes de terre rattes en accompagnement. Puis, comme dessert, Bachir est parti acheter des makrout aux amandes.

— C'est quoi?

— C'est algérien, c'est comme des petits beignets aux amandes.

— Miam! Ç'a l'air bon! J'ai jamais goûté à ça.

Ugo ne dit rien et, surtout, il ne m'invite pas à manger avec eux, alors que je sais très bien qu'il a compris que j'en ai envie. Ce qui est plutôt inhabituel. À moins qu'il reçoive des amis…

— Attendez-vous du monde?

— Non, pourquoi?

Je me sens soudainement rejetée. Pourquoi ne veut-il pas que je sois des leurs? Qu'est-ce que j'ai fait pour ne plus être conviée à leur table? Est-ce la fatigue due à ma très courte nuit, ajoutée à la découverte stupéfiante que je viens de faire, qui fait que j'ai les larmes aux yeux? Pour si peu?

Je me détourne pour éviter qu'Ugo me voie dans un tel état, mais comme il a un sixième sens pour tout ce qui me concerne, il n'a même pas besoin de croiser mon regard pour sentir ma peine. Et comprendre d'où elle vient. Il pose sa main sur mon épaule et s'approche pour me parler doucement.

— Juliette, je t'aurais invitée, tu le sais bien. Mais on se fait un souper d'amoureux, Bachir et moi.

— C'est correct. Fais pas attention à moi, je pense que je suis fatiguée.

J'essuie les larmes qui coulent sur mes joues et je récupère mon sac à main sur le dossier d'une chaise.

— Non, non, tu t'en vas pas tout de suite. Tu vas prendre l'apéro avec nous et dans une heure tu repars avec une portion de mijoté.

— OK, c'est un bon *deal*.

— D'autant plus qu'on est pas allés au fond de ton histoire avec Marie-Pier. Je veux savoir pourquoi ça t'affecte autant. À ce que je sache, t'as jamais été homophobe.

Oh my God! Je ne veux pas qu'il croie ça! Je ne veux même pas que ça lui effleure l'esprit! Ça me fait penser qu'il me faudra être discrète sur ma réaction par rapport aux amours de mon amie. Je ne veux pas prendre le risque que des gens s'imaginent que j'en ai contre les gais.

— Voyons, Ugo, tu sais bien que ça n'a rien, rien, rrrrrien à voir !

Mon ton alarmé n'échappe pas à mon sage, qui me rassure aussitôt.

— Je te crois, fais-toi-z'en pas.

— Mais c'est quoi d'abord, mon estie de problème ? Pourquoi je suis pas capable de l'accepter ?

— Tu la connais, cette femme-là ? me demande Ugo en débouchant une bouteille de blanc.

— Je l'ai vue une fois.

— C'est quoi, ta première impression ?

J'attends que mononcle ait fini de nous servir du vin pour répondre. J'ai besoin de réfléchir et je le fais en avalant une grande gorgée. J'hésite à parler franchement, de peur de ne pas être *politically correct*. Je décide de jouer la prudence.

— C'est sûr qu'elle est hyper différente de nous autres.

— Sois donc plus claire.

— Mettons qu'elle n'est pas très féminine.

— Et ça te dérange ?

— Je sais pas pourquoi, mais oui. En fait, je trouve qu'elle n'arrive pas à la cheville de Marie.

— Juliette, y a pas juste le look.

— Je sais, je sais. Mais là, y a look et look…

— Viens pas me dire que c'est un pichou ! Elle doit avoir quelque chose. Des beaux yeux ? Un sourire contagieux ?

Je repense à la seule fois où j'ai croisé Arianne. Ce dont je me souviens surtout, c'est sa taille costaude, ses cheveux fades et son absence totale de maquillage. Son sourire ne m'a pas frappée. Par contre je me rappelle avoir remarqué ses yeux d'un vert très clair.

— OK, elle a de beaux yeux. Mais c'est pas assez pour *tripper* sur elle. Surtout que Marie m'a jamais dit qu'elle était attirée par les femmes.

— Peut-être qu'elle ne l'était pas non plus…

— Hein ? Qu'est-ce que tu veux dire ?

— C'est possible qu'elle soit tombée en amour avec Arianne parce que c'est Arianne et non parce que c'est une femme.

— Tu penses vraiment que ça se peut, ça?

— Juliette, autant je te trouve évoluée sur plein de sujets, autant parfois tu m'étonnes par ton manque d'ouverture.

La réplique de mononcle Ugo me heurte. S'il y a une chose que je ne serais pas fière d'être, c'est bien une fille à l'esprit étroit. Pendant que nous retournons au salon pour déguster notre vin, je m'interroge à nouveau sur mon sentiment. Ce qui m'énerve dans tout ça, c'est que je suis incapable de mettre un mot sur mon émotion. Oui, c'est de l'incompréhension, mais il y a plus que ça.

Ugo dépose un plat d'olives au curry sur la table basse en verre trempé. Mes préférées! J'en attrape une que je mange en silence, toujours perdue dans mes pensées. Après avoir craché le noyau dans le creux de ma main, j'y vais d'une autre hypothèse.

— Tu crois pas plutôt que c'est parce qu'elle a eu plein de déceptions avec les gars? Et qu'elle pense qu'avec une fille ça va être plus facile?

— Non, je crois pas.

— En tout cas, c'est décourageant.

— Pourquoi? Si elle est heureuse, c'est ça l'important.

— Ouin, ouin, dis-je, peu convaincue.

— Tu sais quoi, Juliette?

— Non, quoi?

— À mon avis, tu te sens trahie.

— Trahie? Comment ça?

— Marie-Pier, tu la connais depuis toujours, c'est ton amie d'enfance. Et je pense que t'aurais aimé qu'elle t'en parle, qu'elle te tienne au courant de ce qui lui arrivait.

— Tu crois?

— C'est clair.

— Et pourquoi elle l'a pas fait, selon toi?

— Tu t'en doutes pas un peu?

— Parce qu'elle avait peur de ma réaction?

— Exactement. Et d'autre chose aussi…

— De quoi?

— Elle craignait que tu t'impliques dans son choix.

— Je comprends pas. M'impliquer comment?

— Elle voulait surtout pas que tu décides de lui faire oublier Arianne en lui présentant d'autres filles plus «de ton genre».

Vexée par sa théorie, je bondis de mon siège, accrochant au passage mon verre de vin, que mononcle Ugo rattrape heureusement de justesse.

— J'aurais jamais fait ça!

Pour toute réponse, mon sage me regarde de façon insistante, comme il le fait quand il souhaite que je pousse mon analyse plus loin. Et comme toujours, il a raison.

— Bon, bon, dis-je en me rassoyant. Peut-être, et je dis bien peut-être, que j'aurais essayé ça.

— Tu vas me promettre deux choses, Juliette.

— Quoi donc?

— Tout d'abord, tu vas laisser Marie-Pier te parler elle-même de sa relation. Toi, tu te la fermes.

— Ça va être dur.

— Juliette!

— OK, OK. Ensuite?

— Tu vas ouvrir ton cœur à Arianne et oublier tes préjugés à la con sur son apparence.

— Je vais essayer, promis.

Nous trinquons à mon engagement et je songe que, si jamais Arianne reste dans la vie de mon amie, je ferai son éducation féminine. Quand j'en aurai fini avec elle, elle adorera les manucures, le mascara extravolumisant et les coupes de cheveux à la mode… Parole de Juliette Gagnon, spécialiste de l'image!

12

L'atmosphère dans la salle de conférences du
quartier général de la police est tendue. Hyper
tendue, même. Autour de la table ovale se trouvent
un des grands patrons du SPVM, mon relationniste préféré, Régine, Patrick, un délégué syndical
et moi-même. Nous sommes tous assis à une chaise
d'intervalle.

Le but de la rencontre : « Faire le point sur l'incident survenu à 2 h 52 dans la nuit de vendredi à
samedi, à l'intersection du boulevard Saint-Laurent
et de l'avenue du Mont-Royal, impliquant le vol d'un
véhicule appartenant au SPVM. »

Ça, c'est la version officielle, telle qu'elle a été livrée par Marc-Antoine il y a quelques minutes, en début de réunion. De mon côté, je préférerais y aller avec cette mise en situation : «Voir comment on peut crisser dehors Patrick Vaillancourt, ex-sergent-détective rétrogradé à la fonction de patrouilleur.» C'est du moins ce que je ressens depuis que j'ai mis les pieds ici, un café à la main pour me tenir éveillée.

J'ai la fâcheuse impression que, même si j'ai affirmé trois fois que tout était ma faute, on ne me croit pas. Ou plutôt on ne veut pas me croire. Comme si tout était décidé d'avance.

Personnellement, je trouve qu'on fait tout un plat avec peu de choses puisque l'auto-patrouille a été retrouvée tôt dimanche matin, dans un terrain vague du nord de la ville. En parfait état, en plus.

Non, ce qui chicote le SPVM, c'est toute la publicité qui a entouré cette affaire. Tout d'abord, samedi matin, des images du vol ont été diffusées sur le Web et à la télé. Filmée par un citoyen muni d'un cellulaire, la vidéo ne montre heureusement pas grand-chose, à l'exception de l'auto-patrouille qui s'éloigne vers le nord et Patrick, étendu par terre après s'être fait renverser. Les images s'arrêtent au moment où je me précipite vers lui. Impossible de me reconnaître, puisqu'on me voit de dos.

Tout ça fait bien mon affaire. Maintenant que l'histoire est connue, ils ne pourront pas m'empêcher de diffuser mes propres photos. Avec lesquelles je vais faire un tabac !

Ce que mes amis policiers digèrent mal, c'est la façon dont l'événement a été raconté par les médias. Selon eux, ils ont l'air «d'une belle gang de caves pas capables de surveiller leur char de police». Je trouve qu'ils exagèrent, mais bon, ce n'est pas moi qui suis visée.

— Comme si c'était pas assez, un journal a même sorti le nom de Patrick ce matin, nous informe Marc-Antoine.

Il dépose une copie du quotidien en question sur la table, l'ouvre à la page 3 et nous lit le titre de l'article : « Le policier détroussé de sa voiture est un ex-sergent-détective déchu. »

Déchu ? *Oh my God*, c'est pire que rétrogradé, ça ! Je jette un coup d'œil à Patrick, qui semble consterné par la situation. Le front appuyé sur sa main, il fixe la table pendant que Marc-Antoine poursuit sa lecture du texte.

« Pour une raison mystérieuse, Patrick Vaillancourt, qui était auparavant enquêteur aux crimes contre la personne, a été réaffecté comme patrouilleur il y a deux mois. *Le Journal* a tenté d'en apprendre plus sur les motifs de ce recul dans la carrière du policier, mais le SPVM a refusé de répondre à nos questions. »

— Et ça continue comme ça pendant plusieurs paragraphes. On n'aura pas le choix de donner de l'info aux journalistes, sinon ils vont continuer à faire toutes sortes de suppositions, analyse le relationniste.

À mon avis, ils se compliquent la vie pour rien. Ils n'ont qu'à utiliser l'excuse des coupes budgétaires. Je m'empresse de leur en faire la suggestion, mais je suis reçue comme un chien dans un jeu de quilles. Ce qui m'amène à m'interroger sur ma présence ici.

Je ne comprends pas pourquoi j'ai été convoquée. Uniquement pour leur donner ma version des faits ? Maintenant qu'ils m'ont entendue, j'ai bien envie de leur demander si je peux partir. Mais après m'être fait rabrouer de la sorte, je n'ose plus rien dire.

La conversation se poursuit entre Marc-Antoine et son patron sur la stratégie à adopter, et je songe aux photos de l'événement qui dorment dans mon appareil. Patrick semble les avoir oubliées et les autres ne sont pas au courant qu'elles existent. Devrais-je en parler ou pas ? Ai-je vraiment besoin de leur autorisation pour les diffuser ?

Une chose est certaine, elles permettraient de redorer l'image de Patrick. Ce qui ne ferait pas de tort.

J'hésite toutefois à en faire part aux gens autour de la table. Ça risque de compliquer les choses. Que dit le proverbe déjà ? « Dans le doute, abstiens-toi. » Voilà ma réponse.

Quelques minutes plus tard, on m'invite à quitter la salle. Il était temps ! Je me dirige vers la porte en cherchant à croiser le regard de Patrick, mais il a toujours les yeux baissés. Marc-Antoine se lève pour me raccompagner et je salue froidement les autres.

Une fois dans le couloir, je ne peux m'empêcher de le questionner.

— Veux-tu ben me dire ce que je faisais là ?

— La direction voulait entendre ton point de vue.

— Ouais, ben je pense pas que ton *boss* m'a crue. Toi non plus, d'ailleurs.

— Mais oui, on te croit.

— Pourquoi d'abord j'ai l'impression que c'est Patrick qui va payer pour tout ça ?

— Tu te fais des idées.

— Je pense pas, moi.

Nous arrivons au poste d'accueil, où je dois remettre mon badge de visiteur. Avant de le faire, je regarde le relationniste droit dans les yeux.

— En tout cas, Marc-Antoine, si jamais Patrick est blâmé dans cette affaire, je vais trouver ça parfaitement injuste et je me gênerai pas pour le dire haut et fort.

Je tourne les talons et je le laisse réfléchir à ce que je viens de lui lancer. Qu'il comprenne que ce ne sont pas que des paroles en l'air.

*

Une trentaine de minutes plus tard, je suis attablée dans un café avec Patrick, que j'ai attendu devant la porte du quartier général. Quand il est sorti, en compagnie de Régine, je l'ai prié de m'accorder un peu de temps. Mécontent, il a néanmoins accepté, précisant qu'il disposait de quinze minutes seulement. Je dois absolument le faire revenir à de meilleures dispositions si je veux obtenir ce que j'ai en tête.

Tout à l'heure, aussitôt sortie de la rencontre avec le SPVM, j'ai appelé la rédactrice en chef de *Miss Duchesse*, de retour au bureau après le week-end. Je lui ai raconté en détail ma nuit en patrouille et elle était enchantée d'apprendre que j'avais des photos exclusives.

Elle m'a mentionné qu'elle voulait les jouer sur le site web et la page Facebook de la revue le plus tôt possible. «Il faut profiter du *momentum*», m'a-t-elle expliqué. Logique. J'aurais dû y penser moi-même.

Pour ce faire, j'ai toutefois besoin de l'autorisation du principal intéressé. C'est ici que je devrai utiliser tout mon sens de la persuasion. De solides arguments, ainsi qu'un peu de charme devraient aider.

Je prends une gorgée de latte et je romps en deux le scone à la framboise que j'ai acheté pour lui en offrir une part.

— Non merci, refuse-t-il poliment.

Ça augure plutôt mal! Comment arriver à l'amadouer? La douceur? Humm… pas certaine. L'amener à prendre lui-même la décision? Oui, ça pourrait fonctionner. Mais ça prendrait du temps. Et du temps, je n'en ai pas! Et si j'essayais tout d'abord de savoir comment il se sent? Oui, voilà la meilleure façon.

— Tu *rushes* pas trop depuis que c'est arrivé?

— C'est pas évident, mais ça va aller.

Si Patrick était présentement soumis au test du détecteur de mensonges, je suis convaincue qu'il échouerait.

— En tout cas, moi, à ta place, je serais en tabarnak.

— Ça servirait à quoi? J'ai gaffé pis c'est pas la première fois.

— Câlisse que vous êtes dures de *comprenure*, vous autres, les polices! Combien de fois va falloir que je dise que c'est MA gaffe pour que vous me croyiez?

— C'est toi, Juliette, qui sais pas comment ça fonctionne dans notre milieu. T'en as vraiment aucune idée.

— Bon, peut-être, mais c'est pas une raison pour se laisser faire.

— Qu'est-ce que tu veux que je fasse? S'ils ont des sanctions à prendre, ils vont les prendre. *End of the game!*

— J'en reviens pas comment t'es résigné. On dirait que t'as pas envie de te battre.

Patrick tourne la tête vers la fenêtre et se perd dans ses pensées… comme si j'avais visé juste.

— C'est ça, hein?

— Peut-être, oui, acquiesce-t-il, sans me regarder.

Sa réponse me laisse dubitative. Comment peut-il baisser les bras aussi facilement? Moi, si je me trouvais dans pareille situation, je me débattrais comme un diable dans l'eau bénite et je prouverais à tous que j'ai bien fait mon travail. Parce que ma job, j'y tiens mordicus. Alors que lui, visiblement, il n'y accorde pas la même importance.

— Aimes-tu vraiment ça, la police?

Il hausse les épaules, sans dire un mot, les yeux toujours fixés sur l'extérieur.

— Euh… c'est parce que ce serait l'*fun* que tu me regardes quand je te parle.

— Excuse-moi, je réfléchissais, précise-t-il, en tournant les yeux vers moi.

— Je comprends.

— Je me dis que rien n'arrive pour rien dans la vie.

— Pourquoi tu dis ça?

Même si je ne suis pas tout à fait d'accord avec lui, j'ai envie de connaître le fond de sa pensée. Pour ma part, je n'ai jamais cru en cette philosophie selon laquelle tout a un sens, et qui veut que rien n'arrive par hasard. Les épreuves et les injustices ne surviennent pas nécessairement pour nous aider à avancer, à trouver un but à notre vie ou à devenir meilleurs.

Parfois, elles sont simplement gratuites et nous empoisonnent l'existence.

— Je pense que la vie m'envoie un message.

— Quel message ?

— Que, dans le fond, je suis pas un vrai policier.

— C'est clair que t'es un policier différent, mais ça signifie pas que t'es pas un *vrai*. En plus, c'est quoi, un *vrai* policier ?

— C'est quelqu'un de moins sensible, de plus *tough*.

— Moi je trouve que c'est une très belle qualité, la sensibilité.

— Peut-être, mais dans la police, c'est dur à gérer.

Je n'ai rien de pertinent à répliquer, alors j'en profite pour manger mon scone, en lui réitérant mon offre de partage. Il refuse à nouveau et il termine son café en prenant de grandes gorgées. Puis il empoigne son cellulaire et se lève.

— Bon, assez chialé sur mon sort. J'm'en vais.

— Non, non, pas tout de suite ! Faut que je te parle de quelque chose.

Patrick consulte l'heure sur son téléphone, hésite quelques secondes et se rassoit.

Je lui fais mon plus beau sourire et je bats avec vigueur des paupières, question de détendre l'atmosphère et de le préparer à ma prochaine requête.

— Merci, t'es fin.

— T'es vraiment une drôle de fille, toi. En plus, t'as le don de me faire parler. Ça, c'est plutôt rare.

— J'ai juste posé des questions, c'est pas sorcier.

— C'est plus que ça. T'as de l'écoute, Juliette.

Moi qui me perçois souvent comme une égocentrique finie, je m'étonne de me faire dire un tel compliment. Ce qui me réchauffe le cœur.

— Wow ! Merci. J'entends pas ça souvent. D'ailleurs, j'aimerais qu'on reprenne cette conversation devant un verre.

— Je sais pas trop.

— Pourquoi pas ? Mais là, ça va me prendre ton numéro de cell.

— OK, consent-il, en me le donnant.

Je prends le numéro en note dans mon propre téléphone, quand j'entends Patrick murmurer, comme s'il se parlait à lui-même :

— *Anyway*, au point où j'en suis rendu.

— Hein ? Pourquoi tu dis ça ?

— Pour rien, pour rien.

— T'as vraiment peur de ce qui va arriver à ta job, hein ?

— Peur, c'est un grand mot. Mais disons que j'envisage le pire.

— Pour un *fucking* vol de char ?

— Y a des choses que tu sais pas, Juliette.

— Ouin, pis j'aimerais bien ça les savoir. Mais en attendant, je sais ce qu'il faut faire pour t'aider.

— Ça m'étonnerait.

— On va publier mes photos.

Patrick ne dit rien et me dévisage comme si j'étais une extraterrestre.

— Ben oui ! Celles qui te montrent comme un héros.

— Je sais de quoi tu parles, et il n'en est pas question.

— Ah *come on* ! Elles sont super belles.

— Pis, ça ? C'est NON !

Je ne me laisse pas démonter par son ton catégorique et je change de chaise pour prendre place à ses côtés, mon cellulaire à la main.

— Regarde, je vais te les montrer.

Je procède en y allant de commentaires enthousiastes sur chacun des clichés. Celui qui le montre les deux mains jointes sur son revolver, en pleine cascade, me ravit particulièrement.

— Ici, t'as l'air de James Bond, tu trouves pas ?

Patrick éclate d'un grand rire franc et me lance un air ébahi.

— N'importe quoi !

— Mais non. T'es aussi *hot* que Daniel Craig sur l'affiche de *Skyfall*.

— Juliette Gagnon ! Toi, là, tu vendrais un réfrigérateur à un Esquimau.

— T'exagères ! Pis avoue donc que t'es à ton avantage. T'as pas l'air fou pantoute.

— Non, mais c'est le contexte.

— L'histoire est déjà sortie, *anyway*.

— Ouin, mais en rajouter ? Je suis pas certain. Puis je peux pas décider ça tout seul, faut que j'informe mes patrons et Marc-Antoine.

— Tu sais bien qu'ils ne voudront jamais. Moi, j'ai seulement besoin de ton OK à toi.

— Tu m'en demandes beaucoup, là.

— Je sais, mais je pense que ça vaut le coup. Avec ça, tu ne passeras plus pour un *loser*. Surtout que je vais écrire un petit témoignage pour accompagner les photos.

— Un témoignage ?

— Ben oui, je vais raconter comment ça s'est passé. Que c'est mon erreur, pas la tienne.

Mon compagnon cogite quelques instants. J'en profite pour lui servir d'autres arguments massue.

— De toute façon, qu'est-ce que t'as à perdre ? Tu l'as dit toi-même : ils te feront pas de cadeau.

— Si je te dis oui, je vais probablement être congédié.

— Je suis certaine que t'exagères, voyons.

— *Nope* !

Là, j'admets que je suis un peu embêtée. Certes, je veux diffuser mes photos, mais je refuse qu'il se retrouve au chômage par ma faute. Je ne suis pas ambitieuse à ce point.

Attristée, je me rends à l'évidence ; il me faut oublier le coup d'éclat que j'espérais faire aujourd'hui même. C'est poche, mais c'est la vie. Maman m'a toujours dit qu'au-delà du show il y a le respect des gens. Et c'est ce qui doit primer en tout temps.

— Bon, ben, je comprends. L'enjeu est trop majeur.

Lasse, je me lève et j'attrape mon sac à main, prête à partir pour aller annoncer la mauvaise nouvelle à ma rédactrice en chef. Patrick attrape mon poignet au moment où je m'apprête à sortir. Il me regarde directement dans les yeux, l'air décidé.

— Fais-le.

— Quoi?

— C'est beau, j'accepte.

— T'es certain?

— Sûr.

Abasourdie, je continue de le fixer. Il semble savoir exactement ce qu'il fait. Je hoche la tête pour lui montrer que je mesure bien les risques auxquels il s'expose.

— Tu le regretteras pas.

— Vas-y avant que je change d'idée!

Je m'éloigne, excitée à la pensée de publier mes photos. Et aussi troublée de savoir que je suis peut-être complice du suicide professionnel de l'ex-sergent-détective Patrick Vaillancourt, matricule 769.

13

— *B*onsoir, mesdames et messieurs, ici
Raymond-Pierre Bureau, bienvenue aux
informations de 18 heures.

Assise à côté du lecteur de nouvelles le plus populaire du Québec, je transpire tellement je suis nerveuse.
En plus, j'ai envie de pipi. Qu'est-ce qui m'a pris de
ne pas aller aux toilettes avant le début du bulletin ?
Maintenant, il est trop tard.

Professionnel comme il l'est depuis des décennies,
M. Bureau s'adresse à la caméra pour résumer l'histoire
qui a fait la manchette toute la journée, soit celle de
Patrick Vaillancourt. De mon côté, j'essaie d'oublier mes

peurs. Peur d'avoir un énorme cerne de transpiration sous les bras, peur de bafouiller, peur de me tromper dans mes informations… Bref, peur d'avoir l'air fou quand viendra le temps de répondre à ses questions.

C'est la première fois de ma vie que je fais de la télé et je comprends mieux pourquoi je me suis tenue loin de ce média jusqu'à ce jour. Être devant les caméras n'a rien de naturel pour moi, contrairement à mes parents qui en ont fait une carrière. Je suis persuadée que je vais être nulle.

Depuis que le site web de *Miss Duchesse* a publié mes photos et mon petit texte descriptif de l'événement, les choses ont déboulé. On a parlé de mes images et de ma version de l'histoire partout à la radio, à la télé et sur le Web. Je ne soupçonnais pas une seconde que ça prendrait autant d'ampleur. Ça me dépasse un peu.

Ils ont été plusieurs journalistes à m'inviter pour une entrevue, mais je n'ai accepté que celle-ci, sur les conseils de ma rédactrice en chef, qui ne voulait pas que je me brûle.

Et là, sous l'éclairage puissant du grand studio du neuvième étage, je me demande ce qui m'a pris. Je n'aurais jamais dû appeler maman. C'est elle qui m'a convaincue de participer, affirmant que ça me ferait connaître et que ce serait profitable pour mon entreprise. Elle m'a donné quelques conseils, dont je n'arrive pas à me souvenir à l'heure actuelle. Si seulement j'avais son aisance…

— Ces images ont été captées par une photographe professionnelle qui accompagnait les policiers pour réaliser un reportage. Elle est avec nous. Juliette Gagnon, bonsoir.

En entendant mon nom, je réalise que c'est maintenant à moi. Je m'efforce de sourire et de répondre à M. Bureau.

— Bonsoir.

— Madame Gagnon, on apprend que c'est vous qui conduisiez l'auto-patrouille. Pouvez-vous nous expliquer dans quelles circonstances vous vous êtes retrouvée au volant d'une voiture du SPVM ?

Oh my God ! Je ne m'attendais pas à une première question aussi directe. Et je rêve ou bien j'ai senti un brin de reproche dans la voix du journaliste ? Non, ça doit être mon imagination, maman m'a bien dit qu'il se devait d'être neutre.

— Euh… c'était seulement pour arriver plus vite sur les lieux d'une bagarre.

Par son air intéressé, il me signifie que je devrais en dire plus et je me lance dans une description détaillée des gestes qui m'ont amenée à conduire la voiture jusqu'au prochain coin de rue.

— Ce qu'il faut comprendre, dis-je en terminant ma réponse, c'est que jamais le policier Patrick Vaillancourt n'a été en faute. Il a seulement été victime de… de mon… de…

Bon ça y est ! Je ne trouve plus les mots. Pourtant c'était bien parti. Au secours !

— De votre témérité ? suggère M. Bureau.

— Exactement.

Ouf ! Heureusement qu'il est venu à ma rescousse. Même si ce n'est pas tout à fait l'expression que j'avais en tête, elle résume bien la situation. L'entrevue se poursuit amicalement et je vois mes photos défiler de nouveau à l'écran. Le lecteur de nouvelles me demande de relater la suite des événements et je fais de mon mieux pour être claire et précise, même si je me sens encore nerveuse.

Il termine en me remerciant pour mon passage en studio et c'est avec un immense soulagement que je le vois se tourner vers la caméra pour présenter le prochain reportage. Ouf ! J'ai survécu.

Aussitôt qu'on m'enlève mon micro, je me précipite aux toilettes, sans même attendre que l'hôtesse qui m'a accueillie vienne me chercher, comme elle a mentionné qu'elle le ferait.

En descendant mon jeans, j'entends un gros « plouc ». Je me retourne et qu'est-ce que j'aperçois dans la cuvette? Mon cellulaire! *Fuck!*

Je le retire prestement et je sors en catastrophe de la cabine, le pantalon baissé jusqu'aux genoux. Sur le comptoir, j'enlève rapidement l'étui et je souffle sur mon téléphone dans l'espoir de le faire sécher.

La porte de la salle s'ouvre sur une femme que je connais bien pour l'avoir vue dans ma télé à plusieurs reprises. C'est la présentatrice du bulletin de fin de soirée. Re-*Fuck!* Me voilà les culottes baissées devant une des femmes les plus respectées du Québec.

Gênée au max, je remonte rapidement mon pantalon, les yeux fixés au sol.

— Problème de cellulaire? me demande-t-elle gentiment.

— Euh… oui, je l'ai échappé dans… dans l'eau.

Je remarque que mon appareil a l'air complètement mort.

— Allez voir Jonathan. Il est dans une salle de montage, juste en face des toilettes. Il va vous arranger ça.

Une des plus grandes dames de la télévision me fait un sourire complice avant d'entrer dans une cabine. Wow! J'en suis tout impressionnée, à un point tel que je mets quelques instants avant de la remercier.

Je sors pour frapper à la porte vitrée de la salle de montage où, je suppose, je vais trouver Jonathan. Un homme ouvre la porte et j'ai peine à distinguer ses traits puisque la pièce est pratiquement plongée dans le noir. Seul l'éclairage du moniteur apporte un peu de lumière.

— Jonathan?

— Oui, répond une voix d'homme, légèrement contrariée.

Je semble le déranger, mais tant pis. C'est un cas urgent! Je lui explique mon problème en déposant mon téléphone devant lui. Aussitôt, il se met en mode solution. Il allume la lumière dans la pièce, ouvre un tiroir pour en sortir un étui qui contient quelques petits outils. Je remarque alors qu'il est pas mal *cute*, mais peut-être un peu jeune pour moi. Je l'imagine au début de la vingtaine… alors que moi, dans deux ans, je franchirai le cap de la trentaine.

Avec des gestes précis, il ouvre la coque arrière de mon iPhone et en retire la pile et la carte SIM, qu'il essuie avec un chiffon doux, faisant de même avec l'intérieur de l'appareil.

Je le regarde faire, fascinée par son habileté et la concentration qu'il met à exécuter sa tâche. Puis il place le tout dans un sac refermable rempli de riz et le referme en retirant l'air à l'intérieur. Il fait glisser le sac vers moi.

— Attends vingt-quatre heures avant de l'ouvrir. Il devrait fonctionner.

— Wow! T'es donc ben *hot*! Merci!

— Y a rien là, répond-il d'un air suffisant.

Faut croire qu'on ne se prend pas pour de la chnoute ici! Bon, l'important, c'est que mon téléphone soit sauvé. J'attrape le sac, je remercie Jonathan et je quitte la salle.

En repassant devant le studio, je me dis que c'est la dernière fois que je mets les pieds ici. Trop énervant! En plus, ça me fait faire des conneries. Puis je suis convaincue que je n'ai pas été très bonne. J'ai dû paraître beaucoup trop stressée.

M'apercevant, la charmante hôtesse qui s'est occupée de moi à mon arrivée m'informe qu'elle va me reconduire à la réception. Elle ne semble pas vexée que je lui aie fait faux bond tout à l'heure. Tant mieux.

En quittant l'immeuble, juste après avoir fait pipi, j'ai le réflexe de vouloir passer un appel quand je me souviens que mon téléphone est inutilisable pour les vingt-quatre prochaines heures. *Oh my God!* Le temps va être long. En y repensant, je me rends compte que c'est carrément impossible pour moi de me priver de cellulaire aussi longtemps.

Tout d'abord, j'ai promis à Patrick de l'appeler après mon entrevue. Après ma rédactrice en chef, il est la seule autre personne à qui j'ai mentionné que j'étais invitée au plus important bulletin de nouvelles du Québec. J'espère qu'il est satisfait de ce que j'ai dit à M. Bureau.

Et demain, j'ai mille et un détails à régler pour un nouveau contrat prévu cette semaine. J'ai été engagée pour faire des photos de la première d'un spectacle de cirque dans le Vieux-Port de Montréal. Un événement majeur auquel est convié tout le gratin québécois. Non, je dois trouver une solution.

Je grimpe dans ma voiture et je démarre, en me demandant à qui je pourrais bien emprunter un téléphone. Hum… c'est loin d'être évident. Je ne connais personne qui voudrait vivre sans son cellulaire, ne serait-ce que pendant une journée.

Je réfléchis en roulant, mais aucune idée géniale ne me vient en tête. Pour l'instant, la priorité est de joindre Patrick. Et si j'utilisais une cabine téléphonique ? Est-ce que ça existe encore ? Je scrute les environs, mais aucun téléphone public en vue. Je choisis de prendre une rue commerciale, en espérant voir apparaître ce que je cherche. Un coin de rue, deux coins de rue, trois coins de rue… toujours rien. Puis, soudainement, j'en repère un. Youpi ! Je m'arrête. Soulagement, les cartes de crédit sont acceptées. Comme d'habitude, je n'ai pas d'argent sur moi.

Je m'apprête à insérer ma Visa quand je me souviens que le numéro de Patrick… est dans mon cellulaire, lequel est enveloppé de riz blanc ! Bon, ça suffit, les années 1950. Il me faut un téléphone. *NOW!*

*

Je l'adore ! Il est mince, léger et tellement plus rapide. Voilà ce que je me dis en sortant du magasin Apple, mon nouvel iPhone à la main. Avec son étui rouge, il fait *full* classe.

J'ai hésité deux secondes avant de claquer plusieurs centaines de dollars sur un nouveau téléphone, mais comme j'avais prévu changer le mien d'ici quelques mois, je n'ai fait que devancer mon investissement.

De plus, le gentil vendeur l'a programmé de A à Z. Un appareil neuf renfermant tous mes anciens contacts et même les appels que j'ai manqués au cours des dernières heures, dont un qui vient de Clémence. Je m'empresse de composer son numéro.

— Salut, Juju!

— Salut, Clem!

— Eille, je t'ai vue aux nouvelles, t'étais super bonne.

Quelle amie formidable, n'est-ce pas? Prête à mentir pour me rassurer. Clémence est au courant de ma mésaventure policière, puisque je l'ai appelée hier pour tout lui raconter.

— Arrête donc! J'étais pourrie.

— Pas du tout. Un peu nerveuse au début, mais après ça, t'étais plus calme et ton débit était bon.

— Sérieux?

— Sérieux.

Ses propos me laissent perplexe, mais je sais que Clémence connaît bien la télé; elle a une chronique hebdomadaire sur la nutrition à l'émission du matin.

— Juju, poursuit-elle, t'aurais pu au moins m'avertir que tu passais aux nouvelles. J'ai failli te manquer.

— Ah, j'étais trop énervée. Pis j'étais certaine que je serais nulle, fait que je l'ai pas dit.

— Ouin, t'étais pas confiante pis c'est vrai. Mais je te le répète: t'étais excellente. Et belle, en plus.

— Ah ouin? Il me semble qu'ils m'ont mis pas mal de maquillage.

— Non, c'était parfait. Tes cheveux attachés, ça faisait très chic.

— C'est la coiffeuse qui m'a suggéré ça.

— Bon choix.

— Pis, mes photos ? Qu'est-ce que t'en penses ?

— Wow ! Elles sont géniales.

— Ahhh, t'es trop fine, Clem !

— C'est sincère.

J'arrive à ma voiture, garée dans la rue Peel, devant un des meilleurs restos portugais de la ville. Celui où papa m'a emmenée manger la dernière fois qu'il est venu à Montréal. Délirant ! J'espère bien y retourner un jour, mais pour y arriver il me faudra des contrats un peu plus payants.

Avant d'entrer dans ma petite Honda rouge, je veux terminer ma conversation avec Clémence. Je décide de le faire en marchant de long en large sur le trottoir.

— Clem, y a quelque chose d'important dont je veux te parler. As-tu deux minutes ?

— Oui, oui, les gars regardent encore *Dino Dan* à Yoopa.

— Bon, parfait. Tu savais que la fin de semaine dernière je suis allée chez Marie, pour garder Eugénie.

— Oui, je m'en souviens. Pourquoi tu me parles de ça ?

— Imagine-toi donc que j'ai découvert quelque chose qui m'a renversée. Je te dis, j'en reviens pas encore !

— Ben voyons ! C'est quoi ?

Je regarde autour de moi avant de répondre et je constate qu'il y a beaucoup de passants. Un peu trop à mon goût. Je m'enferme dans mon auto pour poursuivre et, surtout, pour préparer mon amie à ce que je vais lui apprendre.

— Marie-Pier a quelqu'un dans sa vie.

— Wow ! Enfin !

— Ouin, mais c'est pas ce que tu penses.

— Comment ça, c'est pas ce que je pense ? Il est pas marié, toujours ?

— Non, sauf que c'est pas un « il ». C'est une « elle ».

Moment de silence au bout du fil. Peut-être que Clémence n'a pas bien saisi mes paroles. J'y vais plus directement.

— Elle a une blonde. Marie est rendue lesbienne.

— Quoi?

— Ben oui! Avoue que ça surprend!

— T'es certaine de ça? C'est peut-être juste un *trip*.

— Non, elle est vraiment amoureuse de cette fille-là.

— Ouin, j'avoue que je m'attendais pas à ça. Mais l'important, c'est qu'elle soit heureuse, non? Elle t'a dit qu'elle l'était?

— Non, on n'en a pas parlé.

— Comment ça, vous en avez pas parlé?

Je lui raconte comment j'ai fugué de chez Marie-Pier quand j'ai compris la situation. Je lui décris ensuite Arianne, en insistant sur le fait qu'elle est beaucoup moins belle que notre amie.

— Juju! Ça, c'est des préjugés!

— Arrêtez-moi ça, vos histoires de préjugés. Ugo m'a fait le même sermon. Ç'a rien à voir. On choisit des personnes de notre calibre, que ce soit un gars ou une fille.

— C'est quoi ça, quelqu'un de notre calibre?

— Ahhhh, tu sais ce que je veux dire. On est pas des pichous, toutes les trois, je vois pas pourquoi on se contenterait de… de…

— De quoi, Juliette?

— De quelqu'un de moins *hot*, c't'affaire! De pas *hot* pantoute si tu veux tout savoir.

Il s'écoule quelques secondes avant que Clémence me revienne. Quand elle le fait, son ton a changé. Il est cassant.

— Juliette, je peux pas croire que tu penses comme ça.

— C'est la vérité, Clem. Cette fille-là, elle fait dur.

— Et toi, t'es superficielle! Pis pas à peu près.

Je suis estomaquée. C'est la première fois que ma copine me parle de façon aussi brusque. On m'a déjà traitée de fille superficielle par le passé, et je n'en ai pas fait de cas. Je suis consciente que je peux projeter cette image auprès des gens qui me connaissent peu. Mais que Clémence, avec qui je partage tout, ait cette opinion de moi... ça me sidère.

Et ça m'amène à me poser des questions, comme je le fais presque toujours quand elle me donne son avis. Son jugement compte beaucoup pour moi.

— Tu crois vraiment que je suis superficielle?

J'attends sa réponse avec appréhension. Et comme si elle voulait faire exprès, elle me laisse poireauter pendant ce qui me semble une éternité.

— Aujourd'hui, avec ce genre de commentaire, oui, je te trouve superficielle.

— Et... les autres jours?

— T'es pas tout le temps comme ça.

Je la connais, ma Clémence. Elle a repris un ton plus doux, mais je sais qu'il y a un mais.

— Mais?

— Mais j'ai remarqué que c'est arrivé quelquefois dernièrement.

— Quand au juste?

— Quand on choisissait l'auto pour aller à la mer. Tu voulais absooolument une décapotable.

— Ç'aurait été l'*fun*, non? Avoir le vent dans les cheveux?

— Juju, tu voulais juste *flasher*, avoue-le donc!

— Bon, peut-être.

J'essaie de maîtriser mes émotions, parce que je sais que mon amie n'est pas méchante pour deux sous et qu'elle «fait ça pour mon bien», comme elle aime me le répéter. Par contre, au fond de moi, je suis blessée... et légèrement inquiète. Suis-je en train de devenir une personne aux valeurs futiles? Une femme qui fait passer l'image avant tout le reste? Avant les vrais sentiments?

— Ce que tu me dis, Clem, c'est que je suis pas authentique?

— Non, non, faut pas exagérer. T'as plein de belles qualités. Faut juste que tu fasses attention de pas tout miser sur le look.

— Il me semble que je fais pas ça. Pas tout le temps, en tout cas.

— Non, c'est vrai, mais c'est quelque chose qui te guette, que tu devrais surveiller.

— OK, je comprends.

— Remarque que je te blâme pas entièrement. Quand on regarde la société dans laquelle on vit, on dirait que c'est tout ce qui compte, l'image.

— T'es philosophe aujourd'hui, Clem!

— En plus, c'est pire pour les femmes. C'est à qui sera la plus sexy, la plus belle, la plus… délurée!

— T'en mets pas un peu, là?

— Pas du tout! Regarde les téléréalités, c'est juste ça. En tout cas, je suis contente d'avoir des gars et non des filles.

Elle poursuit sur le même thème pendant une bonne minute, parlant d'hypersexualisation et dénonçant les vidéoclips de certaines chanteuses qui sont à la limite pornographiques.

Sa montée de lait ne m'étonne pas. Clémence est une vraie mère dans l'âme et tout ce qui concerne l'éducation des enfants l'interpelle. Toutefois, l'exaspération que je sens dans son ton, elle, me surprend. Comme si ça la touchait personnellement.

— Est-ce qu'il s'est passé quelque chose avec la fille de ton chum?

L'amoureux de mon amie a trois enfants. Et si je me rappelle bien, l'aînée de Yanni est une adolescente, tandis que ses deux garçons sont plus de l'âge des jumeaux.

— Comment t'as fait pour deviner?

— Moi aussi, je te connais bien. Qu'est-ce qu'elle a fait?

— Elle m'a emprunté mon iPad, et tu sais ce qu'elle a cherché sur Google?

— Non, quoi?

— «Comment faire une pipe.»

— Ouin, mais c'est de son âge, non?

— À neuf ans?

— Comment ça, neuf ans? Je pensais qu'elle en avait treize ou quatorze.

— Non, elle a juste neuf ans. Tu l'as jamais rencontrée?

— Non, je les connais pas, les enfants de ton chum.

— Tu manques pas grand-chose.

— Ah ouin? Ils sont si pires que ça?

— Ah, je devrais pas te parler de ça. Excuse-moi. Je suis un peu à bout. Ils sont partis chez leur mère ce matin, pis mettons qu'il était temps. La semaine a été longue.

— Regarde, c'est pas moi qui vais te juger. Honnêtement, je sais pas comment tu fais.

Quand elle a choisi d'emménager chez Yanni, je me suis réjouie pour elle, mais en même temps j'étais inquiète. Une semaine sur deux, elle joue le rôle de *stepmom*, et le reste du temps elle a ses jumeaux avec elle. C'est donc dire qu'elle n'a jamais de temps pour être seule avec son chum. Une situation que j'estime dangereuse pour leur couple.

— Ça peut pas s'arranger, vos horaires de garde?

— On travaille là-dessus, mais c'est compliqué.

— Exige-le.

— Juju, tu sais bien que ça fonctionne pas de même.

— Promets-moi au moins d'insister.

— OK.

— Super! Et moi, je te jure que je vais faire attention de pas être trop superficielle.

— *Deal!*

Nous nous quittons sur une note joyeuse et je démarre en direction de la maison. En chemin, j'appelle Patrick. Il ne répond pas et c'est bien parfait, il ne pourra pas refuser l'invitation que je m'apprête à lui faire. Je lui laisse un message pour l'aviser que je l'attends chez moi dans une heure. Ce qui me donne amplement le temps d'arrêter à la SAQ pour acheter une bouteille… euh non, deux bouteilles de vin. Et de me raser les jambes…

14

STATUT FB DE **JULIETTE GAGNON**
À l'instant, près de Montréal

La meilleure pizza au monde est à deux pas de chez moi. Avec extra bacon, c'est complètement débile !

— Ça fait vingt-cinq et cinquante.

Je fouille dans la poche de mon jeans et je sors trente dollars, que je remets au livreur de pizza.

— C'est beau, gardez la monnaie.

Je referme la porte de mon appartement et je retourne au salon, où Patrick m'attend, un verre de rouge à la main. Je dépose l'immense pizza toute garnie extra bacon sur la table basse et je m'agenouille pour faire le service.

— J'espère que t'as faim, j'en ai commandé pour une armée.

— Mets-en, j'ai rien mangé depuis ce matin.

147

Il a eu une journée difficile, le pauvre Patrick. Sa vie professionnelle exposée dans les médias, sa mise en congé forcé et le silence de ses patrons quant à son avenir… Rien de très reposant.

— Quand est-ce que tu vas le savoir, pour les sanctions ?

— D'ici quelques jours, je suppose.

— Est-ce qu'ils t'ont questionné sur la publication des photos ?

— Mon téléphone a sonné à la minute où vous les avez mises sur le Web, répond-il en acceptant l'assiette que je lui tends.

— Ouin, ils perdent pas de temps. On dirait la Gestapo.

— Exagère pas, quand même.

— En tout cas, ils sont *heavy*. Et qu'est-ce que tu leur as répondu ?

— La vérité. Que je t'avais donné mon autorisation.

Je mords à pleines dents dans ma pointe de pizza en réfléchissant à ce qu'il vient de me confier. Était-ce la meilleure stratégie ?

— Peut-être que ç'aurait été préférable que tu mentes ?

— Ç'aurait servi à rien. Ils savent bien que tu pouvais pas les diffuser sans mon accord.

— Tant qu'à ça. Au moins, j'ai pris ta défense aux nouvelles. Ça va peut-être les influencer dans leur décision.

— On sait jamais. Et merci encore, t'as super bien fait ça.

— De rien, voyons, dis-je, flattée que lui aussi m'ait trouvée bonne, comme il me l'a mentionné dès son arrivée chez moi.

Un moment de silence s'installe entre nous. J'en profite pour mettre de la musique et je choisis le plus récent CD d'Hôtel Morphée, que j'écoute en boucle depuis quelque temps. C'est toujours comme ça quand je capote sur un album, je le fais jouer jusqu'à ne plus être capable de l'entendre. C'est pareil pour la bouffe. Ces temps-ci, je ne jure que par la pizza de ce nouveau resto de mon quartier. En une semaine, j'en ai commandé trois fois… Un peu excessif, je sais.

— Est-ce que tu l'aimes ?

— La pizz ? Hum, hum.

— Est écœurante, hein ?

Il me sourit à pleines dents et je dois admettre qu'il peut être sexy quand il le veut. Surtout que le t-shirt qu'il porte ce soir est plus beau que ses tenues habituelles. Noir et ajusté, il met en valeur ses biceps musclés et laisse entrevoir un ventre bien plat. *Meow…*

Je quitte le plancher pour le rejoindre sur le sofa. Je m'assois tout près de lui, ma cuisse touchant presque la sienne. J'estime que le moment est venu de passer à une autre étape : celle de la séduction directe. Fini les nuances, les allusions et les sous-entendus.

— Raconte-moi comment t'es devenu policier, dis-je avec enthousiasme.

— Mon père était dans la police.

— Où ça ?

— À Québec.

— T'as grandi à Québec ?

— Oui. À Charlesbourg, plus précisément.

— Je suis jamais allée là, mais Québec, c'est une super belle ville. J'y ai fait des photos extraordinaires y a quelques années. Des images d'hiver, avec les glaces sur le fleuve qui s'empilent les unes sur les autres et l'espèce de brouillard qui monte vers le ciel. Je te les montrerai, si tu veux.

— T'es vraiment passionnée par ton métier, hein ?

— J'adore ça. Je me verrais pas faire autre chose.

— T'es chanceuse.

À son air sombre, je comprends qu'il n'est pas heureux dans son travail. C'est de plus en plus clair et ça m'attriste. Je me rapproche encore.

— Est-ce que t'as choisi d'être dans la police juste à cause de ton père ?

— Je sais pas trop, c'est sûr qu'il nous a mis beaucoup de pression, à moi et à mon frère. Tous les deux, on exerce le même métier que lui.

— Peut-être que c'est pas vraiment fait pour toi. Tu l'as dit toi-même que t'étais pas une vraie police.

— Ça se peut. Mais là, il est un peu tard pour changer, tu penses pas?

— Hein? Ben non! Si t'es pas heureux, faut que tu changes ça!

— Plus facile à dire qu'à faire. J'ai quand même trente-quatre ans.

— T'as pas d'obligations. Pas d'enfants.

— Non, t'as raison. C'est possiblement faisable.

— C'est sûr que j'ai raison, dis-je sur un ton coquin, en appuyant mes paroles d'une légère caresse sur son bras.

Patrick fait comme si de rien n'était et préfère se concentrer sur sa pointe de pizza plutôt que de répondre à mon geste. Pendant une fraction de seconde, je sens le découragement me gagner, mais je m'empresse de mettre ce sentiment de côté. Pas question de me laisser abattre pour si peu. Il est probablement juste gêné, continuons de le faire parler.

— Mettons que demain on te dit: tu as la carrière de tes rêves. Tu choisirais quoi?

— Humm… méchante bonne question. Je sais pas trop.

— Qu'est-ce qui te fait *tripper*?

— Les voyages.

— C'est bon, ça, les voyages. Tu pourrais devenir agent de bord, écrire des guides touristiques. Ou, tiens, être G.O. dans un Club Med! Pourquoi pas?

— Ha! Ha! Ha!

Son rire franc me séduit d'aplomb et je sens mes hormones s'emballer à fond. Surtout que ça fait des lustres que je n'ai pas baisé. Je suis vraiment, mais vraiment due.

Mais je ne sais plus trop comment m'y prendre. Il me semble que les signes sont assez clairs. Je porte un chemisier blanc vaporeux, dont j'ai détaché les deux premiers boutons, ma minijupe en jeans et mes sandales rouges à talons hauts.

Et puis, quand il est arrivé, je lui ai fait la bise plus longtemps que le veut la norme, en le complimentant sur son air «pas mal en forme pour un gars qui a eu une journée de merde». Et depuis tout à l'heure, je ne cesse de m'avancer vers lui, collant parfois mon genou contre le sien. Que veut-il de plus? Que je lui saute dessus?

Moi, je suis prête. Hyper prête, même. Propre, épilée et équipée de nouveaux condoms que j'ai trop hâte d'essayer. Je suis curieuse de savoir si le goût ressemble à celui que je connais… C'est en me faisant cette réflexion que j'ai un flash. Mais oui, c'est tout simple! Cette fois-ci, s'il ne comprend pas le message, il est vraiment con.

Je prends un morceau de bacon bien gras sur ma pizza et je le fais danser devant les yeux de mon compagnon.

— Est-ce que t'es le genre de gars à faire n'importe quoi pour du bacon?

— Ha! Ha! N'importe quoi, peut-être pas, mais c'est vrai que j'aime ça. Même si je fais attention de ne pas en manger trop souvent.

Deuxième rire en quelques instants. C'est un signe! On s'en va dans la bonne direction, je crois.

— Moi, c'est la meilleure façon de me séduire. Tu me cuisines un truc au bacon et je fonds. Littéralement.

Sur ses paroles aguichantes, je mets le morceau dans ma bouche et je le savoure en ne quittant pas Patrick des yeux. Il semble tétanisé et j'ignore comment interpréter sa réaction. Je pousse l'expérience encore plus loin, bien décidée à le faire sortir de sa torpeur.

J'attrape mon sac à main au pied du divan et j'en sors une boîte de condoms pas déballée.

— Regarde! Ils font même des capotes au bacon!

Je lui tends la boîte et, comme il ne fait pas un geste pour la prendre, je l'ouvre et j'en retire quelques condoms.

— Je sais pas si ça goûte comme le vrai bacon. Je serais curieuse d'essayer. Toi?

— Euh… je suis pas certain, ça doit goûter le chimique.

Oh là là qu'il me complique la vie, mon beau policier! J'avale une grande gorgée de vin pour me donner le temps de réfléchir à la suite. De façon générale, je devine si je plais à un homme ou pas. Mais là, je suis dans le néant. D'un côté, je vois bien qu'il m'apprécie; il ne serait pas venu chez moi en tête à tête s'il en était autrement. De l'autre, je le sens sur les *breaks* et j'aimerais bien en connaître la raison.

Peut-être que je devrais carrément aborder le sujet? Je préférerais que ça se fasse plus naturellement, mais j'ai l'impression que, si je ne dis rien, on sera encore ici demain matin à attendre un miracle. Et si je passais à l'action, plutôt? Comme en l'embrassant… Un peu risqué. S'il ne veut rien savoir, il va me rejeter. Mais ma petite voix intérieure me dit qu'il n'en fera rien. Et dans le pire des cas, je serai fixée.

— Juliette? m'interpelle-t-il, d'une voix douce.

Ah! Voilà le signal que j'attendais! Je ne fais ni une ni deux et je m'assois à califourchon sur ses genoux. Sans lui laisser le temps de réagir, je pose ma bouche sur la sienne. Figé, il hésite quelques instants avant d'entrouvrir les lèvres et de m'embrasser. Un baiser au parfum de bacon et qui est tout doux… un peu trop à mon goût.

Je tente de donner un peu de passion à notre échange en lui caressant le torse, puis en descendant vers son jeans. Je suis toutefois seule à prendre des initiatives puisque les mains de Patrick sont immobiles sur le divan.

Au moment où mes doigts cherchent à détacher le bouton de son pantalon, il se réveille. Bon, enfin ! Il effleure mon bras et pose fermement sa main sur la mienne, m'indiquant de stopper mon geste. *WHAT?*

Immédiatement, j'arrête tout et je me lève. Furieuse, je le regarde droit dans les yeux.

— T'es mieux d'avoir une crisse de bonne raison pour me repousser. Parce que je te suis pas pantoute !

Il baisse le regard, visiblement mal à l'aise. Puis il me demande de me calmer, de me rasseoir et de l'écouter. J'y pense un instant et je décide de lui donner une chance. Quelque chose dans son ton me dit qu'il n'est pas un salaud fini. D'un air inquiet, je désigne son entrejambe.

— Qu'est-ce qu'il y a ? As-tu un problème, *down there* ?

— Non, non, t'inquiète. C'est complètement fonctionnel.

— Ah bon ? C'est quoi alors ?

Sa réponse m'amène à penser que c'est de moi qu'il ne veut pas. Qu'est-ce qui cloche ? Il ne me trouve pas assez belle ? Assez intéressante ? Assez allumée ? Voilà que je doute encore de moi-même et que je me dévalorise ! Je me suis pourtant promis d'être plus confiante. Allez, Juliette ! C'est *son* problème, pas le tien ! Comme s'il lisait dans mes pensées, Patrick s'empresse de me rassurer.

— C'est pas toi. T'es vraiment une fille géniale. C'est juste que… que…

— Que quoi ? J'espère que tu m'as pas menti ?

— Hein ? Quand ça ?

— Quand tu m'as dit que t'étais célibataire !

— Je le suis, c'est pas ça. C'est que… je suis tanné de faire semblant.

— De faire semblant de quoi ?

— D'aimer les femmes.

OK, celle-là, je ne l'avais pas vue venir. Mais pas du tout ! Patrick Vaillancourt est *fucking* gai ?

— Ah ben tabarnak! À quoi tu joues?

— Je joue pas, je te le jure. C'est même la première fois que je me l'avoue, à moi-même.

— Fait que t'es gai?

— Je l'ai jamais dit, mais oui, c'est ça. Je suis gai.

Je reste muette, trop abasourdie. Comment se fait-il que je n'aie rien détecté? Si j'ajoute l'histoire de Marie-Pier, c'est la deuxième fois que je ne vois rien, que mon *gaydar* ne marche pas. Et la deuxième fois que je me sens trahie. C'est trop, beaucoup trop.

— Regarde, Patrick, il serait temps que tu t'en ailles.

— Laisse-moi t'expliquer, s'il te plaît. Surtout que c'est toi qui m'as incité à regarder la vérité en face.

— Je sais pas ce que j'ai à voir dans… t'appellerais ça comment? Ton *coming out*?

— Mon *coming out* avec moi-même, oui.

— Crisse, y a une minute, tu m'embrassais.

— Non. Y a une minute, *tu* m'embrassais.

Là, il a un point. Je reprends place sur le divan, en laissant beaucoup d'espace entre nous. Je remplis mon verre de vin à ras bord et j'avale une grande gorgée.

— OK, je t'écoute.

Patrick m'explique qu'il a eu plusieurs femmes dans sa vie, mais qu'il n'était jamais entièrement bien avec elles. Puis, il y a deux ans, il a eu une aventure avec un homme. Une histoire d'un soir, arrivée par hasard.

— Ç'a été une révélation. Mais je voulais pas l'admettre, fait que j'ai continué à me faire croire que c'était juste une expérience comme une autre.

— Puis t'as recommencé.

— Oui, même si j'étais en couple avec une fille.

— Avec des gars différents?

— Oui. Je me disais toujours que c'était la dernière fois. Et je retournais auprès de ma blonde. Pis je la baisais comme un pied.

— Ben voyons! Ça devait pas être si pire que ça?

— Assez pour qu'elle se plaigne et qu'elle me quitte pour ça.

— Et là, t'as pas compris?

— Non, j'ai eu d'autres histoires avec des filles, rien de sérieux. Mais je voyais encore des gars.

Je suis fascinée par le récit de Patrick. Dans sa voix, il y a un mélange de soulagement et d'angoisse. Et ça me touche. Beaucoup même.

— Et avec la police, ça devait pas être évident.

— J'avais mes trucs, mes places. Parfois, j'allais dans des villes de région.

— Ayoye! C'était super planifié, mais t'étais pas capable d'accepter ton homosexualité?

— Non, dans ma tête, c'était toujours passager. J'allais redevenir hétéro bientôt.

— Spécial.

— Ça marque, une éducation, tu sais.

— Ton père?

— Yep! Et mon frère. Des «vrais» gars, tu comprends? Nos voisins, c'était un couple gai. Y a rien qu'ils n'ont pas dit sur eux autres.

— Retardés, pas à peu près.

— Y en a plus qu'on pense, tu sais.

— Possible…

Et je songe à ma propre réaction à l'égard de Marie-Pier. Je me fais la promesse solennelle d'accepter son choix sans la juger ni protester. En l'encourageant, même. Je refuse qu'elle se sente rejetée et qu'elle souffre comme Patrick.

— Et là, qu'est-ce qui s'est passé pour que tu te décides?

— Je te l'ai dit, c'est grâce à toi.

— Euh… pourtant je t'envoyais pas des signaux dans ce sens-là, pantoute. C'était plutôt le contraire.

— Je sais. Et c'est pour ça que je suis venu ici, pour que tu saches la vérité.

— Ouin. Mais mettons que t'as joué avec mes hormones pas mal.

— C'était pas mon intention, je te jure. Je pensais pas avoir été trop entreprenant.

— Ah, t'as peut-être raison. Moi, quand je veux quelque chose, je me décourage pas facilement.

Patrick me sourit tendrement. Depuis qu'il se confie, il semble s'être libéré d'un poids énorme sur les épaules.

— C'est justement ton attitude qui m'a ouvert les yeux.

— Mon attitude?

— Oui, je te regarde aller depuis le vol de l'auto-patrouille pis tu m'impressionnes. Tu te laisses pas faire, tu prends les devants, tu montes au front.

— J'ai pas de mérite, j'ai été élevée comme ça. Ma mère est du genre à revirer la Terre à l'envers pour obtenir ce qu'elle souhaite.

— Quand même. T'as du *guts*, pis pas rien qu'un peu.

— Merci, t'es fin.

— Et c'est quand je t'ai vue aux nouvelles que ça m'est tombé dessus. T'étais là, tu prenais ma défense, pis moi, je continuais à me cacher dans le placard.

— Je comprends pas trop le rapport.

— Le rapport, c'est que je savais que tu voulais qu'on couche ensemble, et que ça allait probablement arriver.

— Ouin, pis?

— Je me suis rendu compte que, si on faisait ça, je te trahissais. Pis je me mentais à moi.

— Et là, tu t'es dit : je suis gai.

— Oui. Je me suis promis de me respecter et de plus jamais coucher avec une fille.

Même si je suis émue par tout ce que Patrick vient de me raconter, je ne peux m'empêcher de ressentir de la frustration. Je comprends qu'il ne pouvait pas être franc avec moi s'il ne l'était pas avec lui-même, mais j'aurais souhaité que ça se passe autrement.

— T'aurais pas pu avoir ton « illumination » demain? J'avais vraiment envie de baiser, moi, ce soir!

— Désolé, mais tu manques pas grand-chose. Je t'ai dit que j'étais nul avec les femmes.

— Ça, c'est à moi de juger. Et puis tu m'en dois une, non?

Que Patrick soit gai, bi, *fucké* ou *whatever* m'importe peu. Je suis décidée à avoir ma dose de sexe et, comme il est là, c'est avec lui que ça va se passer. Ce n'est pas parce qu'il a avoué son homosexualité qu'il ne sera plus capable de bander avec une femme. Une érection, c'est tout ce dont j'ai besoin. Le reste, je m'en charge.

Légèrement étourdie par l'alcool et émoustillée à l'idée de jouir enfin autrement qu'avec Schmidt, mon vibrateur, je m'assois sur lui et je passe à l'attaque. Je pose ma main sur son entrejambe, que je caresse avec vigueur.

— Eille! Wô, wô, wô! Stop!

— Non.

— Juliette, me prie-t-il, en tentant de m'arrêter.

Mais comme il n'utilise pas toute sa force, il m'est facile de continuer.

— Si t'as une plainte à faire, t'appelleras la police après.

— Très drôle!

— Mais là, je t'annonce que je te viole.

Il éclate de rire et j'en fais autant, soudainement consciente du ridicule de la situation.

— De toute façon, t'arriveras à rien.

Réalisant qu'il dit vrai, j'abandonne et je retourne à ma place.

— OK, t'as gagné!

— T'as raison, j'ai gagné.

— Eille, remets-en pas! J'espère que t'as compris que je suis en manque.

— Inquiète-toi pas, c'est assez clair. Mais c'est pas de ça que je parlais.

— Ah non, c'est de quoi?

— J'ai gagné une nouvelle amie, non?

— Humm... peut-être.

— Allez...

— OK. Mais comme t'es pas capable de combler TOUS les besoins de ta nouvelle amie, eh bien, elle te met dehors.

Mon commentaire semble surprendre Patrick, qui me regarde d'un air anxieux.

— Juliette, tu feras pas venir un prostitué, hein?

— Es-tu malade? Ben non, je m'en vais juste dans un bar où je connais une couple de gars.

— Pis tu vas les ramener ici? Combien de gars?

Je regarde Patrick, un peu éberluée par ses questions. Ça doit être son côté police qui ressort. Je me lève pour que mon prochain message soit compris dix sur dix.

— Là, Pat, on va mettre quelque chose au clair. J'ai pas une sexualité débridée, je couche pas avec plein de gars en même temps ni avec plein de filles. J'ai jamais touché à un prostitué ni même à un danseur.

— Je voulais pas t'offusquer.

— En plus, je suis plutôt fidèle quand je suis avec quelqu'un.

— Juliette, t'as pas besoin de te justifier.

— Non, mais je vais le faire quand même, vu que ç'a l'air de te préoccuper. Ce soir, j'ai les hormones dans le tapis pis c'est de ta faute. Fait que tu vas gentiment me laisser sortir sans me poser d'autres questions. *Deal?*

— *Deal!*

Patrick se lève, attrape la boîte de condoms au bacon qui traîne sur le plancher et me la lance.

— Oublie pas ça. Pis appelle-moi demain pour me dire si tout s'est bien passé.

Sa requête me surprend et me touche. Un nouvel ami qui s'inquiète pour moi. Trop chou!

— OK. Mais là, va-t'en avant que je recommence à te sauter dessus.

Il s'approche pour me faire la bise, mais je recule en lui indiquant la porte. Quand il la franchit en me souriant à nouveau, je me dis qu'au fond j'ai peut-être bien gagné au change.

15

STATUT FB DE **JULIETTE GAGNON**
À l'instant, près de Montréal
En attente pour une extension de cils.
Look poupée à venir. #Tropchou

C'est quoi l'idée de mettre des stores dans la fenêtre?
Ils m'empêchent de voir les passants dans la rue!

Assise dans la salle d'attente du salon de ma nouvelle esthéticienne, je suis de très mauvaise humeur. Je suis arrivée une demi-heure avant mon rendez-vous avec Rebeka dans le but d'espionner les allées et venues au bureau de F-X.

Mais là, tout ce que je peux faire, c'est feuilleter un magazine insipide en attendant qu'on me pose des extensions de cils. Un soin qui coûte une petite fortune, mais que j'avais envie d'essayer depuis longtemps. Et puisque Rebeka m'a gentiment offert un rabais de dix pour cent, c'était difficile de refuser. Même que ç'aurait été sacrément impoli.

Je me suis dit que je pourrais en profiter pour tenter d'en savoir plus sur le renouveau professionnel de F-X. Histoire de me mettre à jour et de m'assurer que tout va bien, côté business. C'est mon unique but (!) et il est très louable.

Et si j'essayais de remonter discrètement le store ? En me penchant, j'arriverais peut-être à apercevoir quelque chose à l'extérieur. J'observe les alentours et je constate que je suis seule dans la salle d'attente. La cliente qui était là à mon arrivée a été appelée pour son rendez-vous et la réceptionniste semble concentrée sur le remplissage d'un quelconque formulaire. De plus, la musique zen, qui nous fait croire qu'un ruisseau coule en plein cœur du salon-spa bien-être et beauté, camouflera le bruit du store métallique. Je ne voudrais surtout pas perturber la quiétude des clientes qui se font masser, envelopper dans la boue ou « microdermabraiser ».

J'allonge le bras et je tire doucement sur la corde, mais rien ne se passe. On dirait que le store est coincé. Je m'assure que personne ne m'a vue faire et je recommence en y mettant un peu plus de force. Toujours rien.

Je me lève pour voir de quoi il retourne et j'étudie le mécanisme du store pour vérifier si je peux le débloquer. Hum… pas évident ! Tout me semble normal. Je tire une fois de plus sur le cordon et je sens un peu moins de résistance. Allez, un petit coup encore et ça y sera ! J'y vais cette fois avec mes deux mains.

Beding ! Bedang !

Non ! Non ! Non ! J'ai complètement arraché le store, qui est tombé par terre dans un fracas qui a alerté tout le monde. J'entends des portes s'ouvrir derrière moi et des pas avancer dans ma direction. Je m'apprête à faire face pour me confondre en excuses et expliquer qu'il s'agit d'un bête accident quand j'aperçois deux personnes à l'extérieur. Elles passent en courant à faible allure devant la fenêtre. L'espace d'un instant, je crois reconnaître F-X. Ai-je bien vu? F-X qui jogge? Depuis quand?

— Qu'est-ce qui s'est passé?

La réceptionniste se penche sur mon dégât. Beau dégât, oui. Les lattes se sont détachées et sont maintenant éparpillées sur le plancher de bois franc couleur chocolat. Certaines se sont repliées et elles sont tordues… et irrécupérables, je suppose. Quelle gaffeuse je fais!

D'autres employées arrivent à mes côtés pour s'enquérir de la situation et j'en suis profondément mal à l'aise. Mais en même temps, mon esprit est préoccupé par l'image que j'ai vue dehors. Je dois en avoir le cœur net. Je sais que je vais passer pour une folle finie, mais je me précipite malgré tout vers la porte d'entrée.

— S'cusez-moi, je reviens pour ramasser ça.

Sans donner plus de détails, je sors du commerce et je regarde à ma gauche, dans la direction empruntée par les deux coureurs, mais je ne les vois pas. Ils ont dû bifurquer dans une petite rue, où il y a moins d'achalandage qu'ici, dans Notre-Dame. Logique.

Je décide de les rattraper, où qu'ils soient. J'essaie de courir, mais avec mes gougounes à semelle compensée aux pieds, c'est loin d'être commode. Je fais mon possible pour éviter les gens qui se dirigent vers les restos branchés de l'heure, mais encore là, ce n'est pas facile. J'en bouscule quelques-uns au passage, dont une grande blonde en escarpins qui me jette un regard d'acier. Je poursuis en lui disant que je suis désolée, mais que j'ai un enfant malade à aller rescaper. J'ai remarqué qu'on pardonnait facilement aux mamans en situation d'urgence.

Je jette un regard de chaque côté de la rue à chacune des intersections que je croise, espérant apercevoir le couple de joggeurs. Rien en vue. Ils sont peut-être partis courir le long du canal de Lachine ? Je décide de tourner dans la prochaine rue pour aller vérifier à cet endroit. Je n'ai plus de temps à perdre, ils ont certainement pris beaucoup d'avance. J'effectue un virage à quatre-vingt-dix degrés quand tout à coup je percute quelqu'un et je tombe à la renverse. J'essaie d'amoindrir la chute avec ma main, mais c'est mon poignet qui encaisse le coup.

— Ayoye !

La douleur irradie dans tout mon bras et je crains d'avoir une fracture. Ce n'est pas vrai ! Je ne me suis pas cassé le poignet gauche ? Pas à quelques heures de la première du spectacle de cirque que je dois couvrir ?

Comment vais-je faire pour tenir mon appareil si je suis handicapée ? Toute préoccupée par ma blessure peut-être grave, je ne regarde même pas la personne que j'ai percutée. Au moins, elle n'est pas par terre, elle !

— Juliette ? Qu'est-ce que tu fais là ?

Cette voix, je la reconnaîtrais entre mille. C'est celle de F-X. Qu'est-ce que *lui* fait là ? Il n'est pas en train de suer au bord de l'eau ? Je lève les yeux et je l'aperçois. Il est vêtu non pas d'un kit de course, mais plutôt d'un chic veston gris cintré, d'un pantalon étroit de la même couleur et d'une chemise blanche. Il est trop, trop beau et je n'ai d'yeux que pour lui.

— F-X ? C'est sur toi que j'ai foncé ?

— Non, sur ma collègue, dit-il, en me regardant toujours d'un air surpris.

Il me désigne ensuite la… Mélanie ? La Mylène ? Non, c'est la Mélissa. Celle que j'ai vue en photo sur le site de leur bureau d'architectes. Elle ne porte aucune trace de notre collision, elle ! Même ses cheveux sont encore en place.

Alors que moi, le front trempé de sueur, une cheville éraflée et mon poignet qui enfle à vue d'œil, je dois avoir l'air d'une vraie folle. Mais ce n'est pas une raison pour perdre tout mon savoir-vivre.

— Je suis désolée. Ça va ? Je t'ai pas fait mal ?

— Ça va.

— Mais toi, es-tu correcte ? me demande F-X, en me tendant la main pour m'aider à me relever.

— Non, il me faut de la glace. Tout de suite.

J'accepte son aide, mais de la main droite. Je lui explique que mon poignet est hyper douloureux et que, s'il n'est pas cassé, il est tout au moins foulé.

— Ça m'étonnerait qu'il soit cassé. Mais la glace, c'est une bonne idée. Je vais t'en chercher.

Il décolle au quart de tour et entre dans le premier restaurant. J'en profite pour observer sa compagne et je constate malheureusement qu'elle est aussi belle qu'en photo. Plus même. Ce qui est assez rare, si je me fie à mon œil d'experte.

Elle a des cheveux d'un beau brun foncé, relevés dans un chignon un peu lâche. Quelques mèches tombent sensuellement dans son cou… qu'elle a gracieux, en plus ! Ses yeux aux longs cils sont d'une couleur vraiment particulière. Entre le vert émeraude et le marron, avec un peu de jaune pour compléter le tout. Un regard à photographier.

— T'es une amie de F-X ? me demande-t-elle.

— Euh… oui. Une amie d'enfance. Et toi, tu travailles avec lui depuis longtemps ?

— Non, il vient de s'associer avec ma mère et moi.

— Ta mère ?

Pour moi, cette situation est impensable. Jamais, au grand jamais, je ne travaillerais dans le même bureau que Charlotte Lavigne. Des plans pour qu'elle me lance des ordres à chaque seconde de la journée.

— Ben oui, ça fait huit ans qu'on a fondé notre firme d'architectes.

— Et F-X, comment il est arrivé avec vous ?

— Quand j'ai su qu'il avait mis à la porte son ex-associé, je lui ai fait un *pitch*. Un gars talentueux comme lui, tu t'arranges pour l'avoir dans ton équipe.

Je n'aime pas voir ses yeux briller quand elle me parle de F-X. Est-ce seulement de la fierté profession-nelle ou il y a plus? Qu'importe… Qu'elle couche donc avec lui, si ça lui fait plaisir! Elle va vite se rendre compte que la vie de François-Xavier Laflamme n'est pas simple. À commencer par le fait qu'il a une ex complètement *crackpot*!

— Sais-tu si Ursula est sortie de prison?

— Non, pas encore.

Là, je suis étonnée. Je m'attendais à lui apprendre qu'il a une femme criminelle. Je suis un peu déçue. D'un, ça veut dire qu'ils sont assez intimes. De deux, j'espérais créer un peu de bisbille entre eux. C'est raté.

— Et Loukas est particulièrement difficile ces temps-ci, ajoute-t-elle.

WHAT? Elle connaît le fils de F-X, en plus? Pas de panique, Juliette. Ça ne veut pas dire qu'elle voit le petit. C'est peut-être simplement que F-X lui a parlé de ses problèmes parentaux, comme on le fait entre collègues le matin autour d'un café.

— L'autre soir, poursuit-elle, il ne s'est pas endormi avant 11 heures parce qu'il réclamait sa mère.

Pardon? L'autre soir? C'est maintenant clair que Mélissa ne fait pas qu'entendre parler de Loukas… elle le borde aussi!

Malgré toute ma bonne volonté à oublier F-X et passer à autre chose, je ne peux m'empêcher de me sentir trahie. Elle est où, la promesse qu'il m'a faite au printemps, après notre dernière baise? « Je vais t'attendre, Juliette. Jusqu'à ce que t'arrêtes de te convaincre que t'es capable de te passer de ça. »

Et ce texto, reçu deux mois plus tard: « Je t'aime, Juliette, et je t'aimerai toujours. Quand tu seras prête, je serai là, mais pour l'instant, je te laisse réfléchir. En espérant que tu me reviendras bientôt. xxxxxxxx » Ça ne voulait rien dire? C'était de la fumisterie?

Je baisse la tête sur mon poignet douloureux, pour éviter que la *bitch* qui a pris ma place voie ma tristesse. Je m'en veux de réagir aussi vivement. Pourquoi est-ce que ça fait si mal? C'est moi qui ai choisi de mettre un terme à notre relation. C'est ma décision, pas la sienne. Pourtant, je lui en veux. Profondément.

Les émotions me submergent et je ne me sens pas la force d'affronter F-X, qui va sûrement revenir d'une seconde à l'autre. D'ailleurs, c'est vraiment long, cette histoire de glace! Je jette un coup d'œil à ma gauche et je l'aperçois qui se dirige vers nous, un sac transparent à la main. Immédiatement, je fuis son regard.

— Ça va? me demande Mélissa, perplexe devant mon comportement.

Je n'ai aucune envie de lui répondre. Tout ce que je souhaite, c'est disparaître. Me retrouver ailleurs, seule, et pleurer toute la peine que j'éprouve à l'idée que F-X a quelqu'un dans sa vie. Et pas n'importe qui. Un pétard de première classe qu'il voit tous les jours. Et avec qui il partage sa passion pour l'architecture.

Mon ex-amant me tend non pas le sac de glace, comme je m'y serais attendu, mais sa main, la paume bien ouverte. Visiblement, il souhaite que j'y dépose la mienne pour ensuite y placer le sac. Euh… non! Pas question qu'il me touche.

— Donne-moi la glace, dis-je, en faisant un effort pour contrôler le trémolo dans ma voix.

— Juliette, laisse-moi faire. Je vais y aller délicatement.

Je reste de marbre. F-X ne se décourage pas et attend toujours.

— C'est pas très bon, la glace directement sur la peau, intervient Mélissa. Ce serait mieux de l'envelopper dans une serviette.

Non, mais de quoi elle se mêle, elle? N'empêche qu'elle me donne une justification pour les quitter. De ma main valide, je m'empare du sac de glace, je remercie F-X du bout des lèvres et je tourne les talons pour regagner le salon d'esthétique.

Je marche d'un pas décidé, tout en prenant une grande respiration pour calmer mon cœur qui bat la chamade. J'essuie une larme qui coule sur ma joue. Derrière moi, j'entends F-X me demander d'attendre. J'hésite une seconde et je poursuis mon chemin. Même si sa voix a ce petit ton légèrement suppliant auquel je n'ai jamais su résister. Jusqu'à aujourd'hui.

16

STATUT FB DE **CLÉMENCE LEBEL-RIVARD**
À l'instant, près de Montréal
Quand on a une foulure au poignet, mieux vaut
l'immobiliser, non? Avez-vous déjà eu une attelle?
Ça vous a beaucoup aidé? **Juliette Gagnon** a une
vraie tête de cochon.

— Juliette, tu peux pas faire de photos dans cet
état-là. Faut que tu les préviennes!
— Non, je vais être correcte. Avec le bandage, ça
va aller.

Je suis avec Clémence, à son bureau. Comme il
se trouve à deux pas de la clinique médicale où j'ai
passé une partie de l'après-midi, j'ai pensé lui faire
une visite-surprise. Finalement, je ne suis plus certaine
que c'était une bonne idée. Elle veut absolument me
faire manquer mon contrat de ce soir.

Plus tôt, quand je suis retournée au salon d'esthétique, mon sac de glace à la main, j'ai été accueillie

par la réceptionniste qui s'est empressée de m'aider à soigner ma blessure. Ses collègues et elle ont été particulièrement gentilles avec la fille qui a brisé leur store. Elles ont insisté pour que je consulte et m'ont donné l'adresse d'un médecin qui reçoit en urgence. Il a diagnostiqué une entorse du poignet et m'a prescrit des anti-inflammatoires, ainsi que du repos.

— Le médecin t'a sûrement dit qu'il fallait que ton poignet reste immobile, non ?

— Euh…

— Juliette ! Il t'a pas parlé d'une attelle ?

— Oui, oui. Je suis censée aller la faire faire, mais là j'ai pas le temps.

Clémence se lève de sa chaise, qui est en fait un chic fauteuil de travail en cuir noir, avec appuie-tête et structure en aluminium. Quand elle l'a acheté il y a quelques mois, je lui ai dit que c'était le symbole même de la réussite. Depuis, je la taquine en l'appelant « madame la présidente » quand je viens la déranger.

Je dois admettre que je lui envie son sens des affaires. À trente-cinq ans, Clémence Lebel-Rivard possède une des plus importantes entreprises de repas santé, prêts-à-manger. Elle dirige une équipe d'une quinzaine de personnes, en plus d'écrire des livres de recettes et de faire sa chronique hebdomadaire à la télé. Tout en élevant des jumeaux parfois détestables. Ouf…

Alors que moi, j'en arrache à simplement faire rouler ma mini-entreprise de photographie, dans laquelle je suis la seule employée. Si j'ai le malheur de me comparer à elle, je me trouve vraiment nulle. Clémence le sait, et quand elle me voit tourmentée à ce sujet, elle me rassure en me disant que je suis une artiste. Une vraie. D'accord, mais j'aimerais être une artiste et avoir un compte en banque bien garni comme le sien.

Elle me dit aussi d'être patiente ; son entreprise n'est pas devenue rentable du jour au lendemain. Il lui a fallu des années avant de pouvoir se verser un salaire respectable. J'ai hâte d'en arriver là. Pour l'instant, les dépenses d'investissement sont encore trop élevées et j'ai grugé toutes mes économies pendant mon arrêt de travail de plusieurs mois.

— Juju, commence-t-elle, en s'assoyant sur le bord de son pupitre laqué blanc.

— Quoi?

— Si tu soignes pas ton poignet, ça va mal guérir et tu risques d'avoir des lésions permanentes.

— Ben voyons! C'est juste une foulure, il n'est pas cassé.

— Je suis sérieuse, Juliette. Tu veux rester avec des problèmes de mobilité?

Son ton autoritaire me fait réfléchir. Et si elle avait raison? Je ne peux tout de même pas prendre ce risque. L'agilité et la précision sont des aptitudes essentielles à la pratique de mon métier. *Fuck! Fuck! Fuck!*

— T'as pas le choix, poursuit-elle. Faut que tu te fasses remplacer.

— Estie que ça m'écœure! C'est mon premier contrat avec le cirque et tu sais comme ils sont *big*. Si ça marche, ils vont peut-être me proposer d'aller faire leurs shows à Vegas. Ou même au Japon. Je peux pas manquer ça.

— Il y aura d'autres occasions.

Ça, je suis loin d'en être certaine. Mais je dois me rendre aux arguments de mon amie. D'autant plus que – j'ai beau essayer de me le cacher – la douleur est encore très vive.

— T'as raison. Je ferais mieux d'être prudente.

Je n'ai toutefois pas l'intention de laisser passer complètement cette chance. Je vais engager un jeune photographe que je connais bien pour me remplacer et je vais me pointer au spectacle avec lui. Il manque un peu d'expérience, mais il a du talent à revendre. Avec mon *coaching* sur place, on devrait pouvoir faire de très belles images.

Je fais part de mon idée à mon amie, qui me félicite pour ma stratégie et ma sagesse. Hum… pas sûre que je mérite ce dernier compliment. Sans son intervention, j'aurais fait fi de ma blessure et je l'aurais probablement aggravée ce soir. Pas trop mon genre de me ménager au boulot…

Je m'éloigne un instant dans le couloir pour appeler mon client et lui faire part du « petit » changement au programme. Je lui présente le tout de façon positive : il aura deux photographes pour le prix d'un ! Heureusement, la nouvelle est bien accueillie. Lorsque je reviens auprès de Clémence, elle est plongée dans un document Excel qui contient des colonnes de chiffres à n'en plus finir. Yark ! Quel casse-tête ! Juste à penser que, moi aussi, je dois bientôt faire mon budget d'entreprise, j'angoisse. Pour elle, ça semble si simple.

— Je sais pas comment tu fais. Moi, c'est tout croche, mes affaires.

— T'as pas un comptable ?

— Oui, mais faut quand même que je rentre mes dépenses dans un document. Sinon il me coûte trop cher.

— Moi, c'est mon comptable qui fait tout. Mais c'est seulement comme ça depuis l'an dernier. Décourage-toi pas, Juju, ça va venir.

— Ben… qu'est-ce que tu fais d'abord ?

— Je vérifie. Voir s'il y a des erreurs.

— Pfff… T'as du temps à perdre. Ça sert à quoi de payer quelqu'un s'il faut que tu repasses par-dessus son travail ?

— Je veux juste être certaine.

Je hausse les épaules, n'ayant rien à ajouter à ce qui me semble un argument insensé. Je regarde l'heure sur mon iPhone et je constate que le temps file.

— Je vais y aller, moi. Si je veux manger un peu avant la job.

— Tu vas aller faire faire ton attelle aussi ?

— Oui, oui, promis.

En réalité, je ne crois pas que mon horaire me le permettra, mais inutile de l'inquiéter. Au pire, j'irai demain matin. Je l'embrasse et je m'apprête à quitter son bureau quand elle m'interpelle.

— Attends, tu m'as pas dit ce que tu faisais à courir dans la rue Notre-Dame.

Je comprends que Clem se pose des questions. Je lui ai simplement raconté que je suis entrée en collision avec quelqu'un en courant, sans l'informer du contexte. Ni de l'identité de la personne sur qui j'ai foncé.

— J'imagine que t'as encore vu un truc à photographier? À un moment donné, tu vas t'estropier solide!

Voilà qu'elle me donne une bonne occasion de me défiler et de lui cacher la vérité. Mais... est-ce bien ce dont j'ai envie? J'hésite à lui confier que j'ai revu F-X. Même si ce n'était que pour quelques minutes et qu'il ne s'est absolument rien passé. Elle a été tellement soulagée quand j'ai décidé de rompre tous les liens avec celui qui, selon elle, «ne pouvait que m'apporter du trouble dans la vie». Je crains qu'elle le prenne très mal.

Cependant, j'aurais bien besoin d'elle pour m'aider à chasser les images qui ne cessent de jaillir dans ma tête depuis ce midi. Celles de F-X, magnifique dans son habit très classe, tendant sa main pour prendre la mienne. Celles aussi de sa nouvelle blonde, amante ou je ne sais trop, qui parle de lui amoureusement. Pourquoi est-ce que ça vient me chercher autant? Encore aujourd'hui? C'est ce que je voudrais mieux comprendre et je suis convaincue que mon amie pourrait me guider. Je décide de plonger et je lui explique tout. Ma rencontre avec l'esthéticienne, ma curiosité quant aux nouvelles associées de F-X, mon rendez-vous de ce matin, prétexte à l'espionnage, et ma course folle dans Griffintown. À la fin de mon récit, Clémence est bouche bée.

— Le pire, c'est que je me comprends pas! Pourquoi j'arrive pas à tourner la page pour vrai?

— C'est pas compliqué, pourtant.

— Bon, tu vas encore me dire que je suis toujours en amour avec lui. C'est ça qui m'échappe.

— Mais j'ai raison, non?

— Oui, et je comprends pas pantoute pourquoi. Je sais que c'est voué à l'échec.

— Ça, c'est dans ta tête. Ton cœur, lui, dit autre chose, observe ma copine, avec sa voix toute douce et indulgente, ce qui me surprend un peu.

— Je m'attendais à ce que tu me donnes un char de marde.

— C'est pas parce que je compatis que je suis d'accord pour autant. Je pense encore que tu peux pas être heureuse dans une relation comme celle-là.

— Je le sais, tout ça! Mais des fois je me dis que je pourrais juste le voir de temps en temps, sans engagement.

Clémence me jette un regard foudroyant.

— Bon, OK, c'est pas une bonne idée. *Anyway*, il est passé à autre chose.

Je lui explique qu'à mon avis la nouvelle associée de F-X est plus qu'une simple partenaire d'affaires.

— Y a pas trente-six mille solutions, Juju. Faut que tu l'oublies.

— Je suis pas sûre d'y arriver. Pas toute seule.

— Qu'est-ce que tu veux dire? Tu veux aller voir un psy?

— Nahhhh… Faudrait juste que je tombe en amour avec un autre gars.

— Ouin, c'est de valeur que ton policier soit gai, finalement.

— Bof, je crois pas que ç'aurait marché.

J'ai tout raconté à Clémence du revirement inattendu de mon histoire avec Patrick. Elle a exprimé sa déception, mais de mon côté je lui ai dit que j'avais possiblement gagné un nouvel ami fort sympathique. Par contre, je n'ai pas osé en parler avec Marie-Pier. Je crois qu'il me faudra avant tout aborder le sujet de sa relation avec Arianne. Ce que je n'ai pas eu le courage de faire encore.

Cette semaine, j'ai fait l'impossible pour éviter de lui parler, me rabattant sur les textos et les messages FB. J'ai trop peur qu'elle distingue le malaise dans ma voix. Parce que, j'ai beau essayer de me raisonner de toutes les façons, je me questionne encore sur son choix. Je ne pourrai pas être silencieuse éternellement pourtant, il faut que j'aille de l'avant. Mais je n'irai pas seule...

— Clem, tu fais quoi demain soir? As-tu tes flos?

— Non, j'ai rien de prévu.

— Un souper à trois, ça te tente-tu?

— Avec Marie?

— Ben oui. Chez moi, je vous invite.

— Enfin. Il est temps que vous vous parliez, si tu veux mon avis.

— Je sais. Et je te promets que je vais être fine, ouverte et compréhensive... Comme toi.

— J'ai hâte de voir ça, me lance-t-elle, ironique.

Sa remarque sème le doute chez moi. Et si je commettais encore une gaffe qui nous éloignera, Marie-Pier et moi, comme c'est survenu par le passé? Je ne veux surtout pas ça.

— Clem, sérieusement, je compte sur toi, OK? Laisse-moi pas dire tout ce qui me passe par la tête.

— Ben là! Comment veux-tu que je fasse ça? Je peux pas deviner quand tu vas te mettre les pieds dans les plats.

— Ahhhh, tu me connais, non? Si tu vois que je dérape, interviens. C'est tout.

— Je vais essayer, mais toi, sois plus mature, s'il te plaît.

— Oui, oui, je vais faire mon gros possible.

— Et si tu veux être certaine de pas perdre le contrôle, vas-y mollo sur l'alcool.

— Promis. Je vais boire juste un peu de vin.

— J'ai hâte de voir ça aussi...

Je lance un air faussement vexé à ma copine, heureuse de pouvoir compter sur sa complicité, mais aussi un peu nerveuse à l'idée du souper que je viens de planifier. Pourvu que je ne dise pas des choses que je pourrais regretter…

17

STATUT FB DE **PATRICK VAILLANCOURT**

Il y a 46 minutes, près de Montréal

Enfin sur Facebook! Ma nouvelle vie me le permet.
Même si j'ai juste deux amis, j'ai hâte de partager
avec vous!

— Wow! C'est trop *cool*! Je suis vraiiiiiiiiment
fière de toi!

Tout émue par la nouvelle que Patrick vient de
m'apprendre, je lui saute dans les bras. Et j'accroche
au passage l'éclisse qui recouvre mon poignet.

— Ayoye! Crisse d'attelle à marde!

C'est ce matin que je me suis procuré le dispo-
sitif que le médecin m'a prescrit hier. C'était devenu
nécessaire à la suite de ma soirée au cirque, au cours
de laquelle j'ai un peu trop sollicité mon poignet
endolori. Même si le jeune photographe que j'ai
engagé pour couvrir la première du spectacle se

débrouillait fort bien, j'ai dû malgré tout lui faire quelques démonstrations.

Hier soir, en me couchant, la douleur était infernale. Au point où j'ai doublé ma dose d'anti-inflammatoires pour réussir à m'endormir. Mais bon, avec ce support, on m'assure que je devrais récupérer assez vite. À la condition de ne pas me cogner en tout temps.

— Ça fait vraiment mal? Tu veux que je regarde?

— Non, non, ça va. Je vais finir par m'habituer.

Je me rassois sagement, tenant mon bras contre ma poitrine. Patrick prend place devant moi. Je le regarde, encore impressionnée par la décision qu'il a prise.

J'en reviens pas! Tout un *move*.

Ce midi, Patrick Vaillancourt, ex-sergent-détective au SPVM, rétrogradé patrouilleur, fils cadet d'un enquêteur de police, devenu policier à cause de la pression familiale et gai maintenant assumé, a pris sa destinée en main. Il a remis sa démission à son employeur, quittant un travail qui ne l'a jamais véritablement passionné.

— Il était temps! Et j'ai dix tonnes de moins sur les épaules.

Quand il m'a envoyé un texto en début d'après-midi pour me demander si j'avais un peu de temps libre, j'ai tout de suite senti qu'un événement important était survenu. Je l'ai donc rejoint ici, dans un minuscule café de l'avenue du Mont-Royal, à deux pas du métro, où je sirote un des meilleurs espressos en ville.

Honnêtement, j'appréhendais ma rencontre avec lui. Allait-il m'apprendre son congédiement? Mais quelle joie de découvrir que c'est lui qui s'est libéré de ce fardeau.

— Qu'est-ce qui t'a décidé?

— Je voulais le faire avant qu'eux autres le fassent.

— Tu penses qu'ils t'auraient crissé dehors pour vrai?

— Peut-être pas. Mais c'est sûr que j'aurais pas retrouvé mon poste aux enquêtes avant des années. Sinon jamais.

— Et la patrouille, c'est pas ton *bag*?

— Pas trop, non. En fait, ça me pue au nez. Tu passes ton temps à essayer de raisonner du monde soûl, à intervenir dans des chicanes de couple. À arrêter des p'tits voleurs en manque de drogue... Au moins, aux enquêtes, j'avais du *challenge*.

— Ouin, je comprends.

— Et puis, qui me dit que la prochaine étape, c'était pas la circulation?

— *Oh my God!* T'as bien fait de partir.

— Mets-en!

— As-tu une idée de ce que tu vas faire, maintenant?

— Pas exactement. Pour l'instant, tout ce que je veux, c'est participer à une *Gay Pride* autrement qu'en faisant de la surveillance policière!

— Wow! Bonne idée! C'est quand? Au début d'août?

— Celle de Montréal?

— Ben, oui.

— Pas question que j'aille là.

— Mais...

— Non, non, je parlais de l'événement de Vancouver. C'est à la fin du mois.

— Ah bon! Tu te caches encore?

— Je veux juste pas brûler les étapes. La première, ça va être de parler à mon père.

— Tu vas lui dire que t'es gai? En plus de lui annoncer que t'as quitté la police?

— Ouin, ça fait beaucoup peut-être, admet-il, pensif.

— Moi, je dirais pas tout en même temps.

— T'as raison. Je suis trop pressé. Je pense que ça fait trop longtemps que je garde tout ça en dedans.

— C'est justifié, mais essaie d'être patient un peu. Et prépare tes parents à ton *coming out*. C'est pas l'*fun* quand ça t'arrive dans face pis que t'as rien vu venir.

Mon ton légèrement amer suscite l'interrogation de mon ami, qui me regarde en levant les sourcils:

— Tu parles comme une fille à qui c'est déjà arrivé.

J'écarte son commentaire du revers de la main et je regarde l'heure sur mon iPhone. Il me reste à peine deux heures avant l'arrivée de mes amies chez moi pour notre souper de sacoches. Et je n'ai pas une course de faite.

— Faut que j'y aille, Pat. J'ai un repas à préparer.

— Ah oui? Tu reçois?

— Oui, mes deux chums de filles. Pis comme je suis *fucking* nulle en cuisine, faut que je trouve des plats cuisinés à servir.

— Ah ben ça, y en a plein.

— Ouin, mais comme c'est toujours ça que j'achète, je me creuse la tête chaque fois pour dénicher quelque chose de différent.

— Tu cuisines pas du tout?

— Presque pas, non. J'aime pas ça et je rate tout le temps tout.

— Tu m'as pas dit que ton père était chef?

— Ben oui! Et ma mère est une *foodie* finie.

— Et ils t'ont rien enseigné?

— C'est pas parce qu'ils ont pas essayé. Mais ça rentrait pas.

— Dommage.

— Bof, je m'organise. Toi, t'aimes ça?

— J'adore.

— Vraiment? Qu'est-ce que tu cuisines?

— De tout. Ma spécialité, ce sont les risottos.

— Oh wow! À quoi?

— À touski.

— Hein? À quoi?

Mon compagnon me regarde d'un air amusé. Visiblement, pour lui, je suis une novice.

— À tout ce qui traîne dans le frigo. Ou dans le congélo.

— Ah, OK! Moi je capote sur le risotto. Mon père est d'origine italienne, il le réussit super bien. Mon préféré, c'est celui à la courge. Pour son petit goût sucré.

— T'aurais envie d'en manger un ce soir?

— Ouiiiii! Tu sais où je peux en trouver?

Patrick hésite un instant et me sourit comme quelqu'un qui est tout fier de l'idée qu'il vient d'avoir.

— Et si je t'en préparais un?

— Hein? Tu ferais ça pour moi?

Ohhhhh... Je suis trop touchée par son offre! Je me rends compte, par le fait même, que je ne reçois pas beaucoup de ce genre d'attentions ces temps-ci. Ça fait du bien de se faire gâter un peu.

— Pourquoi pas?

— On ferait les courses ensemble pis *toutte*?

— Ben oui!

— T'es trop fin! Merci!

— De rien.

Mon enthousiasme est aussitôt assombri par l'idée que, s'il accepte de cuisiner pour nous, il me faudra bien l'inviter à partager le repas.

— Mais... euh... tu sais...

Patrick lève la main pour signifier qu'il a compris.

— Inquiète-toi pas. Je resterai pas.

— Je suis désolée. C'est juste que c'est un souper entre filles pis on a des choses super importantes à régler.

— Excuse-toi pas. Ça me fait plaisir de t'aider. Sans rien demander, sans arrière-pensée.

— Ouin... je pense que j'ai pogné le gros lot, moi!

— Comment ça?

— C'est certain que j'aurais préféré que tu sois hétéro...

— Juliette! s'exclame-t-il, exaspéré que je revienne là-dessus.

— ... mais comme ami, t'es difficile à battre.

Je lui souris d'un air complice et je le presse de finir son café. C'est la préparation d'un festin qui nous attend. Enfin... qui l'attend, lui.

18

STATUT FB DE **Marie-Pier Laverdière**

Il y a 2 heures, près de Montréal

Pas toujours évident de faire sa place comme femme dans un milieu d'hommes! Encore plus compliqué quand tu travailles avec ton père et tes frères. #garagedemachos ☹

*M*enoum!

Voilà ce que je me dis en goûtant au risotto que Patrick m'a laissé au chaud sur ma cuisinière. D'accord, je l'aurais préféré à la courge, mais mon chef m'a fait valoir que c'est un légume d'automne et qu'on doit le manger en saison. Blablabla… mais comme ce n'est pas moi qui étais aux chaudrons, je l'ai laissé décider.

Il me l'a donc préparé aux crevettes et mascarpone, en plus d'avoir concocté une vinaigrette pour ma salade verte, que je servirai après le plat principal. Quel ami charmant!

Mes copines devraient arriver d'une minute à l'autre. C'est tant mieux puisque le risotto ne peut pas attendre trop longtemps, a précisé Patrick. S'il est sec, je n'aurai qu'à ajouter un peu de bouillon de poulet. Facile comme tout.

Avec mon attelle, cuisiner est compliqué, donc j'apprécie d'autant plus le geste de Patrick.

Bip!

Mon téléphone émet un son que j'aime toujours entendre : celui de l'arrivée d'un texto. Yé! Je me précipite sur mon iPhone et le prénom que je vois apparaître sur l'écran me donne des frissons : F-X.

C'est la première fois qu'il prend la peine de m'écrire depuis… des semaines, sinon des mois. Si j'étais raisonnable, je *flusherais* le message sans même le lire. Ce serait LA chose à faire pour me prémunir contre les sentiments en montagnes russes que j'éprouve chaque fois qu'il est question de l'homme qui a été mon meilleur amant à vie, mon plus tendre amoureux… et ma plus grande peine d'amour.

Quand je pense à lui, il m'arrive de me demander si je ne souffre pas d'une forme de bipolarité bien particulière. Comment l'expliquer ? Une bipolarité amoureuse, peut-être ?

On dirait que j'oscille toujours entre deux phases. Celle où j'aime F-X encore passionnément et où je rêve de faire ma vie avec lui. Et celle où je le déteste pour tout ce qu'il m'a fait subir et où je veux carrément l'éliminer de mon existence. C'est cette dernière phase qui prime, mais la première revient de plus en plus souvent. À mon grand désarroi.

Serait-il trop tard pour plonger ? Si je me fie à ce que j'ai vu hier, je crois bien que oui. F-X a cessé de m'attendre. De toute façon, ce n'est pas ça, le problème. Le problème, c'est encore et toujours ma peur d'avoir mal. Très mal.

Malgré tous ces questionnements, je cède à l'envie de lire son texto.

« Ton poignet va mieux ? »

Ayoye ! Tu parles d'un message *frette* ! Ni « Allô » ni « À bientôt, j'espère »… et aucun bisou. Est-ce que ça mérite un retour ? Humm, je n'en suis pas convaincue. Mais certainement pas une réponse sur-le-champ. Pour l'instant, laissons-le mariner, je verrai plus tard.

J'ouvre la porte du frigo et je sors la bouteille de mousseux que j'ai entamée avec Patrick en cuisinant. Je m'en sers un troisième verre et je la dépose sur le comptoir, presque vide. En faisant les courses tout à l'heure, j'ai demandé à mon compagnon quel était son apéro préféré. Il m'a répondu le champagne. Ouf… Un peu cher pour mes moyens, mais j'ai quand même acheté des bulles. Sur sa recommandation, j'ai choisi un crémant d'Alsace à vingt dollars. Il est parfait !

Le problème, c'est que ça se boit tout seul. Il risque de ne plus en rester beaucoup pour mes invitées. Je vérifie à nouveau le contenu de la bouteille. Hum… même pas de quoi remplir une coupe. Je crois sincèrement qu'il serait impoli de leur offrir ces quelques gouttes. L'idéal serait que le mousseux disparaisse avant leur arrivée. Je n'aurai qu'à ouvrir un bon blanc quand elles seront ici. Bon plan !

Je bois une longue gorgée de vin pour faire de la place dans ma flûte, que je remplis à nouveau, ce qui me permet de déposer la bouteille dans le bac de récupération. Je la cache sous quelques dépliants pour ne pas éveiller les soupçons de mes amies. Elles sont du genre à s'imaginer que j'ai un nouvel amant avec qui je trinque avant de baiser.

Et ce soir, ce n'est pas de moi qu'il sera question, mais plutôt de Marie-Pier. Je veux l'amener à nous parler de sa blonde et je vais agir pour que tout se passe bien. En me faisant cette réflexion, je me rends compte que je n'ai pas tenu ma promesse à Clémence, à savoir d'y aller doucement avec l'alcool. Honn… ça m'est complètement sorti de l'esprit.

Et puisque le mal est fait, j'avale encore un peu de crémant. Ouf… j'ai la tête qui tourne légèrement. Je devrais être prudente et me mettre quelque chose de substantiel sous la dent. Ça m'aiderait à garder le cap. D'autant plus qu'avec les anti-inflammatoires que je prends j'ai l'impression d'être doublement pompette.

Ding, dong!

Oups… trop tard! Je cale ce qui reste de mon verre, que je place ensuite au lave-vaisselle, et je cours ouvrir la porte. C'est Clémence. Tout sourire, elle me tend un sac-cadeau de la SAQ.

— Tiens! J'ai pensé qu'on était dues pour des bulles!

— *Cool!*

Je lui fais la bise en me jurant de seulement tremper mes lèvres dans mon verre.

— Ohhh, toi, t'as déjà commencé, à ce que je sens.

— Bah… juste un peu, dis-je, mal à l'aise.

— Juju, on avait dit…

— J'en ai quasiment pas pris, Clem. Pis ça m'aide à endurer la douleur dans mon poignet.

Elle me regarde d'un air incrédule et s'adresse à moi sur un ton sarcastique.

— Tout le monde sait que prendre un coup c'est une très bonne façon de faire diminuer l'inflammation.

— Bon, bon. Je vais être sage le reste de la soirée, OK?

— Sérieux?

— Sérieux.

— J'aime mieux ça. Et je suis contente de voir que tu t'es procuré ton attelle.

— Pas le choix… mais j'haïs ça. Je suis pas très libre de mes mouvements.

Je place la bouteille de mon amie au frigo, en précisant que nous allons attendre Marie pour l'ouvrir. Clémence approuve et soulève le couvercle du chaudron.

— Wow! Un risotto? Y a l'air écœurant, en plus!

— Il est débile. Mais, pour être honnête, c'est pas moi qui l'ai cuisiné.

— Ça vient de quel traiteur ?

— Traiteur Patrick, dis-je, espiègle.

— Connais pas.

Je lui raconte alors mon après-midi, à commencer par la nouvelle que m'a apprise mon copain et sa gentille proposition. Clémence est subjuguée.

— Je l'aime de plus en plus, celui-là ! Quitter sa job pour une question de valeurs et préparer ton souper de sacoches… Je peux-tu l'avoir moi aussi comme ami ?

À l'idée de partager Patrick avec elle, j'éprouve un léger pincement au cœur. Voyons ! T'es ridicule, Gagnon ! Ce gars-là ne t'appartient pas. Malgré cette évidence, j'ai envie de le garder pour moi toute seule. Pour l'instant du moins. Je ne me l'explique pas, mais c'est comme ça. Et j'estime que j'y ai droit. Mais bon, justifiez ça à vos amies maintenant…

Ding, dong !

Sauvée par la cloche ! Marie-Pier n'attend pas que j'aille lui ouvrir et elle entre en trombe. Elle semble exaspérée.

— Estie que je suis à *boutte* ! lance-t-elle, en venant nous rejoindre à la cuisine.

— Coudonc, qu'est-ce qui se passe ?

Elle évite ma question, s'excuse pour son entrée fracassante et nous embrasse à tour de rôle. Elle sort ensuite une bouteille de son sac à dos, en me demandant de l'ouvrir illico. Du mousseux !

— Ben voyons ! Vous vous êtes passé le mot ?

— Comment ça ?

— Clem en a apporté une aussi.

— Et Juju en a bu une avant qu'on arrive.

— Pfff… pas pantoute.

— Juju ! Y a deux coupes à champagne dans ton lave-vaisselle.

Je jette un coup d'œil du côté de l'appareil électroménager en question. La porte est entrouverte et on distingue nettement les deux verres. Je la referme d'un coup sec.

Cling! Cling! Cling!

— Ah tabarnak!

Mes deux compagnes pouffent de rire devant ma gaffe. J'ouvre le lave-vaisselle et, ô catastrophe! Mes flûtes sont en mille morceaux éparpillés un peu partout dans le fond de la cuve. *Shit!*

Je me penche pour ramasser mon dégât quand Clem met sa main sur mon épaule.

— Attention, tu vas te couper.

— Prends des gants à vaisselle, suggère Marie-Pier.

— J'en ai pas.

J'examine le tout de plus près et je suis découragée à l'idée de récupérer chaque minuscule fragment. Et si j'utilisais mon aspirateur? Bon plan! Mais ça ira à demain. Pour le moment, je veux m'occuper de mes amies. Je me relève, je referme la porte de l'appareil et je la verrouille.

— Je ferai ça plus tard.

Clémence proteste un peu, offrant même d'aller acheter des gants à l'épicerie du coin, mais je ne lâche pas le morceau.

— On va s'asseoir au salon? Marie, apporte ta bouteille.

Je n'attends pas leur réponse et je me dirige vers le grand canapé, attrapant au passage un sac de croustilles, saveur brioche à la cannelle.

— Ah ouache! C'est dégueu, ces chips-là, lance Marie-Pier, aussitôt secondée par Clémence.

Je remets le sac sur le comptoir et j'ouvre la porte du garde-manger pour en sortir deux autres que je présente à mes amies capricieuses.

— Sel et vinaigre ou bacon à l'érable?

Elles s'entendent sur le premier et nous pouvons finalement prendre place pour l'apéro. Pendant qu'elles ouvrent le mousseux et déballent les grignotines, je retourne chercher les deux coupes à champagne qui restent de mon *set* de quatre. Pour moi, je choisis un petit verre qui sert à je ne sais quoi et qui vient de je ne sais où. De toute façon, je n'ai pas l'intention d'en boire beaucoup.

— Eille! Y a un moment qu'on a pas fait notre toast, dis-je, emballée à l'idée de renouer avec notre tradition.

— Oui! Bonne idée, approuve Clémence.

Elle sert le mousseux et me remet le petit verre sans rien dire sur le fait qu'il contient à peine de quoi prendre une gorgée. Ça l'arrange bien, je pense. J'ouvre le bal de notre «rituel international», en y allant avec l'italien, la langue d'origine de mon père.

— *Salute!*

— *Salud!*

— Santé!

Clémence se fait toujours un devoir de conclure en français, tandis que Marie-Pier a, cette fois-ci, utilisé l'espagnol. Étrange... elle qui avait pris l'habitude de le faire en anglais les dernières fois.

— Tu t'es mise à l'espagnol?

— Hein? Ben non. Pourquoi?

— Ton *salud* m'a surprise.

— Ça me tentait. C'est tout.

— Ah bon, dis-je, peu convaincue.

Clémence profite du silence qui suit ma remarque pour changer de sujet et demander à notre amie la raison de sa mauvaise humeur à son arrivée.

— Ah... c'est la job!

— Qu'est-ce qui se passe?

— Mon père est en *phasing out*.

D'aussi loin que je me souvienne, Marie-Pier a toujours voulu travailler au garage Honda de son père. Dès l'adolescence, son avenir professionnel était tracé. Elle allait vendre des voitures quelques années, tout comme son frère aîné, Vincent. Puis, au moment où son père prendrait sa retraite, elle s'associerait avec Vincent pour diriger l'entreprise. Quant à son frère cadet, Jean-Nick, il ne fait pas partie de l'équation. Même s'il travaille au concessionnaire comme mécanicien, il n'a jamais voulu faire carrière dans le domaine de l'automobile. Pour lui, c'est plus alimentaire qu'autre chose.

— C'est pas ce que tu voulais ? Tu vas avoir plus de responsabilités.

— C'est pas aussi simple que ça, Juliette.

— Ah non ? Pourquoi ?

— Parce que mon frère s'imagine qu'il va *runner* la business tout seul.

— Ben là ! Ç'a toujours été clair pourtant. Vous êtes deux là-dedans.

— Moi aussi, je pensais ça. Mais j'ai l'impression que Vince magouille pour me tasser.

— Je suis certaine que ton père laissera pas faire ça.

— Pfff… Lui, depuis qu'il est en amour avec une fille trois fois plus jeune que lui, le garage ne l'intéresse plus.

Je suis stupéfaite par ce qu'elle vient de nous révéler. Je veux bien croire que David a déjà été attiré par des femmes plus jeunes, j'en suis la preuve. Mais de là à en fréquenter une, je trouve ça un peu *weird*.

— Trois fois ? Me semble que ça se peut pas !

— Elle est à l'université, calvaire ! En plus, y a même pas eu le courage de nous le dire.

— Comment tu l'as appris ?

— Par… par une employée qui a entendu une conversation. Mon père parlait de sa nouvelle blonde avec un des vendeurs et il a dit qu'elle terminait son bac en lettres.

Je jette un coup d'œil complice à Clémence, pour vérifier si elle a compris la même chose que moi, à savoir que ladite employée est certainement Arianne. Mais elle m'ignore et tente plutôt de rassurer notre amie.

— Marie, ça veut pas dire qu'elle est dans la vingtaine. C'est possible qu'elle se soit inscrite à l'université sur le tard. Comme pour faire une deuxième carrière.

— C'est vrai, ça, dis-je avec conviction. Elle est peut-être dans la quarantaine ou la cinquantaine.

— Ah oui? Pis elle habiterait encore chez ses parents?

— *WHAT?* Ton père sort avec une fille qui vit avec ses vieux?

— Ouin… C'est ce qu'il a dit. Paraît qu'elle déménagerait avec lui bientôt.

Le silence s'installe quelques instants dans la pièce. Toutes sortes d'images défilent dans ma tête. David embrassant une pitoune de vingt ans, déboutonnant son chemisier à carreaux, dégrafant son soutien-gorge noir… Pour moi, ces scènes ne sont pas désagréables, mais il n'est pas mon père. Je n'ose penser à ce que ressent mon amie si elle s'imagine la même chose que moi…

Si c'était mon père, je serais profondément dégoûtée… Dire que j'ai fait endurer ça à Marie-Pier quand j'ai couché avec le sien il y a deux ans. Quelle gaffe! J'espère qu'elle a tout oublié.

Nous n'avons jamais reparlé de cet épisode. Elle fait d'ailleurs comme si ce n'était jamais arrivé. Mais ce nouveau rebondissement dans la vie sentimentale de David lui rappellera peut-être ces mauvais souvenirs. Je risque un coup d'œil de son côté pour m'assurer qu'elle ne pense pas à ça. Heureusement, il semble qu'il n'en soit rien. Elle est fâchée, oui, mais pas contre moi. Ouf…

Par prudence, je décide toutefois de m'éloigner de ce sujet et je reviens au cœur du problème : les combines de son frère pour l'écarter.

— Qu'est-ce qu'il fait au juste, Vince?

— Il essaie de mettre les employés de son bord.

— Pour?

— Pour qu'ils fassent un *pitch* à mon père, c't'affaire! Et qu'il le nomme DG!

— Marie, tu dois te battre, intervient Clémence.

— Je sais. C'est juste qu'au garage il a plus d'appuis que moi. T'sais, c'est encore un milieu de gars. Pas mal machos en plus.

— Ah ça, je te crois.

— Mets David au courant, dis-je fermement.

Ma copine me jette un regard noir. Oups… Appeler son père par son prénom n'était peut-être pas l'idée du siècle. Je décide de me faire oublier et je les laisse parler de stratégie.

À la cuisine, je vérifie l'état de mon risotto et je constate qu'il est déjà sec. J'ajoute un peu de bouillon de poulet comme me l'a recommandé mon cuisinier. Quelle quantité m'a-t-il indiquée? Humm… Je ne suis plus certaine.

J'y vais donc au pif jusqu'à ce qu'il redevienne onctueux à souhait. Là, c'est bon. Je hausse le feu de la plaque de cuisson et je surveille mon plat en le remuant.

La présence de mon téléphone sur le comptoir me fait penser à nouveau à F-X et à son message de tout à l'heure. Est-ce qu'il m'a écrit par pure politesse ou s'inquiétait-il véritablement pour moi? Je relis son texto et j'en viens à la même conclusion qu'un peu plus tôt: il n'y a aucune chaleur.

J'ai envie de lui répondre de la même façon. Net, *frette*, sec! Un «oui» serait suffisant. Sans point d'exclamation, sans émoticône souriant, sans petits cœurs roses…

Je pourrais aussi faire l'inverse. En mettre plus que le client en demande. Du genre: «Top shape! La vie est trop nice ☺. Je me peux plus de tant de bonheur…» Bon d'accord, cette dernière phrase est vraiment quétaine, mais l'important, c'est de lui faire comprendre que je peux trèèèèèès bien vivre sans lui.

Je choisis la seconde option et je m'enferme dans les toilettes pour communiquer avec F-X en toute tranquillité. Je réponds à sa fameuse question, à savoir si mon poignet va mieux.

«Ouiiiiii! Tout va super bien! J'aime ma job, j'aime ma vie!»

Avant de l'envoyer, je m'interroge. Est-ce *a little too much*? Peut-être bien, mais tant pis! J'appuie sur

« Envoyer » et je m'assois sur le bord de la baignoire pour attendre sa réponse. Aussitôt, je vois apparaître le mot « Lu » en bas de mon message. Parfait ! Je ne moisirai pas longtemps ici.

Je patiente un peu en faisant le tri dans mon porte-brosses à dents. Pourquoi donc en ai-je trois ? Une rose, une vert hôpital toute défraîchie et une orange que je déteste parce que la tête est trop petite. Quand je l'utilise, ça me prend mille ans à faire le tour de ma bouche. Et je n'ai pas tout ce temps à perdre matin et soir.

Il est temps d'en jeter quelques-unes. Je ne garde que la rose, qui semble maintenant bien seule dans sa petite maison blanche à quatre places. Est-ce qu'un jour elle aura de la compagnie ? Une brosse à dents bleue légèrement usée ?

Visiblement, ce ne sera pas celle de F-X. Il ne daigne même pas me répondre ! Peut-être qu'il est avec sa Mélissa-je-ne-sais-plus-qui. Je n'en reviens pas de la vitesse à laquelle il m'a remplacée. Il aurait pu m'attendre encore quelque temps, non ? Au moins jusqu'à la fin de l'été ? Mais non ! Il est comme tous les autres. Pas capable de respecter ses engagements. On oublie et on passe à autre chose.

Bye, bye, Juliette Gagnon ! Bienvenue, la collègue au sourire cochon ! Tout ce qui compte, c'est son petit plaisir personnel. Plus j'y pense, plus j'enrage. Il n'avait pas le droit de me faire ça ! Et il est temps qu'il le sache.

J'empoigne à nouveau mon cellulaire et je me vide le cœur.

« T'avais dit que tu m'attendrais, mais t'es déjà avec une autre ! T'as pas de parole. ☹ »

J'envoie mon message en souhaitant que, cette fois-ci, il réagisse rapidement. Ou mieux encore, qu'il démente l'information. Car bien malgré moi, j'espère encore me tromper, découvrir que la belle brune n'est en fait rien de plus qu'une collaboratrice professionnelle.

Les secondes passent et c'est toujours le silence radio. Même si, une fois de plus, il a lu mon texto. Ça confirme ce que je croyais. Il est bel et bien avec cette Mélissa. Eh bien, qu'il aille se faire foutre! Il n'aura plus jamais de mes nouvelles.

— JULIETTE!

Le cri de Clémence, qui retentit en même temps que le son strident de l'avertisseur de fumée, me fait sortir de la salle de bain à toute vitesse. De la fumée dense s'échappe du chaudron sur la cuisinière, Marie-Pier tient à bout de bras un linge à vaisselle qu'elle agite vers le plafond et Clémence fouille dans les tiroirs.

— Tes mitaines, elles sont où? me demande-t-elle, nerveuse.

— Pourquoi?

— Pour éteindre le rond et tasser le chaudron, voyons!

— Prends l'extincteur à la place. Dans l'armoire sous l'évier.

— Y a pas de flammes, on a pas besoin de ça! Tes mitaines?

— Ahhh... je sais plus trop où elles sont.

— Juliette, pour l'amour! Fais un effort.

Le bruit de l'avertisseur de fumée m'empêche de me concentrer. J'utilise si peu souvent mes mitaines de four que je ne me souviens plus de l'endroit où je les range. Je cherche avec elle, ouvrant toutes les portes d'armoire avec ma main valide. La fumée continue de se propager dans la pièce. Mon risotto est en train de cramer solide!

Je vérifie dans le garde-manger, même si je doute d'y trouver mes mitaines, mais on ne sait jamais. Une distraction, ça peut arriver à tout le monde. Elles n'y sont pas. Par contre, j'aperçois une boîte de bicarbonate de soude. N'ai-je pas déjà lu que c'est le moyen le plus efficace pour éteindre un feu? Bingo! Même si ce n'est pas un «vrai» incendie, ça devrait faire la job.

J'ouvre le contenant de carton tout grand en déchirant la partie du haut et je m'approche de la cuisinière. J'en saupoudre une petite quantité dans le chaudron. Au même moment, Clémence allonge le bras pour l'empoigner, les mains recouvertes des fameuses mitaines, qu'elle a fini par trouver.

La fumée étant toujours présente, je comprime la boîte entre mes doigts pour accélérer les choses. J'y vais avec tellement d'intensité que la poudre blanche vole en tous sens et retombe un peu partout : sur la cuisinière, sur le comptoir, dans le plat de fruits, sur le plancher, sur moi et sur... Clémence.

Elle en a dans les cheveux, dans les yeux, sur son visage, sur son chemisier en soie couleur framboise et même sur son jeans noir. La main toujours sur le chaudron, d'où ne s'échappe maintenant plus de fumée, elle est restée complètement figée. Ce qui rend l'image encore plus loufoque.

Je fixe mon amie, hésitant à laisser aller le fou rire que je retiens. J'ignore si, moi aussi, j'ai l'air d'un bonhomme de neige en plein été, mais c'est drôle en ta... Est-ce que Clémence voit les choses de la même façon? Impossible de déchiffrer son expression à travers le nuage blanc qui l'entoure.

L'avertisseur de fumée se tait finalement. Marie-Pier, qui nous fait dos, laisse retomber les bras et pousse un énorme soupir de soulagement. Elle se retourne, nous regarde avec des yeux écarquillés, puis éclate d'un grand rire franc. Je l'imite aussitôt, suivie de Clémence, qui sort de sa torpeur.

Elle retire les mitaines et secoue ses cheveux. Je m'attaque à mon t-shirt, quand Marie-Pier nous interpelle.

— Attendez, restez là, faut que je prenne une photo.

— Ah non ! lance Clémence. Tu vas montrer ça à tout le monde et je vais avoir l'air d'une vraie folle.

— Mais non, c'est juste comique, dis-je.

— *Come on*, Clem. Je te jure que je mets pas ça sur Facebook, promet Marie-Pier.

— OK, mais va ouvrir la porte du balcon pour faire évacuer la fumée, dit-elle, même si elle n'est plus très dense.

Marie-Pier s'exécute et j'en profite pour faire une petite mise en scène. J'enfile les mitaines pour attraper le chaudron. Je le renverse et je l'agite au-dessus de l'évier pour enlever la couche de poudre blanche. Collé au fond, le risotto au mascarpone et crevettes n'est plus qu'une étrange croûte noircie. Ce n'est pas aujourd'hui que nous allons faire honneur à la cuisine de Patrick… Quel dommage !

Je demande à Clem de tenir la boîte de bicarbonate de soude devant elle, à la manière d'une vieille pub télé et je fais la même chose avec le récipient au contenu douteux.

— On est prêtes !

— OK, *smile* !

Quelques clichés plus tard, je regarde le résultat sur le cellulaire de Marie-Pier. Nous nous sommes amusées à prendre toutes sortes de poses et à nous composer des airs surpris, fâchés et coupables. La plupart du temps, c'est carrément nul et pas du tout naturel, mais sur certaines photos nous sommes vraiment désopilantes.

— Marie, je m'en envoie quelques-unes, OK ?

— Oui, oui, pas de problème.

Je sélectionne les meilleures photos en songeant qu'elles méritent d'être publicisées. Après tout, ce n'est pas moi qui ai promis de ne pas les afficher sur Facebook…

19

STATUT FB DE **JULIETTE GAGNON**

Hier, près de Montréal

Bouleversée ☹

— *C*'est pas aussi bon qu'un risotto, mais ça fait la job! lance Marie-Pier.

— Bon, bon, désolée encore une fois.

Une heure plus tard, Clem et moi changées et la cuisine nettoyée, nous dégustons les shawarmas que Marie-Pier est allée chercher au coin de la rue. Avec des patates à l'ail et du taboulé.

J'ai tenté à quelques reprises d'orienter la discussion sur la vie personnelle de Marie-Pier, mais elle a carrément changé de sujet chaque fois que je lui posais une question. J'envisage d'y aller plus directement, en parlant moi-même d'Arianne, mais quelque chose me retient.

Savoir que mon amie ne me fait pas assez confiance pour me parler de ses amours me heurte et m'incite à me remettre en question. A-t-elle peur que je la juge sévèrement ? Me croit-elle bouchée à ce point ?

Je dois trouver une solution pour lui prouver qu'il n'en est rien, que je suis prête à accueillir sa nouvelle compagne dans nos vies. Pas dans notre trio, mais ça, c'est pareil pour chacun des conjoints.

— Juju, si tu voulais sortir ce soir, c'est foutu ! déclare Clem.

— Pourquoi tu dis ça ?

— On va avoir une haleine d'ail comme c'est pas possible.

— Ah oui, t'as raison. Mais j'ai pas l'intention de sortir. Je suis bien là, avec vous deux. Ça faisait longtemps qu'on avait pas pris du temps pour nous, vous trouvez pas ?

— Hum, hum, approuve Clémence.

— Pour une fois qu'on peut se parler des vraies affaires, dis-je d'une façon pas très subtile.

Mes deux copines m'observent chacune avec une expression différente. Clem, qui a compris ce que j'insinue, me fusille du regard, tandis que Marie me dévisage d'un air surpris, avant de prendre la parole.

— Au lieu de toujours poser des questions pas rapport, parle-moi donc de ta rencontre avec F-X, hier.

— Comment ça se fait que t'es au courant ?

Elle tourne les yeux du côté de Clémence, qui affiche une mine coupable.

— Ben quoi ! C'était pas un secret, non ?

— Je te gage que tu lui as dit pour qu'elle me convainque elle aussi de plus jamais le voir ?

— Avoue que ce serait mieux pour toi.

— Clem a raison, Juliette. Tu trouves pas que t'as déjà payé assez cher ton aventure avec lui ?

En entendant le mot « aventure », je tressaille. Ma relation avec F-X était bien des choses, mais pas une simple aventure. Oh que non! C'était une grande histoire d'amour qui aurait pu durer toute la vie si les lois de l'univers n'avaient pas été contre nous. Et qui pourrait reprendre si elles ne l'étaient pas encore.

— Une balle dans la cuisse, c'est pas rien, poursuit-elle.

— Et toute la peine que t'as eue, ajoute Clem. Faut pas que t'oublies ça.

Je déteste quand mes amies se mettent à deux pour essayer de me faire entendre raison. Surtout quand j'ai déjà compris. Parce que oui, c'est décidé, F-X Laflamme ne fera plus jamais partie de ma vie. Jamais.

— Arrêtez donc de vous en faire. Je retomberai pas là-dedans.

— T'es certaine? me questionne Marie-Pier.

— Certaine.

— *Cool.*

— *Good*, dit Clem.

Un léger silence s'installe entre nous. Même la chanson de Misteur Valaire s'est éteinte et le seul bruit qu'on entend est celui de ma fourchette que je tape contre la table avec nervosité.

— C'est difficile, hein, Juju?

En guise de réponse, je hausse les épaules. En fait, il y a autre chose qui me chicote et c'est une lettre que j'ai reçue il y a quelques jours et que je n'ai pas ouverte. Elle provient du Service correctionnel du Canada et je me doute qu'elle concerne miss Tzatziki. Si c'est une assignation pour témoigner à la Commission des libérations conditionnelles, je ne veux même pas être au courant.

Jusqu'à présent, j'ai fait comme si cette enveloppe n'existait pas et je pourrais même agir comme si elle ne m'avait jamais été livrée. Mais je crains que la situation me rattrape et que je ne puisse échapper à mon devoir.

Maintenant que je me trouve avec mes deux complices, ce serait une bonne occasion d'y faire face. Avec elles, la découverte du contenu de la lettre sera sûrement moins pénible.

Je me lève pour aller chercher l'enveloppe en question, que j'avais camouflée sous un coussin du divan dans l'espoir idiot qu'elle disparaîtrait. Mes amies m'observent étrangement, mais au moment où je la dépose sur la table et qu'elles aperçoivent l'en-tête, elles saisissent la gravité de la situation.

— Quand est-ce que t'as reçu ça? demande Marie-Pier.

— Y a deux ou trois jours.

— La folle sort pas déjà de prison, j'espère?

— Ça se peut. Elle a pogné trois ans, fait qu'elle peut être libérée au tiers. Donc le mois prochain.

— C'est dégueulasse!

— Mets-en!

— Juju, intervient doucement Clémence, je comprends que t'en as rien à foutre, mais faut que tu l'ouvres. T'as pas le choix.

— Je sais.

— Tu veux que je le fasse?

Pour toute réponse, je pousse la lettre devant elle. Mon amie la décachette et me met tout d'abord en contexte. C'est daté de la semaine dernière et c'est signé par un agent de libération conditionnelle. Je suis maintenant convaincue qu'on me demande de témoigner pour que la *crackpot* retrouve sa liberté. *No way! No fucking way!*

Clémence commence la lecture:

Chère Madame Gagnon,
Au cours de son année d'incarcération, la détenue Ursula Dimopoulos a démontré de vifs regrets quant à l'acte qu'elle a commis dans la nuit du 28 août de l'année dernière. Elle souhaite réparer le tort qu'elle vous a causé.

— Ah oui? Comment elle va faire ça? Me redonner une jambe sans cicatrice? Me rembourser tous les contrats que j'ai perdus à cause d'elle?

— Continue, Clem, intervient Marie-Pier.

Pour ce faire, elle a manifesté l'intérêt de vous rencontrer dans le cadre du programme Possibilités de justice réparatrice.

— *WHAT*? Elle est pas bien dans sa tête si elle pense que je vais lui laisser une chance!
— Laisse-moi finir, Juju. Il explique ce que c'est, la justice réparatrice.
— OK, mais je te le dis, c'est non. Non, non et non!

Au cours d'une rencontre dans le cadre du programme PJR, les participants ont l'occasion de discuter des répercussions du crime. Ils peuvent ensuite déterminer ce que le délinquant peut faire pour se faire pardonner. Ce processus vise à favoriser la guérison des participants et la réinsertion du délinquant dans la collectivité en tant que citoyen respectueux des lois.

— Ben voyons donc! Voir si je vais l'aider dans sa réinsertion sociale. Moi, ce que je veux, c'est qu'elle reste en dedans.
— Je te comprends, m'appuie Marie-Pier. Moi non plus, je veux pas la croiser dans la rue.
— Peut-être que tu pourrais leur répondre ça? suggère Clémence.
— Ça quoi?
— Que t'es pas à l'aise à l'idée qu'elle sorte.
— T'as raison, je vais faire ça. D'autant plus que je ne suis pas convaincue qu'elle le regrette vraiment. Elle est tellement manipulatrice qu'elle a sûrement embobiné tout le personnel de la prison.
— Ça se peut aussi qu'elle fasse ces démarches parce qu'elle croit que tu es encore avec F-X et que c'est de lui, finalement, qu'elle veut se rapprocher.
— C'est pas bête, ça, Clem. Même que c'est fort possible.

— Sais-tu s'il est toujours en contact avec elle?

— Aucune idée. Mais ça doit. Ils ont quand même un enfant ensemble.

— Tu ferais pas mieux de le prévenir? avance Marie-Pier.

— Pourquoi? Sa demande ne change rien pour lui. Surtout si j'y donne pas suite.

— Comme tu veux. C'est juste que moi, si j'étais à sa place, j'aimerais ça le savoir.

— Peut-être. Qui dit qu'il n'a pas reçu la même demande? Après tout, c'est pas juste à moi qu'elle a fait du tort.

J'ai à peine terminé ma phrase qu'un doute se forme dans mon esprit.

— Clem, est-ce que la lettre précise si d'autres personnes pourraient participer à la rencontre?

Mon amie parcourt rapidement le document et me fait signe que non.

— Mais ça veut pas dire que c'est pas le cas, précise-t-elle.

— C'est exactement ce que je pense. Elle essaie de nous voir ensemble!

— Eille! Si c'est ça, elle est malade pas à peu près.

— Voyons, les filles, ça tient pas debout, fait remarquer Marie-Pier. Le Service correctionnel laisserait pas faire ça.

— La justice, c'est pas un système parfait, dis-je, persuadée d'avoir raison.

— *Anyway*, on le saura pas, parce que tu n'y iras pas.

— Exactement. Et ça clôt la discussion.

Pour appuyer mes dires, je récupère la lettre sur la table et je me lève pour aller la déposer dans un petit panier fourre-tout sur le comptoir. Je reviens avec le dessert que j'avais acheté pour servir après le risotto: un gâteau forêt-noire pour huit personnes.

— Coudonc, Juju, t'en as acheté pour une armée! lance Clémence.

— Ben, je me disais qu'on aurait peut-être du monde qui se joindrait à nous pour le dessert.

— Du monde ? Qui ça ? demande Marie-Pier pendant que Clem me jette à nouveau un regard noir.

— Je sais pas, dis-je innocemment, avec un ton mielleux. Des nouveaux amis, des collègues qu'on aime bien…

Marie-Pier a un léger mouvement de surprise. Voilà une bonne occasion de mentionner le nom d'Arianne, en lui suggérant de lui faire signe. Je ne suis aucunement obligée de lui spécifier que je sais qu'elles sont amantes.

Si sa blonde se pointe ici, on découvrira enfin le pot aux roses et Marie-Pier pourra ensuite vivre sa relation au grand jour. Tout au moins avec ses meilleures amies.

— Peut-être qu'on pourrait…

— S'cusez. Faut que j'aille aux toilettes.

Marie-Pier décolle comme une fusée et referme la porte de la salle de bain d'un coup sec. Je reste figée, ne sachant pas trop comment réagir à ce que j'estime être une fuite. C'est Clémence qui met des mots sur son geste.

— Juliette, arrête avec ça. Je pense qu'elle n'est pas prête.

— Ben oui, mais on est ses amies ! Je peux pas croire qu'elle pense qu'on va la rejeter.

— Ça ressemble à ça, si tu veux mon avis.

— Ç'a pas de bon sens, il faut que ça arrête.

Sur le comptoir de la cuisine, j'aperçois le téléphone de Marie-Pier. J'ai alors un éclair de génie. Je me précipite sur l'appareil, j'ouvre l'onglet de ses messages textes et je cherche le nom de sa blonde. Je tombe rapidement dessus. Le dernier message date d'il y a quelques heures, tout juste avant qu'elle arrive ici :

« Bonne soirée avec tes chums. J'espère que Juliette te pétera pas une crise quand tu vas lui dire. »

Comment ça, une crise ? Je ne suis pas un monstre, à ce que je sache ! Mais l'important, c'est que j'ai la preuve que Marie-Pier a l'intention de m'annoncer qu'elle est lesbienne. Parfait! Aidons-la un peu. Je tape en prétendant être la propriétaire du téléphone.

«Pas de crise. Juliette t'invite à venir prendre le dessert avec nous. Viens, stp.»

J'ajoute mon adresse, deux becs et je pèse sur «Envoyer». Voilà! Je suis vraiment trop géniale!

— Qu'est-ce que tu fais? murmure Clémence, en me rejoignant.

— Rien, rien, dis-je en déposant le cellulaire sur le comptoir.

— Juliette Gagnon, je te connais.

La porte de la salle de bain qui s'ouvre met fin à notre conversation. Je prends des petites assiettes dans l'armoire du haut et je les tends à Clémence. Elle a toujours ce regard soupçonneux que je m'efforce d'ignorer. Elle verra bien par elle-même tout à l'heure.

Les minutes qui suivent se déroulent dans une ambiance calme, tout occupées que nous sommes à déguster le fabuleux dessert que j'ai acheté à la pâtisserie du coin. Clémence revient sur la demande en mariage de Yanni, affirmant qu'elle a décidé d'y réfléchir sérieusement, même si d'emblée elle n'est pas très chaude à cette idée. J'en suis ravie, tout comme Marie-Pier. Nous nous imaginons déjà en demoiselles d'honneur, défilant sous le regard admiratif de centaines d'invités.

— Centaines? Faut pas exagérer! Ma famille, mes amis, mon équipe de l'émission du matin…

— Quoi! Il va y avoir des vedettes de la télé? Ah non, je saurais pas quoi leur dire.

— Ben voyons, Juju! C'est du monde comme nous autres.

— Ah, je sais. L'autre fois, quand je suis allée faire mon entrevue aux nouvelles, j'étais *full* impressionnée. Surtout par les stars de l'information.

— Moi, c'est l'émission du matin, c'est ben relax. Y a personne qui se prend pour un autre là-dedans.

Quand tu te lèves à 3 heures du matin, crois-moi que t'as pas l'énergie pour te prendre pour un autre.

— Pouahhhhh ! Franchement, je vois pas le rapport.

— Moi, je le vois. Mais, Juju, je comprends pas pourquoi ça t'intimide. Tu connais bien les plateaux d'émissions de télé. Tu y allais avec ta mère quand t'étais jeune.

— Oui, oui. Mais je me suis jamais sentie vraiment à l'aise. Pas comme elle, en tout cas.

— Pourtant, des vedettes, t'en côtoies dans ton travail, non ?

— Oui, et quand c'est pour la job, y a pas de problème. Je me sens à ma place, mais sinon… Je suis bizarre, hein ?

— Ben nooooon ! T'es tout à fait normale.

— C'est l'appareil photo qui fait ça, mentionne Marie-Pier, tu te caches derrière.

— Me cacher, me cacher, c'est un peu fort, non ?

— C'est toi qui le sais.

Pffff… Marie-Pier dit n'importe quoi. Je n'ai pas opté pour le métier de photographe parce que j'ai peur de me dévoiler dans la vie. Au contraire, je suis plutôt transparente, je trouve.

Je me demande parfois si maman a été déçue que je ne choisisse pas une carrière publique et flamboyante comme la sienne. Elle est fière que je sois photographe, bien sûr, mais je l'ai déjà entendue dire à papa qu'elle trouvait étrange que je ne veuille pas rayonner sous les feux de la rampe comme elle. Elle s'interrogeait à savoir si elle y était pour quelque chose.

Il l'a rassurée en lui disant que j'étais capable de faire mes choix et que, si je préférais mettre en scène d'autres personnes que moi-même, ça témoignait d'une personnalité généreuse… Ce que je doute fort de toujours être. Mais comme c'est mon papa qui le disait, ce devait être vrai. Quelle petite fille, *même grande*, ne croit pas son père, hein ?

20

STATUT FB DE **ARIANNE CÔTÉ**

À l'instant, près de Montréal

Rencontre officielle ce soir des amies de ma nouvelle blonde. J'espère que je n'aurai pas de mauvaises surprises. Une d'entre elles me semble particulièrement intense. #nerveuse 👭

Ding, dong!

Yessss! Je cours vers la porte sous le regard déconcerté de mes copines, qui terminent leur morceau de gâteau bien chocolaté. En ouvrant, je fais un grand sourire à mon invitée de dernière minute.

— Salut, Arianne!

— Salut, Juliette!

Elle me tend la main et mon regard est immédiatement attiré par ses aisselles. Je rêve ou j'ai vu du rouge sous ses bras? J'essaie de ne pas paraître décontenancée, mais je crois bien qu'Arianne suit cette mode dégueulasse qui consiste à se laisser pousser les poils sous les bras pour les colorer… Ouache! D'ailleurs, une couette rouge dans son court toupet indique qu'elle a voulu faire un raccord… *Oh my God!*

Bon! On oublie ça sur-le-champ et on se concentre sur la suite. La femme devant moi est l'amoureuse de mon amie d'enfance et je vais tout faire pour l'accepter.

Je la fais entrer et nous allons rejoindre Clem et Marie-Pier. Celle-ci est catastrophée. Ses yeux passent de mon visage à celui d'Arianne, cherchant une explication. Devant l'attitude de sa blonde, la nouvelle venue s'interroge à son tour.

— Qu'est-ce qui se passe, Marie? Tu regrettes de m'avoir invitée?

— T'avoir invitée?

Clémence, qui m'a aperçue avec le téléphone de notre copine, comprend immédiatement ce que j'ai fait. Mais moi, je n'ai aucun remords et je vais éclaircir la situation de ce pas. Mais il me faut tout d'abord présenter Arianne à celle qu'elle ne connaît pas encore.

Elles se serrent la main, pendant que je fais une brève description de chacune d'entre elles, mentionnant que la mécanicienne est une collègue de Marie-Pier, mais sans plus. Pour l'instant, du moins.

Je remarque que Clémence a, elle aussi, légèrement tiqué devant le «dessous de bras» teint. Je ne suis pas la seule que ça rebute…

— C'est quoi, cette histoire d'invitation, Juliette? me demande Marie-Pier, qui se doute que j'ai quelque chose à voir avec la présence de son amoureuse dans ma cuisine.

— Regarde, Marie-Pier, je t'ai juste donné un petit coup de pouce. Tu voulais nous parler de ta blonde ce soir? Plus besoin de faire de grandes révélations, elle est là. Et on est très heureuses qu'elle vienne manger le dessert avec nous.

Silence dans la pièce. Marie-Pier est abasourdie. Bon, qu'est-ce que j'ai dit de pas correct?

— Hein, Clem, qu'on est contentes de connaître Arianne?

— Oui, oui, ça me fait vraiment plaisir.

Arianne, de son côté, est éberluée. Mais à mon grand bonheur, elle ne semble pas fâchée.

— Fait que c'est toi, Juliette, qui m'as envoyé un texto tout à l'heure?

— Oui, madame.

— En te faisant passer pour MP?

— Exact.

— TABARNAK! lance Marie-Pier. T'es pas gênée.

— Ben quoi! Tu te déniaisais pas. J'étais tannée que tu vives dans le secret.

— Ça, c'est de mes affaires, Juliette Gagnon!

— Euh… ta chum a raison, mon chaton. Ça ne pouvait plus durer.

Je me réjouis qu'Arianne soit de mon bord, même si je suis un peu perplexe de l'entendre surnommer Marie «mon chaton»…

— Peut-être, mais j'aurais aimé que ça se passe autrement.

— C'est fait, maintenant. C'est ce qui compte, non? dis-je, en coupant un morceau de gâteau pour Arianne.

Elle s'assoit à côté de son «chaton» et lui prend la main. Marie-Pier la retire aussitôt. Je fais comme si je n'avais rien vu, puis je change d'idée.

— Marie, tu peux tenir la main de ta blonde. Ça me dérange pas. Tous les amoureux font ça, je vois pas pourquoi tu…

OK, ta gueule, Gagnon! Pas obligée de beurrer aussi épais. Ma remarque meurt dans la nuit et on passe à un autre sujet.

— Juliette, demande Marie-Pier, comment t'as su pour Arianne? Qui te l'a dit?

— Personne. Je l'ai deviné.

— Fiou.

— Pourquoi fiou, mon chaton?

On se calme le pompon sur le chaton, s'il vous plaît! Faut pas trop m'en demander le même soir!

— Parce que ç'aurait voulu dire que quelqu'un était au courant au garage.

— Ben là! Vous allez pas vous cacher toute votre vie?

Du gâteau dans la bouche, Arianne m'approuve du regard et elle désigne sa blonde du menton. Celle-ci s'explique.

— C'est moi qui refuse d'en parler. Surtout pas en ce moment, avec la cabale de mon frère.

— Qu'est-ce que ça changerait? Les employés sont pas si arriérés que ça. Ils vont te faire confiance quand même.

Marie-Pier ne répond pas. Curieusement, elle semble mal à l'aise.

— Juju a raison, intervient Clémence. T'as fait tes preuves dans l'entreprise, c'est de ça qu'ils vont tenir compte.

— Je sais bien, mais…

Marie ne termine pas sa phrase et c'est sa blonde qui le fait pour elle.

— Le problème, c'est que les trois quarts du *staff* sont des gars. Et quand ils vont savoir que Marie est gaie, ils vont comprendre qu'ils n'ont plus aucune chance de coucher avec elle. Et ça, elle veut pas ça.

Je fixe ma copine avec des yeux horrifiés… faussement horrifiés, on s'entend. Moi qui croyais être la seule à faire croire à des hommes qu'ils ont une chance avec moi, alors que c'est totalement faux. Tout ça pour obtenir ce que je veux dans la vie. Ah, la coquine! Elle est plus ratoureuse que je le pensais.

— OK, je comprends. Mais quand tout sera rentré dans l'ordre, vous allez le dire, non?

C'est un faible oui que prononce mon amie, ce qui contrarie son amoureuse. Visiblement, vivre dans le placard ne fait pas son affaire.

— Toi, Arianne, t'affirmer, c'est pas un problème, hein?

— Non, pas du tout. Mais je vais respecter le rythme de MP. Parce que je tiens à elle… et que je l'aime comme j'ai jamais aimé personne de ma vie.

Ohhhh, trop touchant! Elle est chanceuse, mon amie! Moi, si un homme me parlait de cette façon, je lui sauterais dans les bras. Mais Marie, elle, préfère fuir notre regard en baissant les yeux sur son assiette vide. Elle reste silencieuse et un malaise s'installe dans la pièce. Je m'empresse d'alléger l'atmosphère, en adoptant un ton légèrement narquois.

— Bon… Ç'a l'air que, les déclarations d'amour en public, elle est pas rendue là encore. Mais ça viendra, crois-moi. Y a pas une femme qui résiste à ça!

Et voilà Marie qui relève la tête et qui murmure un doux «moi aussi» à son amoureuse. Yéééé! La première barrière est franchie.

*

Une heure et quelques verres de porto plus tard, Clem et moi avons appris plein de choses sur Arianne, avec qui nous avons développé une belle complicité. C'est une fille franche, qui parle d'elle avec aisance et transparence.

Elle nous a confié la chance qu'elle a eue d'avoir des parents qui ont intuitivement compris qu'elle était gaie… bien avant qu'elle se l'avoue elle-même. Elle nous a parlé de son choix de devenir mécanicienne, et non pas camionneuse, qui était pourtant son rêve. Les horaires difficiles, incompatibles avec une vie de famille, l'ont fait reculer. Parce que Arianne veut être maman. Plusieurs fois, même.

Je n'ai pas pu me retenir de lui demander pourquoi elle se teignait les aisselles… ce qui m'a valu un regard désapprobateur de la part de Marie-Pier. Bon, c'est vrai que je ne me suis pas contentée de lui poser cette question. J'y suis allée de mon commentaire personnel, affirmant que je trouve ça affreux et hyper pas féminin.

Arianne a encaissé le coup, mais elle est restée sur sa position. «Ça met de la couleur», dit-elle. J'ai répliqué que je connais dix mille façons de «mettre de la couleur» chez elle. À commencer par changer ses vêtements gris, noirs et bleus par des trucs violets, fuchsia et jaunes. Oui, le jaune lui irait très bien.

Encore là, elle m'a poliment remerciée, mais a refusé mon aide pour sa prochaine séance de *shopping*. J'ai soupiré et j'ai terminé mon tawny cul sec.

Clémence vient de nous quitter et mes deux autres invitées s'apprêtent à faire de même. Je les retiens puisque j'ai maintenant envie d'en savoir plus sur le début de leur relation.

Je vide le reste de la bouteille de porto dans nos verres et je commence mon interrogatoire, qui ne doit toutefois pas en avoir l'air d'un.

— Mais toi, Arianne, tu savais que Marie aimait les hommes?

— Oui, mais ça m'a pas empêchée de penser qu'on pourrait être bien ensemble. Tout de suite, j'ai vu qu'on avait plein de points en commun.

— Ouin, mais fallait quand même qu'elle veuille coucher avec une femme. Ça, t'en étais pas certaine?

— Non, mais j'avais confiance. Et je la sentais ouverte.

— Ouverte? De quelle façon au juste?

— Juliette, tu penses pas que, tes questions, tu devrais les poser à Marie-Pier?

Elle a raison. Ce que j'espère, en fait, c'est que ma copine d'enfance m'explique comment elle a *switché* des hommes aux femmes.

— Qu'est-ce que tu veux savoir, exactement? me demande Marie.

Je prends mon courage à deux mains et je décide, moi aussi, de faire dans la franchise.

— Regarde, ça me rentre pas dans la tête. Toute ta vie, tu couches avec des gars puis là, oups, tu décides de devenir gaie. Me semble que ça marche pas comme ça.

— Ah non? Et comment ça marche, tu penses?

— Je sais pas trop, mais ça se sent, ces affaires-là. T'avais jamais eu aucune attirance avant. T'avais même jamais voulu essayer ça avec une fille.

— Pis après?

— Comment ça, pis après? C'est pas logique.

— Peut-être, mais c'est arrivé comme ça, c'est tout.

— C'est vrai que c'est pas logique, intervient Arianne. Mais ce que tu dois comprendre, c'est qu'on vit une histoire d'amour entre deux personnes. Point à la ligne.

— OK, OK, j'arrête de poser des questions. Si vraiment tu me dis que c'est arrivé comme ça, je te crois, Marie. Pis ça me dérange un peu moins.

— Hein? Je te suis pas là.

— J'aurais pas compris que tu sois une gaie refoulée pis que tu m'en aies jamais parlé. Je me serais sentie trahie.

— Ah, c'est ça, l'affaire! Tu pensais que je t'avais écartée. Arianne, va falloir que tu t'habitues à Juliette. Elle s'imagine facilement qu'elle est rejetée.

— Je vois ça...

— Bon, bon, les grands mots. N'empêche qu'il a fallu que j'invite ta blonde pour que tu te décides à te confier. Je suis pas un monstre, quand même.

— Non, mais des fois t'es fatigante avec tes questions.

— Dire que tu pensais en plus que j'allais péter ma coche. Franchement!

— Hein? Quoi ça?

— Ben oui! Arianne disait ça dans le texto qu'elle t'a envoyé, que j'allais faire une crise.

Marie-Pier met quelques secondes à comprendre de quoi je lui parle. Son visage s'illumine, et étrangement, elle se sent mal à l'aise.

— Ah, oui, je me rappelle, là…

Il y a quelque chose de pas net dans l'expression de mon amie.

— C'est de ça qu'il était question, non? Ton *coming out*?

— Ben oui.

Un doute m'assaille pendant que je vide d'un trait mon verre de porto. Je ne crois pas avoir mis au jour tous les secrets de ma copine. Et je me promets de tous les découvrir.

*

Quelques minutes après leur départ, alors que je me brosse les dents, je songe à la chance de Marie-Pier. C'est clair qu'Arianne est follement amoureuse d'elle et qu'elle est prête à faire beaucoup pour que sa blonde soit heureuse… J'ai juste trop hâte que ça m'arrive un jour.

Mon cellulaire qui traîne sur le comptoir de la salle de bain me rappelle mon dernier échange de textos avec F-X. Celui dans lequel je lui reprochais de ne pas avoir tenu parole parce qu'il ne m'attendait plus… Dire qu'il ne m'a même pas répondu.

J'apporte mon cell dans mon lit pour faire le tour des médias sociaux et m'assurer que je n'ai rien manqué ces dernières heures. Je n'en reviens pas encore d'avoir passé toute la soirée sans même le consulter. Mon attention était vraiment ailleurs et c'est très bien comme ça.

Mon onglet texto m'indique que j'en ai reçu un. Je l'ouvre et mon cœur fait un bond dans ma poitrine. C'est F-X.

«Je t'attends toujours, mais je n'ai jamais promis d'être un saint. xx»

Quoi? Qu'est-ce que ça veut dire, exactement? Qu'il couche avec sa collaboratrice sans s'être engagé avec elle? Ou bien qu'il sort avec elle et entend la quitter si je reviens dans le portrait? *Weird...* trop *weird* pour moi.

Exaspérée par cette relation-non-relation qui se complique de plus en plus, je lance mon téléphone à l'autre bout du lit. Je rabats mes couvertures sur ma tête et je focalise sur ce qu'il y a de positif et tangible dans ma vie: dans moins de deux semaines, je pars à la mer avec mes deux *best*. Et ce sera tout un voyage, parole de Juliette Gagnon!

21

— Nonna, pourquoi tu veux le numéro du
Dr Lizotte ?

Au bout du fil, ma grand-mère paternelle garde le
silence quelques instants. Elle m'appelle ce matin pour
que je lui donne les coordonnées de mon médecin
de famille. Et je ne comprends pas pourquoi elle en
a besoin.

— Je peux pas croire qu'il n'y a pas de docteur à ta
résidence, au prix que ça te coûte par mois.

— C'est pas si cher, tu sais, *topolino*.

— Nonna, détourne pas la conversation. T'as droit
à un médecin ou pas ?

— Mais oui, j'y ai droit, comme tu dis.

Je connais bien ce léger ton impatient chez Angela Lombardi. Celui qu'elle emploie quand elle en a marre de se faire poser des questions. Eh bien, désolée, chère nonna, si tu es privée de services essentiels auxquels tu as droit dans ta chic tour du nord de la ville, je n'ai pas l'intention de laisser faire ça. Trop de vieux se font abuser et tu n'en feras pas partie.

— Alors, c'est quoi le problème ? Pourquoi tu ne le consultes pas, lui ?

— Parce que l'attente est trop longue, si tu veux tout savoir. C'est seulement une journée par semaine et tout le monde se met sur la liste.

— Et toi, ça peut pas attendre, ton problème ? T'es vraiment très malade ?

Mon intonation alarmée n'échappe pas à ma grand-mère, qui se fait tout de suite rassurante.

— Mais non, c'est rien de grave. C'est juste… achalant.

— Et pourquoi tu veux pas me dire ce que c'est ?

— Parce que c'est personnel.

Tu parles d'une réponse ! Depuis le début de notre conversation que j'essaie d'en savoir plus sur son problème de santé, mais elle s'obstine à ne rien me dévoiler. Ce qui ne fait qu'amplifier les scénarios d'horreur qui roulent dans ma tête.

Nonna est atteinte du cancer du pancréas et son espérance de vie est de seulement quelques mois ? Nonna vient d'être diagnostiquée Alzheimer et la progression fulgurante de la maladie fera qu'au début de l'année prochaine elle ne se souviendra pas de moi ? Nonna souffre de SLA et, bientôt, sera complètement paralysée ? Ici, j'avoue que j'ai peut-être regardé un peu trop de clips du *Ice Bucket Challenge* sur YouTube. N'empêche que ses cachotteries m'inquiètent.

— Si tu me dis pas ce que tu as, je te donne pas le numéro du Dr Lizotte.

— C'est un homme ou une femme, ce docteur ?

— Une femme. Dr Jacinthe Lizotte, pourquoi?

— Parfait. Son nom, c'est tout ce dont j'avais besoin. Je vais lui dire que c'est toi qui me la recommandes.

Quelle ratoureuse! Elle m'a bien eue. Inutile de me demander de qui je tiens. Ma grand-mère est du genre à avoir plus d'un tour dans son sac. Tout comme moi. Mais je préfère nettement jouer les tours, plutôt que de les subir.

— Nonna, je dormirai pas de la nuit si tu me dis pas ce qu'il y a.

— Bon, bon, d'accord. Mais promets-moi de ne pas en parler. Surtout pas à tes parents.

— Promis, juré, craché!

— OK, je fais une… une vaginite.

— Ahhh, c'est juste ça! dis-je, soulagée. C'est pas grave, ça arrive et ça se traite très bien.

— C'est à cause de mon nouveau détergent à lessive. Je l'ai acheté à la lavande fraîche, mais c'était pas une bonne idée.

— En effet, il faut utiliser celui sans parfum, nonna.

— Je sais. J'ai eu ma leçon, sois sans crainte.

— Le Dr Lizotte va t'arranger ça. Demande-lui de te recevoir en urgence, elle le fait tous les matins à 11 heures.

Je lui fournis illico le numéro de la clinique de mon médecin. Le reste de la conversation est moins tendue. Et ça, même si ma grand-mère me reproche gentiment de ne pas la visiter très souvent. C'est vrai que je l'ai négligée cet été et je lui promets d'aller la voir au cours des prochains jours. Ravie, elle me met l'eau à la bouche en m'informant que, demain, c'est la corvée des *chiacchiere*, des petits beignets sucrés qu'elle prépare pour servir à la soirée de bingo.

— Garde-moi-z'en quelques-uns, OK? Je vais passer après-demain.

— OK, *topolino*. J'ai hâte de te voir.

— Moi aussi, nonna. Moi aussi.

Je raccroche, le cœur rempli de tendresse envers celle qui a toujours veillé sur moi. Je suis heureuse de pouvoir lui rendre la pareille. Mais donner un numéro de téléphone n'est pas vraiment un geste significatif. Je voudrais faire plus pour elle.

Ce qu'elle a dit tout à l'heure me turlupine. L'horaire du médecin de la résidence est à ce point chargé qu'il ne peut pas recevoir une femme qui souffre de vaginite ! À bien y penser, c'est inadmissible.

En terminant mon thé chai au coco, je fouille sur Internet pour trouver le numéro de téléphone de la résidence où habite ma grand-mère. J'ai l'intention d'exiger qu'on lui fournisse les services auxquels elle a droit.

Comme nonna n'est pas du genre à se laisser marcher sur les pieds, je suis convaincue qu'elle a déjà fait cette demande. Mais cette fois-ci, il faut insister plus que d'habitude. Et mon initiative ne nuira certainement pas !

Aussitôt qu'on me répond, on me met en attente. Grrr… Ce n'est rien pour me calmer. D'autant qu'on fait jouer de la musique d'ascenseur. Ce qui ne me détend pas du tout. Au contraire, ça m'éneeeeeeeerve !

Finalement, après ce qui me semble des années-lumière, une voix blasée se fait entendre. Je demande à parler au directeur ou à la directrice, mais je découvre qu'il n'est pas facile de joindre « cette dame fortement occupée avec sa chaîne de six résidences pour personnes âgées autonomes ». D'accord, j'ai compris.

J'expose ma requête à la réceptionniste, qui me met aussitôt en communication avec le chef du département des soins. Il répond à la deuxième sonnerie d'une voix affable, ce qui me radoucit un peu.

Je lui fais part de la situation, en taisant bien sûr le problème de santé de nonna.

— Vous dites que Mme Lombardi s'est plainte de ne pas avoir de rendez-vous pour demain ?

— Euh… je savais pas que c'était demain que le médecin venait. Mais oui, en gros, c'est ça.

— Je vous avoue que je ne comprends pas trop. J'ai seulement dix-sept personnes sur la liste.

— Ah bon ? Et il peut en rencontrer combien d'habitude ?

— Au moins une vingtaine.

Je suis stupéfaite par ce que j'apprends. Qu'est-ce que me cache donc nonna ? Et puis tout à coup je comprends.

— Votre médecin, c'est un homme, n'est-ce pas ?

Quelle femme, surtout de l'âge de ma grand-mère, voudrait se faire examiner l'abricot par un homme ? Même moi, je n'aime pas ça.

— Non, c'est une femme. Dr Mancini.

WHAT ? Une femme médecin ? Italienne en plus ? Là, la peur me serre le ventre. La peur et l'incompréhension. Un seul mot me vient à l'esprit : pourquoi ?

Déstabilisée, je raccroche en balbutiant un au revoir à mon charmant interlocuteur. Je m'apprête à rappeler nonna sur-le-champ, mais je sais que je n'obtiendrai pas de réponse par la confrontation. Mieux vaut attendre d'être en sa présence ; je trouverai bien un moyen de la faire parler.

D'ici là, je vais prendre sur moi et essayer de ne pas extrapoler et de ne pas imaginer ma grand-mère dans un cercueil. Ce ne sera pas facile, mais heureusement j'ai du boulot qui m'attend, car après cinq jours de convalescence je peux enfin recommencer mes activités de photographe. Et reléguer aux oubliettes l'attelle que je porte depuis le lendemain de mon « accident ». Je suis aux anges !

Cet après-midi, je suis attendue sur une grande scène de spectacle que je vais transformer en studio de photo. J'ai obtenu un contrat avec la plus importante compagnie de théâtre de Montréal. Une véritable institution menée d'une main de fer par un ancien comédien devenu metteur en scène. Un gars assez flyé, merci.

Mon mandat est de faire les photos qui serviront aux affiches pour annoncer les pièces de la saison d'automne. Le directeur m'a expliqué son concept quand je l'ai rencontré plus tôt cette semaine. Il a parlé du cinquantième anniversaire de la fondation du théâtre, d'hommage à Tchekhov, de lumière dans la pénombre, d'aphorismes célèbres… Bref, je n'ai rien compris de ses intentions.

Ça ne m'inquiète pas trop, puisque ce sont des visages d'acteurs et d'actrices que je vais avant tout immortaliser. Des professionnels généralement faciles à diriger.

Je dois d'ailleurs commencer à préparer mon équipement et m'assurer que tout est en ordre pour deux demi-journées intenses de photo. Parce qu'on continue ça demain aussi.

Sur ma table de salon, j'étale mes appareils, mes objectifs, mes filtres et mes cartes mémoire. Je vérifie scrupuleusement chacun des articles avant de les placer dans mon immense sac. Je fais la même chose avec mon matériel d'éclairage, époussetant au passage un réflecteur.

Ça y est, je suis prête! Ne reste qu'à choisir une tenue sobre et confortable. Au fil des ans, j'ai appris à me faire le plus discrète possible derrière la caméra. Laisser tout l'espace et donner toute l'attention à mon sujet, telle est ma devise.

En me changeant, je constate que Marie-Pier m'a fait parvenir un texto.

« Juliette, faut que je te parle pour le voyage. Appelle-moi quand t'auras le temps, je veux pas te déranger dans ta séance photo. »

Son message m'intrigue. Je n'ai pas eu de ses nouvelles depuis notre soirée avec Arianne et voilà qu'elle veut me parler de notre séjour à la mer, prévu dans moins d'une semaine? Je me serais plutôt attendue à ce qu'elle me demande mes impressions sur sa blonde, mais non. Je m'empresse de la rappeler, elle décroche à la première sonnerie, la voix légèrement anxieuse.

— Salut, Juliette.

— Salut, Marie, qu'est-ce qui se passe ?

Mon amie hésite quelques secondes, comme si elle allait m'annoncer une mauvaise nouvelle. Je l'ai senti au son de sa voix.

— Euhhh… pour le voyage, faudrait remettre ça.

— Hein ? Pourquoi ?

— Parce que… j'ai un mariage.

— Comment ça, un mariage ? Pas ton père, toujours ?

— Non, non. C'est… la meilleure amie d'Arianne.

Je suis sans voix. Ma copine d'enfance va annuler notre escapade de sacoches pour une *fucking* fille qu'elle ne connaît pas. Ou peu, je ne sais pas trop. Non, là, ça ne passe pas. Mais pas du tout.

— Marie, on a eu toutes les misères du monde à trouver une date. On sera jamais capables d'en trouver une autre.

— On peut essayer, non ?

— Ben voyons donc ! Et pourquoi t'attends aujourd'hui, à quelques jours de notre départ, pour m'en parler ? T'aurais pu le faire avant.

— C'était de ça que je voulais discuter l'autre soir chez toi.

Je comprends maintenant le texto d'Arianne, dans lequel elle exprimait ses craintes de me voir « péter une crise ». Elle avait bien raison !

— Pourquoi tu l'as pas fait ?

— S'cuse-moi, Juliette. Je savais que ça te ferait de la peine. Fait que j'ai manqué de courage.

— Mais là, t'es obligée d'y aller, à ce mariage ?

— Non, mais le problème, c'est que ç'a lieu en Beauce.

— Et alors ? Je comprends pas.

— C'est Arianne qui devait garder Eugénie, mais là, elle peut pas. En plus, elle doit se rendre à Saint-Georges la veille pour aider aux préparatifs. Impossible pour la petite d'y aller avec elle.

— Eille! Tu me feras pas croire que tu peux pas trouver une autre gardienne! Ta mère? Ton père? Je peux même demander à Ugo si tu veux.

— Ugo? Voyons, il me semble qu'il est pas très porté sur les enfants.

— Plus ou moins. Mais son chum, lui, oui.

— Je suis pas certaine, Juliette. J'aime pas ça, la confier à des gens qui n'ont pas l'habitude.

Je garde le silence, blessée par l'attitude de mon amie. Elle se cherche des excuses. Je ne comprends pas qu'elle préfère assister au mariage d'une presque inconnue plutôt que de passer des vacances planifiées depuis des semaines avec ses complices de toujours. Ça fait mal...

Notre trio a survécu à toutes les relations amoureuses que chacune de nous a eues. Je refuse d'envisager qu'une lesbienne à l'allure *tomboy* vienne briser ce que j'ai de plus cher au monde. Si ça continue, je vais la détester, cette Arianne.

— En plus, ajoute Marie-Pier, la mariée veut qu'Eugénie soit sa bouquetière. Je peux pas laisser passer cette occasion-là.

Son raisonnement ne fonctionne pas. Si Eugénie doit se rendre en Beauce, pourquoi n'y va-t-elle pas seule avec Arianne? La vérité, c'est que Marie-Pier a fait un choix. Et moi, je me sens rejetée et meurtrie au plus profond de mon âme.

Si je me laissais aller, je lui hurlerais ma peine au visage, je la traiterais de dépendante affective et je lui dirais qu'elle n'a pas de parole. Mais je décide de me taire. Parce que je suis encore sous le choc et que je ne m'explique pas vraiment pourquoi elle agit ainsi. C'est d'un ton froid et détaché que je mets un terme à la conversation.

— Clem et moi, on part le 2 au matin. Si t'es là, t'es là. Si t'es pas là, t'es pas là.

Je raccroche sans même prendre la peine d'écouter sa réponse. Si réponse il y a. Et je me compose un masque pour me rendre au théâtre. Un masque qui cache toute la douleur que j'éprouve à l'idée que mon amitié avec Marie-Pier, qui dure depuis plus de vingt ans, ne sera peut-être plus jamais comme avant.

22

STATUT FB DE **Marcello Gagné**

Il y a 3 heures, près de Montréal

Un quintal d'amour : c'est ainsi que Tchekhov décrivait sa pièce La Mouette. Ma mise en scène vous fera redécouvrir la symbolique qui se dégage de l'œuvre et tout le lyrisme de l'écriture du grand maître. À voir cet automne.

— $\mathcal{S}$i vous permettez, moi, je verrais un peu plus de luminosité dans le regard. Un émerveillement, un enchantement... Peut-être même de l'extaaaaase.

— De l'extase ?

— Oui, de l'extaaaaase. De l'adoration, dirais-je. Non. Le mot juste serait griserie. Ou enivrement. Mais pas au sens de la bouteille. Trop primaire. Au sens des sens, vous voyez les nuances ?

Au sens des sens ? Calvaire ! Comment le directeur-metteur en scène veut-il que je comprenne ses nuances si je ne saisis pas son message ?

225

— Je sais que vous les voyez, ajoute-t-il. Vous êtes une professionnelle.

Une professionnelle qui en a marre, oui! Ça fait une heure que je photographie Pascale, la jeune comédienne qui tiendra le rôle-titre de la première pièce de la saison, présentée en septembre, et ça ne marche pas!

Assise sur un large fauteuil, en plein milieu de la scène que j'ai éclairée d'une douce lumière, elle est magnifique. Ses longs cheveux bruns bouclés tombent en cascade sur son costume d'époque beige. Un beau contraste qui sert bien l'image. Le problème, c'est qu'elle ne sait plus comment poser.

Son patron, Marcello Gagné, ne cesse de formuler des directives contradictoires dans un langage pas très clair. Par exemple, il lui a demandé de placer sa main «lâchement avachie sur le bras de son siège, mais tout en gardant un minimum de tonus». Une main molle, mais ferme en même temps? Comment mon actrice est-elle censée faire ça?

De plus, il se donne un air supérieur, en rabattant sans cesse sa longue frange derrière son oreille et en levant le menton.

Au départ, je me faisais un plaisir de diriger l'actrice. Mais quand j'ai constaté qu'il intervenait sans cesse, je l'ai laissé parler et je me suis tue. Sauf que ça ne donne pas de bons résultats. En fait, ils sont catastrophiques. Mon sujet est crispé et nerveux comme on l'est quand on ne sait plus sur quel pied danser.

En plus, je trouve que Marcello agit de façon étrange, voire irrespectueuse. Il ne s'adresse jamais directement à Pascale. Il me dit ce qu'il souhaite obtenir comme image, mais devant elle. Sans la regarder ni la ménager. Pauvre chouette, je comprends qu'elle ne sache plus où se mettre.

Je regarde l'heure et j'évalue que, si on veut respecter notre horaire, il me faut faire le point sur la situation. Mon homme, *we need to talk*!

— Je pense qu'on a besoin d'une pause, dis-je, sans plus d'explications.

Surpris, le metteur en scène fronce les sourcils. Peu habitué à recevoir des directives, il se plie cependant à ma demande et s'éloigne vers l'arrière-scène. Pascale, de son côté, se dirige vers sa loge. Je la laisse prendre un peu d'avance et j'interpelle le *wanna be* directeur artistique.

— Marcello, j'aimerais vous parler.

Le metteur en scène a non seulement le verbe théâtral, mais il en a la démarche aussi. Il se retourne avec une grâce que je qualifierais d'étudiée. *Oh my God*, comment vais-je m'y prendre pour lui expliquer que, sa méthode, c'est de la marde? Sûrement pas en utilisant ce vocabulaire.

— Oui, très chère Juliette?

— Êtes-vous heureux du résultat jusqu'à présent?

— J'avoue être un brin perplexe.

— Et pourquoi?

Si je l'amène à découvrir par lui-même ce qui cloche, la pilule passera mieux. C'est là-dessus que je mise.

— Je crois que c'est une question d'abandon, analyse-t-il.

— D'abandon? De la part de la comédienne?

— Oui, Pascale ne s'abandonne pas.

Bon, voilà qui est simple, monsieur le directeur d'acteur. Il vous a fallu deux phrases pour le dire, mais on s'en va tranquillement quelque part.

— Est-ce qu'elle se laisse aller d'habitude?

— Mais bien sûr! Pascale est une actrice formidable. Une des meilleures de sa génération. Elle excelle particulièrement dans la stichomythie.

Encore un mot pour tenter de m'impressionner! Quel être imbu de lui-même, ce Marcello! D'ailleurs, je suis convaincue qu'il a ajouté deux lettres à son prénom. Marcel, c'est beaucoup trop commun pour un homme de son *envergure*…

— Et selon vous, quel est le problème actuel ?

— Sincèrement, je l'ignore.

Fuck ! Carrément incapable de se remettre en question, le bonhomme !

— Ce serait pas parce qu'il y a trop de monde qui la dirige ? Qu'elle ne s'y retrouve plus ?

— Là, vous marquez un point. C'est d'ailleurs ce qui m'a incité à prendre les devants. En espérant ne pas vous avoir offusquée.

— Non, non, mais je pense que…

— Voyez-vous, m'interrompt-il, je crois que la mise en scène est trop statique.

— Oui, mais c'est pour une photo. Ça peut pas bouger comme dans une pièce.

— Tut, tut, tut… il faut penser en dehors de la boîte. *Think outside the box !*

Oh non ! Pas encore cette expression-là ! Combien de fois l'ai-je entendue de la part de clients qui revenaient toujours à des idées plus conventionnelles parce que c'étaient les meilleures ? Parfois, à chercher midi à quatorze heures, on ne trouve rien de valable. J'ai le sentiment qu'on s'en va tout droit vers un désastre si je le laisse continuer.

Mais vu que c'est un client, je ne peux pas l'envoyer promener comme je le souhaiterais. C'est ce qu'il mériterait, avec son petit air fendant de celui qui connaît tout mieux que tout le monde, et qui fait mieux que tout le monde. Le genre vaniteux au max.

Pourtant, selon les critiques que j'ai lues sur Internet hier, les dernières pièces qu'il a présentées ont été des échecs monumentaux. Mais ça doit être la faute de tout le monde, sauf la sienne.

Le problème avec ces gens, par contre, c'est qu'ils peuvent être extrêmement gentils. Comme lui l'est avec moi depuis le début de la séance. Les « si vous permettez », les « vous êtes une professionnelle » et les « très chère Juliette » fusent de toutes parts.

Je dis « gentils », mais en réalité c'est une mascarade ça aussi. Une façon de m'amadouer, de me manipuler, à la limite. Ah non ! Il ne m'aura pas comme ça !

— Moi, je suggère plutôt qu'on lui fournisse des indications simples et…

— Attendez. Un instant, clame-t-il, le bras tendu devant lui pour me signifier de me taire.

Je m'exécute, à mon corps défendant.

— Il nous faut un accessoire et je sais exactement lequel. Juliette, prenez vos aises quelques minutes, je reviens avec un élément essentiel.

Il me tourne le dos sans m'en dire plus sur ce qui nous attend.

— Euh… dans combien de temps, Marcello ? C'est qu'on a plusieurs photos à faire, là.

Il se retourne avec un air courroucé. Solennel, il revient sur ses pas.

— Très chère Juliette. L'art exige du temps et de la patience. Vous le savez, vous êtes vous-même une artiste. Ne m'ennuyez pas avec pareils détails, je vous en prie.

Puis il disparaît côté cour. *Oh boy !* On n'a pas de problème de budget, ici ? Je ne sais pas qui tient les cordons de la bourse de ce théâtre, mais à mon avis ce n'est pas lui. Et je serais très étonnée que le responsable considère les choses de la même façon que son directeur.

Coincée à l'attendre, j'en profite pour revisiter chacune des photos que j'ai prises jusqu'à présent. Pas terribles… vraiment pas terribles.

Des pas qui martèlent le plancher de bois de la scène me font relever les yeux. Pascale, l'air toujours anxieux, regagne son fauteuil. Je me lève pour aller l'informer du contretemps.

— On ne recommence pas tout de suite, Pascale.

— Pourquoi ?

— Marcello est parti chercher un accessoire.

— J'espère que ce sera pas trop long. Je joue ce soir.

— Ah oui? Où ça?

— À Sherbrooke.

— À Sherbrooke? dis-je, inquiète de savoir qu'elle a près de deux heures de route à faire.

— Ben oui, je suis en tournée avec *Le Dîner de cons*. Il a fallu que je revienne à Montréal juste pour la séance photo.

— OK, je te promets qu'on va faire ça rapidement dès son retour.

Pascale s'évache dans son fauteuil, l'air abattu.

— Je suis pas ben bonne, hein?

Ne jamais décourager un sujet. Jamais.

— Mais non, ça va. C'est juste que Marcello voulait essayer d'autre chose.

— Regarde, c'est correct. Je le sais quand ça marche pas. J'ai l'impression que je vous donne pas ce que vous voulez.

— Est-ce que tu comprends ce qu'on veut, toi?

Je ne peux m'empêcher de lui poser cette question avec une pointe de sarcasme dans la voix. Mais Pascale n'embarque pas dans mon jeu et préfère retourner à sa loge. Le metteur en scène est bien chanceux de pouvoir compter sur cette actrice loyale et discrète.

De nouveau seule sur la grande scène, j'en profite pour consulter mes textos. J'espère que Marie-Pier entendra finalement raison et qu'elle se joindra à nous pour notre voyage à la mer, comme prévu. Quand j'ai informé Clémence de la situation, elle a été beaucoup moins sévère que moi envers notre amie.

« Ça faisait longtemps que Marie n'avait pas été bien avec quelqu'un. Je peux comprendre qu'elle ait envie de passer ce moment important avec sa blonde.»

Je suis d'accord sur le fait que ce mariage représente beaucoup pour Arianne puisqu'il s'agit de sa meilleure amie. Mais je ne conçois pas qu'il ait une signification pour Marie-Pier. À part son désir d'être avec elle.

Mon cellulaire n'affiche aucun nouveau texto. Je soupire de découragement. Il faudra bien que je me rende à l'évidence : ce sera un voyage en duo. Et non pas à bord d'une Crosstour, mais probablement dans ma petite Honda rouge. Ou, pire, dans la voiture de *soccer mom* de Clémence… La honte !

Je fais le tour des médias sociaux pendant quelques minutes puis, préoccupée, je consulte l'heure une fois de plus. Il va nous falloir faire des miracles si on veut respecter l'horaire de Pascale.

Je me demande bien avec quel accessoire mon énergumène de client va rappliquer. Pourvu qu'il ne nécessite pas une longue installation.

— Juliette !

Ah ! Voilà Marcello qui apparaît dans l'obscurité du côté jardin de la scène.

— Venez voir ma prodigieuse trouvaille.

Je m'approche et vois qu'il transporte une grande cage de la main droite et de longs bâtons de bois de l'autre.

— C'est quoi, ça ? dis-je, pleine d'appréhension, espérant de tout cœur qu'un animal ne se trouve pas dans la cage.

Le bordel, toi !

— Ça, comme vous dites, c'est Gisèle, répond-il, en déposant les tiges de bois au sol et en s'accroupissant devant la cage.

Ça y est ! Une chienne dans le portrait. Ou une chatte ! Non, non, non !

— On l'appelle aussi Giselou. C'est selon.

— Hein ? Comment ça ? Vous ne connaissez pas son sexe ?

Marcello ne répond pas et ouvre la cage pour y passer sa main. Il en ressort un magnifique oiseau blanc aux longues ailes et au cou gracieux. Wow !

— Son maître ignore si c'est une colombe ou un pigeon albinos. D'où les deux prénoms. Un féminin, un masculin.

Il me montre fièrement l'oiseau, qui se tient bien tranquille dans le creux de sa paume. Pas effarouchée pour deux sous, la petite bête à plumes.

— En tout cas, elle ou il est superbe. C'est qui, son maître ?

— Mon ami Lucien.

— Lucien Chauvin ? Le magicien ?

— Exactement. C'est un de ses oiseaux de scène. C'est pourquoi nous ferons appel à lui pour agrémenter notre affiche.

— Pourquoi une colombe ?

— Mais pour Tchekhov, mon amie. Pour Tchekhov !

Ah oui ! C'est vrai ! La pièce que joue Pascale est *La Mouette*. Il veut donc faire passer Gisèle-Giselou pour une vulgaire mouette. Ça devrait pouvoir se faire, à la condition d'utiliser le flou. J'espère seulement que l'oiseau n'est pas une star capricieuse.

— Est-ce qu'elle-il va rester en place ?

— Si on l'installe sur son perchoir, Lucien m'assure que oui.

Marcello désigne du menton les bâtons de bois au sol. Je m'empresse d'assembler le tout, ce qui se fait en deux temps, trois mouvements.

— Où voulez-vous que je le place ?

Le metteur en scène, perdu dans sa création, balaie le théâtre du regard. Ah non ! On n'a plus le temps de niaiser. Je prends l'initiative de le flanquer devant le fauteuil, légèrement à gauche. Je ferai mon *focus* sur l'actrice et laisserai simplement deviner la présence de l'oiseau. Le problème, c'est que le juchoir est trop haut pour le cadre de la photo.

— Est-ce que vous tenez au fauteuil ou Pascale peut être debout ?

Pour mieux réfléchir à ma requête, il dépose le volatile sur le perchoir. Celui-ci se tient bien droit, fier et légèrement aux aguets. Maintenant qu'elle-il n'est plus réfugié dans les mains rassurantes de Marcello, elle-il est plus nerveux.

— Je ne peux pas répondre sans avoir vu.

Pour l'aider à se faire une idée, je prends position devant le fauteuil.

— Là, qu'en dites-vous ?

— Écoutez, je ne suis pas certain. Un personnage debout, ça manque de lâcher-prise.

Bon, c'est quoi, ce nouvel argument à la con ? J'ai rarement travaillé avec un client qui me donne autant de fil à retordre. Je suis à la veille de m'impatienter, même si je sais que c'est la dernière chose à faire. Pour me calmer, je bois une longue gorgée d'eau dans la bouteille que Pascale a laissée traîner près du fauteuil. J'irai lui en chercher une autre s'il le faut.

Je dois penser à une stratégie, sinon nous perdrons tout notre après-midi et Pascale devra revenir ici demain matin. Ce qui ne ferait pas du tout son affaire, en plus de chambouler tout le reste de l'horaire. C'est qu'on a six affiches à livrer. Pas seulement une !

— Euh… Marcello, *La Mouette*, c'est l'histoire d'une actrice qui veut réaliser ses rêves, non ?

Quand j'ai été engagée par la compagnie de théâtre, j'ai fait mes devoirs. C'est-à-dire que j'ai lu le résumé de chacune des pièces choisies. J'en sais donc juste assez sur cette Nina qu'interprétera Pascale.

— En fait, elle est persuadée qu'elle a la vocation d'actrice. Nuance, Juliette, nuance.

— Bon, bon, d'accord. Mais elle va se tenir debout, non ?

— Euh… on peut dire, oui.

— Vous voyez où je veux en venir ?

— Oui, mais je trouve que c'est premier degré. Trop facile.

Ahhh ! Qu'il m'énerve ! Je n'ai plus le choix, je dois être plus ferme. Et pour ce faire, je décide de passer du vouvoiement au tutoiement. Histoire de lui faire savoir qu'il ne m'impressionne pas.

— Marcello, tu choisis. C'est le fauteuil ou Gisèle-Giselou. Pas les deux !

Ébranlé par mon ton sans appel, il met quelques secondes à réagir. Finalement, il opte pour la colombe-pigeon. Ce avec quoi je suis entièrement d'accord. Il ne l'a tout de même pas empruntée à son ami magicien pour rien !

Je l'envoie chercher Pascale, à qui je donne nos nouvelles indications. Je vais maintenant prendre des décisions rapides, pour ne plus lui laisser le temps de réfléchir. De cette façon, on devrait y arriver.

À travers mon objectif, l'image est superbe. Plan américain de l'actrice, qui défie du regard quiconque oserait s'approcher. Et l'oiseau, parfaitement immobile et que l'effet flou rend vaporeux. Ce sera une bien belle affiche de théâtre, à mon avis.

Action ! Mon flash crépite devant Pascale qui se prête au jeu à merveille. Je tournoie autour d'elle, y allant parfois en contre-plongée, lui demandant de sourire à pleines dents, de se composer un air mystérieux ou bien de tendre la main vers l'oiseau.

Devant ce tourbillon, Marcello Gagné se tait. Ça va trop vite pour lui. Je m'assure de temps à autre que tout va bien pour Gisèle-Giselou. Ça semble être le cas, même si je sens une certaine nervosité de sa part. Rien d'inquiétant toutefois, d'autant plus qu'on n'en a plus pour longtemps.

— Juliette, j'aimerais sentir l'oiseau un peu plus.

Ah non ! Encore des idées pas rapport ! Je fais mine de ne pas l'avoir entendu et je poursuis mon travail. Ça ne l'arrête pas.

— Je veux qu'elle-il bouge, qu'elle-il se fonde dans l'image, qu'on sente ses ailes se déployer. Avec la grâce d'une mouette.

OK, là, c'est carrément stupide ! On dirait un écrivain de littérature française raté qui s'écoute parler de son œuvre. Je me retiens pour ne pas éclater de rire. Je ne peux toutefois pas l'ignorer complètement : c'est mon client.

Je m'arrête donc et je le regarde pour qu'il précise sa pensée. Ce qu'il ne fait pas. Je prends les devants.

— Et comment on va la-le faire bouger ? Elle-il risque de s'envoler, non ?

— On doit prendre le risque. Je vais lui faire un peu de vent.

Marcello sort un mouchoir rouge de la poche de son veston et se place près de Gisèle-Giselou, le bras tendu. Je le dévisage, sceptique.

— Bonne chance, dis-je entre mes dents.

— Juliette, au théâtre, on ne prononce jamais ces mots. On dit merde. Alors, merde à tous!

— Action!

Et je recommence à prendre cliché par-dessus cliché, pendant que mon compagnon agite fougueusement son bout de tissu à côté de l'oiseau. Pascale se concentre sur sa tâche, mais elle jette parfois un coup d'œil inquiet du côté de la bête à plumes.

Aussi surprenant que cela puisse paraître, la stratégie du metteur en scène fonctionne. La colombe-pigeon devenue mouette déplie ses ailes, ce qui crée un mouvement fluide dans l'image. Eh bien, tous les moyens sont bons pour arriver à ses fins, hein?

— Excellent, Pascale! Tu es superbe!

Encore quelques prises et nous serons *all set*. J'ai tout juste le temps de finir que Gisèle-Giselou décide qu'elle-il en a marre et s'envole vers le ciel… ou le plafond du théâtre, pour être plus précise.

D'instinct, je regarde l'oiseau dans mon objectif. Elle-il virevolte dans tous les sens, comme si elle-il voulait s'échapper. *Fuck!* Gisèle-Giselou semble complètement affolé. Je lâche mon appareil photo et je l'observe chercher une échappatoire. Marcello et Pascale ont eux aussi les yeux rivés vers le haut.

Soudainement, l'oiseau pique du nez vers nous. Puis, à une dizaine de mètres du sol, elle-il se redresse, laissant tomber au passage quelques fientes. Je me déplace juste à temps pour éviter d'en recevoir une sur la tête, mais ce n'est pas le cas du metteur en scène, dont le veston noir est souillé de blanc.

— Ouache! Dégueu, dis-je, en regrettant toutefois qu'il ne l'ait pas eue sur la tête.

Marcello regarde son veston avec dédain et annonce qu'il va se changer. De son côté, notre ami ailé fonce tout droit vers le fond de la salle de théâtre, qui est plongée dans le noir. Malgré le blanc éclatant de son plumage, je la-le perds de vue. *Damn!* Où est-elle-il passé? Les portes de la salle sont ouvertes sur le hall d'entrée, c'est peut-être là qu'elle-il s'est réfugié.

— Vois-tu quelque chose, Pascale?

— Non, pas du tout.

— *Fuck!* Faut pas la-le perdre. Ça doit valoir cher, un oiseau comme ça…

— J'imagine. Ça doit pas être facile à remplacer non plus. Faut lui montrer les trucs de magie.

— T'as raison, faut qu'on le trouve et ça presse.

— Juliette, je voudrais bien vous aider, mais je dois vraiment y aller.

— Oui, oui, vas-y. Pars l'esprit tranquille, elle-il va revenir. Et pour le reste, j'ai de très belles photos. T'as été parfaite.

— Merci! À bientôt, peut-être.

— Oui, j'espère. Je vais sûrement venir à la première. Pis j'irai te voir dans *Le Dîner de cons*, c'est sûr.

— *Cool!*

Elle se dirige vers sa loge et je lui demande de m'envoyer Marcello illico presto. Au lieu de l'attendre à ne rien faire, je cours jusqu'au fond de la salle pour vérifier si Gisèle-Giselou n'est pas en train d'y faire son nid. Aucune trace de l'oiseau. Ni visuelle ni sonore. Aucun bruissement d'ailes n'est perceptible. Pas plus qu'un roucoulement.

— Juliette?

— Ici, Marcello!

Il me rejoint d'un pas rapide et s'informe des « nouveaux développements ».

— Y en a pas, de nouveaux développements. Elle-il a volé jusqu'ici, et là je l'ai perdu de vue.

— Que le grand cric me croque!

Oh là là, il est allé la chercher loin, celle-là. Un « tabarnak » aurait été beaucoup plus de circonstance. Et surtout, plus efficace ! Comment voulez-vous qu'on prenne au sérieux un homme qui jure comme le capitaine Haddock ? Il mériterait que je le traite de cornichon de zouave de tonnerre de Brest !

— Il peut pas être loin. Il est peut-être caché dans un coin.

— C'est sûrement ça ! Tu prends à gauche, je prends à droite.

Je m'exécute en lui demandant s'il est possible d'allumer les lumières de la salle. Ça nous aiderait à le localiser et aussi à ne pas nous cogner les tibias partout comme ça vient de m'arriver.

— Bonne idée, j'y vais.

Je me penche pour vérifier si l'oiseau ne serait pas sous une rangée de chaises, mais c'est le noir total.

BANG !

Un bruit bref mais puissant résonne dans le théâtre et me met aussitôt en alerte. Il semble venir de la scène. J'y plonge mon regard et c'est là que je l'aperçois. Gisèle-Giselou. Les ailes encore ouvertes, la tête dodelinante, elle-il tombe dans le vide. L'oiseau s'écrase contre le plancher de bois franc dans un « splouch » qui ne laisse aucun doute sur l'issue de son périple dans l'immense théâtre parsemé d'embûches. Qu'a-t-elle-il heurté si violemment pour connaître une fin aussi tragique ? Une poutre ? Un rail d'éclairage ? Ou simplement le mur ?

Je reste figée quelques instants, tout comme Marcello, qui a aussi assisté à la scène. Sans un mot, nous nous rendons à l'avant. J'ai de la peine pour ce si bel oiseau, qui devait faire fureur dans un spectacle de magie. Tu parles d'une mort bête !

Mon compagnon n'est pas triste pour une cenne. Il est angoissé. Je le comprends et je ne voudrais surtout pas être à sa place. Je l'imagine cogner à la porte de la loge de son ami, la cage vide et le regard coupable.

Ohhh qu'il va le perdre, son air de frais chié! Juste pour voir ça, j'aimerais être l'âme de Gisèle-Giselou et virevolter autour d'eux en appréciant chaque seconde de l'acte que l'un des meilleurs metteurs en scène du Québec n'avait pas prévu.

23

STATUT FB DE **JULIETTE GAGNON**

À l'instant, près de Ahuntsic

Moment chocolat avec ma nonna.

Parfois, j'ai tellement peur de la perdre.

— Non, ce n'est pas la bonne nappe, Juliette! Ma grand-mère fait une véritable obsession avec les nappes. Et ce, depuis la nuit des temps. Il y a celle pour les dîners de semaine, celle pour les soupers de semaine, celle pour les repas du week-end et celle pour le brunch du dimanche. Pour les déjeuners, il y a des napperons.

Quand j'étais petite et que je mangeais chez nonna deux ou trois fois par semaine, je ne me rendais pas compte de ces détails. Que la nappe du mardi midi soit en toile cirée avec des carreaux rouges et blancs, que celle du jeudi soir ait de jolies fleurs roses sur un fond beige ou que celle du dimanche soit faite de dentelle de Burano m'importait peu. Tout ce que je désirais, c'était avoir le dessert le plus sucré possible dans mon assiette.

Aujourd'hui, quand je l'aide à mettre la table, je m'efforce de respecter le décorum qu'elle impose. Mais parfois j'oublie et je prends la première nappe sur le dessus de la pile. Ce qui me vaut alors des remontrances.

— Désolée…

Je troque la nappe en dentelle contre celle en vinyle. Je ne l'aime pas beaucoup parce qu'elle est trop lustrée et trop glissante. Mais nonna l'adore parce qu'elle se nettoie bien. Parfait pour un jeudi midi.

Pendant que je remplis ma tâche, nonna termine ses *gnocchis alla sorrentina*. Sa soupe aux pois chiches, qu'elle a versée dans le mélangeur, est presque prête. Il ne reste qu'à démarrer l'appareil pour lui donner une texture de potage.

Depuis que j'ai mis les pieds dans son appartement, je cherche une façon d'aborder le sujet délicat de sa santé. Elle m'a dit avoir vu le Dr Lizotte hier et que son problème de « vaginite » est maintenant réglé. Je ne la crois pas. Mais comment l'amener à me dire la vérité ? Voilà la question.

— Comment vont tes « amis », nonna ?

L'année dernière, j'ai su que ma grand-mère avait non pas un, mais deux amants. Aujourd'hui, j'ignore si elle les voit toujours, mais c'est devenu un *running gag* entre nous. En fait, c'est plutôt moi qui me moque gentiment de ma grand-maman en lui demandant, à chacune de mes visites, des nouvelles de ses « amis ». Invariablement, elle ne me répond pas, laissant planer le mystère sur cette partie de sa vie qui, au fond, lui appartient. Quant à moi, tout ce qui compte est qu'on ne lui fasse pas de mal… Et qu'elle continue de me cuisiner de bons desserts !

— Si tu veux tout savoir, Juliette, je n'ai plus d'« amis », comme tu dis.

Je suis doublement surprise. D'abord qu'elle me réponde franchement, et ensuite que ses deux relations soient terminées. Étrange…

— Qu'est-ce qui s'est passé avec Albert et Arthur?

Nonna Angela écarte ma question du revers de la main et se concentre sur la fougasse aux olives qu'elle est en train de trancher. Je prends place à table et j'avale une gorgée de jus de canneberge et grenade avant de poursuivre.

— Dis-moi pas qu'ils ont pas été fins avec toi?

— Mais non, *topolino*.

— C'est quoi, d'abord?

— C'était devenu trop compliqué.

— Ça c'est sûr, deux hommes en même temps, c'est jamais simple.

Elle se retourne et me jette un regard irrité.

— C'était pas en même temps.

L'image de ma grand-mère au lit avec deux petits messieurs me traverse l'esprit. Non! Même avec un, c'est insoutenable. Je me dépêche de penser à autre chose, comme à l'excellent plat que je vais bientôt déguster et qui embaume la cuisine.

— Nonna, je veux pas dire que tu… tu les voyais ensemble. Je parlais de jalousie.

— Je ne leur avais jamais rien promis, mais oui, ils voulaient plus.

— Et t'aurais pas pu en choisir un des deux?

— Non. J'en avais assez de leurs caprices d'enfants.

— Comment ça?

— Un voulait des panettones, même si c'était pas Noël, et l'autre préférait les cannoli parce que ça lui rappelait le film *Le Parrain*. Et ça, c'est sans parler de ma sauce tomate. De l'ail pour l'un, mais pas pour l'autre. Je passais mes journées à cuisiner pour leur faire plaisir.

Je ris tendrement devant sa trop grande générosité. C'est elle tout craché, vouloir satisfaire tout le monde qu'elle aime.

— T'étais pas obligée, voyons! T'aurais pu leur dire d'aller s'en acheter au marché Jean-Talon!

— T'as raison, *topolino*.

Je sais bien qu'elle ne l'aurait pas fait. Pour nonna, acheter des mets préparés est un sacrilège. Elle ne cesse de me faire des reproches à ce sujet.

— C'est dommage quand même. Ils avaient l'air gentils.

— Faut pas se fier aux apparences… laisse-t-elle échapper.

Hérissée, je me lève d'un bond.

— Je savais qu'il y avait autre chose! Qu'est-ce qu'ils t'ont fait?

— *Niente, niente!*

— Nonna, s'il te plaît.

— Non, c'est rien d'important.

— Laisse-moi juger par moi-même.

— Juliette, tu me connais assez pour savoir que je suis capable de me défendre toute seule.

Nonna marque un point. C'est vrai qu'elle ne se laisse pas marcher sur les pieds. Mais ça pourrait arriver. Surtout s'il est question d'hommes et de relations intimes. Je l'observe et je devine que je n'obtiendrai pas de réponses à mes questions. Et il y en a trop, à commencer par cette histoire de médecin à la résidence qu'elle a refusé de consulter.

Je fouille dans mon sac à bandoulière et j'attrape mon cellulaire, que je dépose sur la table. J'ouvre mon onglet FaceTime. Nonna, qui a l'habitude de me voir vérifier régulièrement mes messages sur mon iPhone, croit probablement que c'est ce que je fais. Soulagée que je cesse de l'interroger, elle retourne à sa fougasse.

Je choisis un correspondant avec qui j'ai l'habitude de communiquer régulièrement et je l'appelle. Il répond à la première sonnerie.

— Allô, ma princesse!

— Allô, papa!

En m'entendant, nonna fige sur place. Elle a compris ce que je m'apprête à faire : mettre son fils au parfum.

— Comment ça va à Montréal ?

— Ça roule. J'ai de beaux contrats ces temps-ci. Vous autres ? Toujours bien occupés ?

Je croyais que, en allant vivre au Costa Rica pour cuisiner dans un chic centre de yoga, mes parents relaxeraient un peu plus. Mais c'était mal connaître Charlotte Lavigne et Pierre-Olivier Gagnon. Ils n'arrêtent pas une seconde.

— On peut dire ça, oui. Charlotte a des idées de grandeur ces temps-ci.

— Toujours son désir d'acquérir le terrain agricole ?

— Non, non, ça c'est fini ! Elle s'est tannée de la politicaillerie locale.

— C'est quoi, ses projets, alors ? Elle veut acheter le centre où vous êtes ?

— Exactement.

La réponse de mon père me prend au dépourvu. À un point tel que je dépose brutalement le verre de jus que je m'apprêtais à porter à mes lèvres.

— Ben voyons, je disais ça en *joke* !

L'établissement où travaillent papa et maman est immense, avec ses quelques centaines de chambres et sa vingtaine de profs de yoga. On ne parle plus ici d'un « petit truc familial et *cosy* ».

— Crois-moi, ta mère ne fait pas de *joke* avec ça. Depuis qu'elle sait que les proprios veulent vendre, elle y pense jour et nuit.

— Et vous feriez ça avec la partenaire de maman ?

— Celle avec qui elle voulait acheter le terrain ?

— Ouin.

— Non, non. Elle est passée à autre chose.

— Mais… vous avez les moyens ? C'est gros ça, non ?

— Oui, en effet. C'est pourquoi je songe à vendre le resto.

Je reçois cette information comme une tonne de briques sur la tête. Si papa décide de se départir de son bistro de la Petite-Italie, viendra-t-il aussi souvent à Montréal ? Vais-je peu à peu le perdre de vue ? Je ne veux pas envisager ça.

Mes parents ont l'habitude de me visiter au moins trois fois par année. Ce qui constitue, pour moi, un minimum. J'ai été choyée l'année dernière puisque, à cause de l'agression dont j'ai été victime, ils sont venus plus souvent et plus longtemps. En fait, c'est mon père qui s'est le plus occupé de moi. Et c'est génial, car c'est avec lui que je m'entends le mieux.

Avec papa, tout est plus *cool* et moins intense qu'avec maman, que j'adore pourtant tout autant. Mais de plus loin. Je crois que nous nous ressemblons trop pour que notre relation soit zen. Heureusement, il n'y a pas cette compétition malsaine entre nous deux, comme celle qu'elle vivait avec ma grand-mère. Ça, ce serait intolérable. C'est juste que nous nous épuisons l'une et l'autre. Donc, à petites doses, c'est préférable.

— Juliette ? T'es là ?

— Oui, oui, excuse-moi, papa. C'est parce que… c'est un choc, là.

— Écoute, c'est pas fait. Et même si ça arrive, je vais aller te voir aussi souvent qu'avant.

— Promis ?

— Promis, ma princesse. Et toi aussi, tu peux venir quand tu veux.

— Oui, oui, je sais.

L'hiver dernier, vers la fin de ma convalescence, j'ai séjourné deux semaines dans leur appartement qui surplombe l'océan Pacifique. Et j'avoue que je me suis ennuyée. Trop paisible, comme endroit. Comme je n'étais pas *top shape*, c'était correct. Mais sinon j'aime que ça bouge plus que ça !

— T'es où là ?

Le mur blanc derrière moi ne révèle en effet rien de l'endroit où je me trouve. Avant de lui répondre, je jette un coup d'œil à nonna, qui m'observe avec appréhension. Elle me fait signe qu'elle ne souhaite pas lui parler. Ce qui est carrément impossible. En fait, elle ne veut surtout pas que je lui pose des questions devant son fils.

Mais ce serait impoli qu'elle ne le salue pas, n'est-ce pas? Je tourne donc mon cellulaire vers nonna.

— Ta-dam!

— Ahh! T'es chez maman! Bonjour, maman.

— Bonjour, Pierre-Olivier, comment vas-tu?

— Très bien.

C'est vrai qu'il a l'air en super forme. Même septuagénaire, mon père est encore un très bel homme. Il n'a pas perdu ses cheveux, n'a presque pas de bedaine et ses yeux sont toujours aussi vifs et allumés.

— Et Charlotte, elle est là? Tu peux aller la chercher? demande nonna.

Je suis convaincue qu'elle veut ainsi faire diversion et me détourner de mon plan.

— Non, elle est à sa séance de yoga vinyasa.

— Ohhh, d'accord. Tu viens nous voir bientôt?

— Euh... je sais pas encore, maman. Dis-moi, ta santé, tout va bien?

— Oui, *il mio tesoro*. Tout va très bien.

— À part qu'elle n'a plus de chums parce qu'ils n'ont pas été fins avec elle!

Oups... c'est sorti tout seul! Nonna n'est vraiment pas contente, mais tant pis! Si Arthur et Albert ont eu des comportements disgracieux avec elle, ils ne doivent pas s'en tirer comme ça. Après tout, ils habitent encore ici, dans la même résidence qu'elle. Et sur le même étage, si je ne m'abuse. Il faut que quelqu'un s'assure qu'elle est en sécurité. Et c'est à papa de le faire, même s'il se trouve à quatre mille kilomètres d'ici.

— *Questo è questa storia, mamma?*

Oh! Quand papa *switche* à l'italien, c'est que l'heure est grave.

— *Niente di importante*, répond nonna.

— *Che cosa intende allora?*

— Bon, pouvez-vous arrêter ? Je comprends pas bien.

— *Dovevi solo prendere lezioni di italiano, quando avete offerto è.*

— Hein ?

— Nonna a dit que t'avais juste à suivre des cours d'italien quand on te l'a offert.

— Ah…

— Et elle a bien raison, seconde papa. J'aimerais que tu t'y mettes, Juliette. Je t'en ai souvent parlé.

Je ne veux pas faire de peine à mon père, mais s'il y a une autre langue que j'aimerais ajouter à mon répertoire, qui comprend le français, l'anglais et l'espagnol, que je maîtrise en partie, ce n'est malheureusement pas l'italien, mais bien le mandarin. L'alphabet chinois m'a toujours interpellée. J'aime la grâce et l'élégance de cette calligraphie. Les caractères à la fois fluides et complexes me permettent de laisser aller mon imagination et de les interpréter comme je le désire. Peut-être que je serais déçue d'apprendre ce qu'ils signifient réellement ?

Cette conversation sur les cours d'italien ne fait pas mon affaire. Je veux que papa revienne à la situation de nonna avec ses ex. Mais elle fait tout pour éviter le sujet. Elle enfile une nomenclature des organismes de la Petite-Italie qui offrent des cours en accéléré. *Boring…*

Nonna s'empare soudainement de mon téléphone et le dépose sur le comptoir, l'écran contre le stratifié beige, tout en continuant de jacasser. Elle sait pourtant comment ça fonctionne puisqu'elle l'utilise régulièrement. Étrange.

La voix de mon père me provient en sourdine, il se plaint d'avoir perdu l'image. Je me lève pour rétablir les choses quand nonna met son mélangeur en marche. Elle glisse mon cellulaire tout près de l'appareil. *Oh my God !* Ça doit raisonner solide dans les oreilles de papa. Pauvre lui !

— Il y a de la friture sur la ligne, lance-t-elle en criant presque, pour être certaine que son fils l'entende.

Je fais un mouvement en direction de mon téléphone pour le remettre dans le bon sens, mais elle pose une main ferme sur la mienne. Pas touche… Ben voyons donc!

Voir si mon père ne reconnaît pas le vacarme d'un mélangeur! Il a été chef toute sa vie! Et comme si ça allait l'empêcher de rappeler dans trois minutes pour en savoir plus sur l'épisode des deux messieurs A. Nonna a de ces idées parfois… Encore là, on se demande de qui je tiens.

— Je vais raccrocher, là! claironne-t-elle, en poussant son mélangeur à fond.

Je la regarde faire, éberluée. On dirait une enfant de cinq ans. Après quelques secondes de ce petit manège, elle risque un coup d'œil sur l'écran de mon cell et constate que papa a disparu.

Je voudrais bien le rappeler, mais elle me donne une petite tape sur les doigts.

— Tu vas me promettre une chose, *topolino*.

— Tu peux pas arrêter ton mélangeur maintenant?

— Pas tout de suite, non.

Exaspérée par le bruit, je m'éloigne, mais elle me fait aussitôt signe de revenir.

— Tu vas téléphoner à ton père pour lui dire qu'il n'y a pas de vrai problème avec mes « amis ».

— Ben là, il me croira pas.

— Juliette! Tu vas inventer quelque chose. Qu'ils ne m'ont pas laissée gagner aux cartes, ou qu'ils ont dit que ma lasagne était fade.

— Franchement, nonna. Papa est pas con.

— Tu sais être très persuasive.

— Je peux ben essayer, mais t'as pas fini avec lui, je pense. Ni avec moi, d'ailleurs.

— Toi aussi, tu vas arrêter de poser des questions.

Baveuse, je secoue la tête avec un air de défi. En me fixant du regard, nonna retire le couvercle de son mixeur. La soupe gicle un peu partout. Sur le comptoir, sur le sol et même sur sa blouse beige à col rond. Ce qui ne semble pas du tout la déranger, elle agit même comme si de rien n'était. L'espace de quelques secondes, je me demande si elle n'est pas en train de virer folle. Est-elle atteinte d'une démence subite qui lui ferait perdre tout jugement ? Puis je comprends.

Elle place mon cellulaire directement au-dessus du mélangeur pour le faire danser entre son pouce et son index, en me regardant d'un air déterminé. Ma grand-mère me fait du chantage. On aura tout vu ! Soit je lui obéis, soit elle livre mon iPhone aux lames bien tranchantes de son appareil ultra-puissant. Quelle manipulatrice !

De plus, il est maintenant plein d'éclaboussures de soupe aux pois chiches. Dégueu ! Je fais signe à nonna qu'elle a gagné. Je ferai tout ce qu'elle veut, mais qu'elle me redonne le téléphone que je viens juste d'acheter à gros prix !

Elle s'exécute et je pousse un énorme soupir de soulagement. Décontenancée par son attitude, je garde le silence et je me rends aux toilettes pour nettoyer mon cellulaire. Avant que je ferme la porte derrière moi, elle me rappelle ma promesse. Je lui réponds que, dès que mon appareil sera présentable, j'enverrai un courriel à papa. Par écrit, il pourra moins deviner que je lui mens.

En essuyant mon écran avec une débarbouillette crochetée, et en pestant parce que c'est loin d'être efficace, je réfléchis à ce qui a pu motiver nonna à agir ainsi. J'en viens à la conclusion que c'est la peur. La peur que moi ou papa on découvre ce qui s'est passé avec ses amants. Et ça, ça signifie que ce n'est pas rien. Si on considère ce problème de santé qui, j'en mettrais ma main au feu, n'est pas une vaginite, je suis en droit de me poser de sérieuses questions.

Je mets de côté le linge à grosses mailles et j'opte plutôt pour la serviette à main, beaucoup plus pratique. Mon regard est attiré vers l'étagère de bibelots, à gauche du grand miroir. À côté du gros coquillage rose se trouve un flacon de pilules. Je m'en empare aussitôt.

L'étiquette indique qu'il s'agit de Syntroid. Je termine le nettoyage de mon appareil et je vérifie l'utilité de ce médicament sur un moteur de recherche. Il sert à traiter l'hypothyroïdie. Ah oui, je me souviens que nonna a des problèmes de glande thyroïde depuis longtemps.

Cette découverte me donne envie de pousser mon enquête plus loin. Y a-t-il d'autres médicaments qui me permettraient d'en savoir plus sur ses problèmes de santé? J'ouvre la pharmacie, mais ce qui me saute aux yeux, ce sont des pots de crème pour le visage, des rouges à lèvres bien alignés les uns à côté des autres, des vernis à ongles dans les tons de rose pâle ou beige, un flacon de son parfum préféré, Anaïs Anaïs, de Cacharel, des brosses à cheveux rondes de différentes grosseurs et un bâton d'antisudorifique.

Sur la deuxième tablette, on trouve toutes sortes de remèdes en vente libre : du sirop contre la toux avec pépins de pamplemousse (de quessé?), quelques bouteilles d'acétaminophène, dont une pour les douleurs arthritiques, et tout ce que peut contenir une trousse de premiers soins : onguent antibiotique, mercurochrome, pansements, etc.

Aucune trace d'un médicament pour soigner une maladie grave. Elle doit le garder dans sa chambre. Pas folle, la nonna, elle sait que sa petite-fille est d'une curiosité insatiable. OK, j'ai compris. Laissons les secrets là où ils sont.

Je me prépare à la rejoindre quand j'aperçois la poubelle remplie de vieux Kleenex. Tiens donc! Étrange… Nonna a l'habitude de faire son ménage régulièrement. Intriguée, je plonge la main dans la poubelle et je lance des mouchoirs, des tampons démaquillants, une vieille brosse à dents, de la soie dentaire (oua-che!) sur le sol. Jusqu'à ce que je découvre une petite boîte rectangulaire. Avec une ordonnance collée dessus, délivrée par le Dr Lizotte. Oh! Serait-ce ce que je cherchais? Je la récupère et lis l'étiquette: Zovirax. Aucune idée de ce que c'est. Une nouvelle recherche sur le Web me permet de découvrir qu'il s'agit d'une crème pour traiter l'herpès. Quoi? Ces salauds-là auraient refilé pareille cochonnerie à nonna? Et puisqu'elle n'a pas de feu sauvage sur la bouche, j'en déduis que les lésions sont ailleurs... Non, non, non! Ce n'est pas vrai!

Je comprends maintenant pourquoi elle ne voulait pas consulter le médecin de la résidence. La honte! Cette maudite honte qui nous guette, nous, les femmes, quand il s'agit d'ITSS... Comme si elle avait fait exprès pour attraper ça. C'était à Albert ou à Arthur de la prévenir qu'il était porteur de ce virus! Pauvre nonna, je ne peux pas croire qu'elle va finir ses jours avec cette infection. Elle ne mérite pas ça.

Elle ne mérite pas non plus que son secret soit mis au grand jour. Elle va l'emporter dans sa tombe. Il n'est pas question que je la trahisse, ni même que je lui laisse voir que je suis au courant. Même si j'ai juste envie de cogner à la porte de chacune des dames de la résidence pour leur faire savoir que les deux A ne sont pas «très propres de leur personne». Mais par respect pour ma grand-mère, je ne le ferai pas. En tout cas, pas tant qu'elle est vivante.

24

STATUT FB DE **JULIETTE GAGNON**
À l'instant, près de Saint-Alexis-des-Monts
Mon nouvel ami me gâte vraiment. Une journée
dans l'un des plus beaux endroits du Québec.
#Sacacomie #JeVeuxVoirDesCastors ☺

— **J**oi aussi, va falloir que tu fasses attention à
ça !

— Bon, t'es encourageante.

Je suis avec Patrick, à qui je viens de raconter ce
qui est arrivé à nonna. Lui non plus n'en revient pas
qu'un septuagénaire cultivé et aux bonnes manières
(une description qui correspond aux deux ex de ma
grand-mère) ait manqué de savoir-vivre en dissimu-
lant son problème de santé. Les cachotteries, ce n'est
plus de leur âge, il me semble.

Une fois la surprise passée, je me suis inquiétée
pour Patrick.

— Je suis sérieuse, Pat. Comment comptes-tu faire pour t'assurer que les gars avec qui tu vas coucher sont *clean*?

Par réflexe, mon compagnon jette un coup d'œil autour de lui pour vérifier que personne ne nous a entendus. Mais comme nous nous trouvons dans un canot, au beau milieu du lac Sacacomie, son secret est en sécurité.

Patrick m'a invitée à passer cette dernière journée du mois de juillet avec lui dans ce site enchanteur qu'est l'Hôtel Sacacomie. Après un copieux dîner sur la magnifique terrasse de l'endroit, nous profitons du soleil en ramant un bon coup… enfin, je parle pour lui. De mon côté, puisqu'il m'a autorisée à aller à mon rythme, c'est ce que je fais. Et aujourd'hui, mon rythme est plutôt lent.

— Je te promets que je vais être prudent.

— J'espère. Surtout à partir de demain.

Dans un peu plus de vingt-quatre heures, Patrick sera dans un avion pour Vancouver, où il participera à sa première parade gaie en tant qu'homosexuel. Un événement qui le rend fébrile. Très fébrile, même.

— Ça te dérange pas d'y aller seul?

— Ben non. *Anyway*, avec qui voulais-tu que j'y aille?

— Tant qu'à ça.

Je suis la seule personne avec qui Patrick est sorti du placard. C'est pour cette raison qu'il cherche ma compagnie, je crois. Et aussi parce qu'il m'aime bien. Comme moi. Je me fais tranquillement à l'idée que ses bras musclés ne m'enlaceront pas autrement que pour m'apporter du réconfort amical.

Le moins qu'on puisse dire de mon nouvel ami, c'est qu'il a de la suite dans les idées. Depuis qu'il a quitté la police, il est en mode exploration pour son nouveau travail. Il pense de plus en plus à bosser dans le tourisme. Et si nous sommes ici, c'est pour « tester » l'hôtel, ses services et surtout sa table.

Il songe à créer une agence de voyages spécialisée dans les forfaits gastronomiques. Et il vise éventuellement une clientèle internationale. Pas bête. Même si, à mon avis, il lui faudra se distinguer davantage. Mais bon, il commence ses recherches, il aura tout le temps de trouver une façon de se démarquer du lot.

Nous allons donc passer le reste de la journée et la nuit dans ce décor spectaculaire. Dans une chambre dotée de deux grands lits, bien sûr. Et puisque je ne voulais pas qu'il paie la note totale, j'ai offert de l'inviter pour le souper.

Cette proposition de dernière minute me ravit complètement. Tout d'abord, j'espère faire de belles photos de nature, que je compte offrir à Patrick s'il veut s'en servir pour son futur site internet. De plus, j'ai besoin de parler de certains « dossiers » de ma vie à quelqu'un de neutre.

Et le premier sujet concerne Marie-Pier. Tout en guettant la rive (dans le but de voir des castors, comme c'est annoncé à l'hôtel), je lui raconte que mon amie préfère assister au mariage d'une inconnue plutôt que de venir s'éclater sur les plages du Maine avec ses deux *best*.

— Je trouve pas ça *fair* de sa part. Ça fait des semaines qu'on prépare ce voyage-là, elle devait même nous fournir une auto. Pis là, tout à coup, elle change d'idée et nous laisse en plan.

— Ouin, je comprends que ça te fasse de la peine.

— Elle voudrait qu'on change la date ! Mais les vacances de Clémence se terminent le 6, et moi, j'ai des engagements dans la semaine qui suit.

— Lui as-tu dit ça ? demande Patrick entre deux coups de pagaie.

— Je lui ai dit qu'on partait le 2. Avec ou sans elle.

— Euh… aussi bête que ça ?

— C'est pas bête ! C'est elle qui est pas correcte.

Patrick garde le silence, ce qui m'amène à penser aux dernières paroles que j'ai dites à Marie-Pier.

J'admets que j'ai manqué de délicatesse. Mais c'est comme ça quand je suis blessée, j'attaque. Ce qui, j'en conviens, n'est pas toujours intelligent.

— As-tu pensé que ton amie était peut-être en mode survie?

— Hein? Comment ça?

— Pour elle, c'est nouveau d'être gaie, non? Elle ne vit pas ça au grand jour, *right*?

— En partie. Au bureau, ils ne sont pas au courant. Fait que, automatiquement, sa famille le sait pas non plus.

— Donc, les occasions de faire des activités publiques avec sa blonde sont rares?

— Euh… oui, ça doit. Elles sont venues chez moi et j'imagine qu'elles voient les copines d'Arianne, aussi.

— OK, mais quand même. On s'entend que c'est limité.

Je réfléchis quelques instants, tout en enduisant mes bras de crème solaire.

— Pas tant que ça.

— Penses-y comme il faut, Juliette!

— Bon, un peu, oui.

J'estime que si Marie-Pier et Arianne peuvent nous fréquenter, Clem et moi, leurs besoins sociaux sont comblés en grande partie.

— Alors tu comprends que, pour elle, c'est une occasion unique de vivre quelque chose avec sa blonde en dehors de leur appartement.

— Hein? Comment ça, *leur* appartement? Elles ne vivent pas ensemble, à ce que je sache.

— Je disais ça comme ça. Je sais pas, moi, si elles cohabitent ou pas.

— Je te dis qu'elles ont chacune leur appart!

— Bon, bon, fâche-toi pas, Juliette.

Pour toute réponse, je lui lance le tube de crème solaire en lui suggérant d'en appliquer une bonne couche. Ce qu'il fait sans ronchonner. Le canot dérive vers la gauche, s'approchant de plus en plus des berges.

— Juliette, tu pourrais pas pagayer un peu, s'il te plaît?

— Pourquoi? Si on s'approche du bord, on va peut-être voir des castors.

— C'est une véritable obsession, ton affaire.

— Ben quoi! Ça ferait de belles photos.

— Ils disent que c'est le soir qu'on peut en voir. Pas en plein jour.

— On sait jamais.

— Comme tu veux, mais si ça continue, on va s'échouer.

Pour le sécuriser, et parce qu'il n'y a aucun castor à l'horizon, je décide de m'activer. En quelques coups de pagaie, je nous remets dans le droit chemin.

— Wow! T'es bonne quand tu veux! me lance mon compagnon.

— Je suis pas si moumoune que ça, tu sauras!

— J'ai jamais dit ça, Juliette. Une fille qui surmonte une agression comme celle que t'as subie et qui n'a presque aucune séquelle psychologique, c'est tout sauf une moumoune.

C'est vrai que je n'ai pas vécu ce que bien des victimes endurent: faire des cauchemars, avoir peur de rentrer chez soi le soir, sursauter au moindre bruit, etc. Oui, il y a eu un choc post-traumatique, mais il a été léger et il s'est vite résorbé. L'arrestation immédiate d'Ursula m'a aidée à me sentir en sécurité. Je me demande ce qu'il en sera quand elle retrouvera sa liberté. Est-ce que je vais commencer à avoir peur? Voilà un autre des sujets à l'ordre du jour dont je veux discuter avec mon nouvel ami. Mais j'en parlerai plus tard. De ça et de la demande de justice réparatrice. Pour l'instant, je souhaite revenir à Marie-Pier.

— Donc, Patrick, tu penses que je devrais la laisser faire?

— As-tu le choix? Vas-tu l'enfermer dans le char de force pis la ligoter dans le coffre pour passer les douanes?

— Ha! Ha! C'est une bonne idée, je trouve!

— Oublie pas de l'endormir avec du chloroforme pour pas qu'elle donne des coups de pied dans le coffre. Ça risquerait d'alerter les douaniers.

J'éclate à nouveau de rire et j'entends Patrick faire de même. Je me retourne pour jouir encore plus de cette complicité qui s'accroît entre nous.

— Rame donc au lieu de raconter des niaiseries!

— À vos ordres, chef! réplique-t-il, en reprenant sa pagaie.

— Non, sérieux, là? J'accepte son choix, c'est tout?

— Tu pourrais commencer par lui dire à quel point c'est important pour toi, ce voyage-là.

— Elle le sait.

— Peut-être qu'elle le réalise pas pleinement. Regarde en avant, Juliette, tu vas avoir un torticolis. Pis rame un peu.

— Ouin, c'est possible. OK, je vais faire ça plus tard.

— Tu sais pas, Juliette. Peut-être que ça va amener Marie-Pier à changer d'idée.

J'enfonce ma pagaie dans l'eau sombre du lac et je souhaite très fort que Patrick ait raison.

25

STATUT FB DE **MARIE-PIER LAVERDIÈRE**

Il y a 38 minutes, près de Montréal

Pas facile de faire plaisir à tout le monde.
Mais j'ai fait mon choix.

En entendant la porte de la chambre s'ouvrir, je cours à la rencontre de Patrick pour lui sauter dans les bras.

— Ayoye! Qu'est-ce qui me vaut cet accueil?

— Ç'a marchééééééééééé!

— Quoi? Qu'est-ce qui a marché, Juliette?

— Marie-Pier! Elle vient avec nous, finalement!

— Wow! Je suis super content pour toi!

Réalisant tout à coup que mon ami est en sueur, je prends mes distances.

— Ouache! T'es tout trempe.

— Tu le serais aussi si t'étais venue avec moi.

— Pffff… Il fait trop chaud pour faire de la randonnée pédestre. Et puis ç'a valu la peine que je reste ici, j'ai pu parler à Marie.

— Qu'est-ce qui l'a fait changer d'idée ? me demande Patrick, en enlevant ses bottes de marche.

— En fait, elle avait déjà commencé sa réflexion. Je pense qu'elle se sentait coupable.

— J'espère qu'elle n'y va pas seulement à cause de ça.

— Non, non, ça lui tente vraiment. Mon appel a juste été le petit coup de pouce qui lui manquait.

— *Cool*, répond Patrick, en s'attaquant à son short cargo.

— Non, ça, y en est pas question !

— Quoi ?

— Te déshabiller devant moi. *No fucking way* que tu fais ça.

Mon compagnon lève les bras dans les airs pour me montrer qu'il se rend.

— Envoye ! Dans la salle de bain ! Je suis pas une sainte, quand même.

Il s'exécute et je songe à nouveau à ma conversation de tout à l'heure. J'ai eu l'agréable surprise d'apprendre que la blonde de Marie ne s'est pas du tout opposée à notre projet. Au contraire, elle l'a même encouragée à venir *tripper* avec nous, affirmant que ça lui ferait du bien de passer quelques jours sans sa fille et que ça lui permettrait, à elle, d'approfondir sa relation avec la petite. Wow ! Je pense que je commence à l'aimer, cette Arianne.

Quoi qu'il en soit, tout est bien qui finit bien. Nos passeports sont valides, notre réservation dans un motel est faite depuis longtemps, la Crosstour nous attend, ainsi que le soleil, la mer, le farniente… et les beaux Américains bronzés.

Départ dans deux jours ! J'ai trop, trop hâte !

J'entends la douche couler dans la salle de bain. J'imagine l'eau qui ruisselle sur les épaules musclées de

Patrick, sur son dos lisse, sur ses fesses rebondies… Ses mains savonneuses qui caressent doucement sa poitrine, puis descendent sur son ventre et encore plus bas.

Ces images, le soleil de cet après-midi, le cosmo que je viens de déguster en apéro enflamment mon corps tout entier. J'ai trop envie de faire ce que je ne fais pas assez souvent à mon goût. Ça devient intolérable, à la fin…

Et si je me déshabillais pour aller rejoindre Patrick sous la douche ? Discrètement, sans lui laisser le temps de me dire non. On pourrait se faire du bien mutuellement. Sans engagement, sans explications, juste pour profiter du moment présent.

J'attrape la fermeture éclair de ma jupe de jeans à volants et je tire dessus, effleurant mon ventre au passage, ce qui fait monter mon excitation d'un cran. Je la fais glisser langoureusement le long de mon corps, me prêtant déjà au jeu des sens. Elle tombe sur le sol, dans un petit tas bleu et gris. Il ne me reste que la camisole et les sous-vêtements.

La camisole rejoint rapidement la jupe, mais c'est en tentant de dégrafer mon soutien-gorge beige que le gros bon sens me revient. Si j'étais venue ici dans l'espoir de faire l'amour, je n'aurais pas choisi cette vieille brassière usée. Ni cette culotte haute, pas affriolante pour deux sous. Non. Le sexe ne faisait pas partie de mes plans et ça doit rester ainsi.

Je pousse un soupir de frustration et je remets mes vêtements. Deux jours, Juliette. Deux jours et tu vas l'avoir, ta baise d'enfer. Américains de service, vous n'avez qu'à bien vous tenir !

*

— C'est une décision qui t'appartient, Juliette. Je peux pas la prendre pour toi.

Pour éviter de montrer ma déception à Patrick, j'engloutis une immense bouchée de ma crème brûlée

259

à l'érable. J'ai attendu qu'on nous serve le dessert pour aborder le sujet de la requête d'Ursula. J'aurais souhaité que mon compagnon me dise si oui ou non je devrais participer au programme de justice réparatrice.

Quand j'ai pris connaissance de la lettre du Service correctionnel, j'étais certaine de ma décision. J'allais refuser et c'était sans appel. Mais après avoir lu sur le sujet, je me suis demandé si accepter d'y prendre part ne ferait pas de moi une meilleure personne.

Je n'ai jamais été tendre envers l'ex de François-Xavier. Je l'ai traitée de tous les noms, j'ai dit des choses abominables sur elle, je ne lui ai laissé aucune chance. Même si, dans le fond, je suis consciente qu'Ursula Dimopoulos a un sérieux problème de santé mentale. Ça n'excuse pas son geste. Ça ne fait pas d'elle non plus quelqu'un qui n'est pas responsable de ses actes, mais ça peut expliquer bien des choses.

Je me suis d'ailleurs toujours questionnée sur l'issue du procès. Je m'attendais à ce qu'elle plaide la folie passagère ou quelque chose du genre. Mais non. Elle s'est déclarée coupable de voies de fait avec lésions et elle a écopé de trois ans de prison. Des années qu'elle ne fera pas puisqu'elle est admissible à une libération conditionnelle au tiers de sa peine. Et ça, c'est dans quelques semaines.

Est-ce que sa demande vise à obtenir grâce aux yeux des commissaires qui décideront si elle peut retrouver sa liberté ou pas? Possible.

Mais mes interrogations concernent davantage ma propre attitude. Est-ce que je peux réellement refuser à un être humain la possibilité de s'améliorer, de repartir sur de nouvelles bases? Après tout, qu'est-ce que ça implique tant de ma part? Un peu de bonne volonté, de l'écoute et quelques heures de mon temps. Suis-je à ce point égocentrique pour ne pas être capable de lui donner ça?

Quant à l'hypothèse farfelue selon laquelle elle souhaiterait me voir en compagnie de F-X, Patrick y a mis un point final. Personne ne m'obligerait à assister à une rencontre avec elle en compagnie de qui que ce soit d'autre que les intervenants.

Donc, si je regarde la situation objectivement, j'ai tous les arguments pour accepter sa requête. Pourtant, j'hésite encore.

— Mais toi, qu'est-ce que tu ferais à ma place? Tu participerais?

— Je vais te répondre par une autre question, Juliette.

Ah qu'il m'énerve! Ne peut-il pas simplement trancher? C'est oui ou c'est non?

— Vas-y, dis-je, à contrecœur.

— T'as pas envie de voir où elle est rendue dans son cheminement? De constater par toi-même si elle a vraiment mis sa colère contre toi derrière elle?

— Vu comme ça, c'est sûr que ça me rassurerait.

— C'est déjà un bon point, non?

— Possiblement.

— Et l'autre aspect positif que je vois, c'est F-X.

En entendant le nom de mon ex-amoureux, je deviens immédiatement sur la défensive.

— Quoi, F-X? Je vois pas le rapport.

— Juliette, c'est clair que tu te meurs encore d'amour pour lui.

— Eille! T'exagères!

Il est vrai que j'ai parlé de lui en début de repas. D'ailleurs, je ne sais pas pourquoi j'ai cru bon de raconter à Patrick certains des moments magiques que nous avons vécus avant l'agression. Un peu de nostalgie, je suppose... Mais dire que je meurs d'amour pour lui... Wô là, bonhomme!

— Tu t'es pas entendue quand on mangeait l'entrée. F-X par-ci, F-X par-là, les plus beaux yeux que j'ai jamais vus, meilleur architecte du Québec.

— J'ai dit ça?

— Oh *yes*... Pis deux fois à part ça.

— Meuhhhhh.

— Juliette, reconnais-le donc. Tu l'as dans la peau, ce gars-là.

— Ça va changer quoi, de le reconnaître? C'est sans issue, notre histoire.

— Qu'est-ce que t'en sais?

— Patrick, tu m'énerves!

— Ça, c'est parce que je pose les bonnes questions.

— Ouin, t'aurais dû rester enquêteur finalement. Ah non, c'est vrai. T'étais rendu patrouilleur… honn.

— Juliette, tu…

— D'ailleurs, dis-je en le coupant, tu m'as jamais expliqué pourquoi t'avais été rétrogradé.

— Change pas de sujet, s'il te plaît.

— OK, mais toi, arrête de jouer au psy.

— *Fair enough.*

Nous replongeons tous les deux dans notre dessert, en silence. Je vide le reste de la bouteille de rouge dans nos coupes et j'en bois une grande gorgée. Il ne m'en reste plus et je le regrette. Je me sens nerveuse et encore un peu de vin m'apaiserait, je crois. Mais bon, je ne vais quand même pas caler son verre.

Patrick me fait penser à mononcle Ugo, parfois. Il a le don de me faire douter de moi-même. Là, c'est clair que je ne dormirai pas tranquille tant que je ne saurai pas le fond de sa pensée. Je rends les armes.

— OK, c'est quoi le lien entre lui et mon éventuelle rencontre avec Ursula?

— Ça te permettrait de te situer par rapport à leur couple. Est-ce qu'elle a l'intention de le reconquérir ou est-elle passée à autre chose?

— Tu penses qu'elle me dirait la vérité là-dessus?

— Pourquoi pas? Et comme c'est quelque chose qui t'inquiète…

C'est vrai que, parmi les facteurs qui jouent contre mon ex-amant, il y a le retour de la mère de son enfant dans la «population générale», comme ils disent dans les histoires de criminels à Canal D. Je n'aurais surtout pas envie de renouer avec F-X tout en sachant que nous aurions Ursula dans les pattes nuit et jour.

— Bon, mettons qu'elle me dit que, pour elle, c'est terminé. Reste qu'ils ont un enfant ensemble.

— Oui, mais si elle est de bonne foi, c'est tout à fait gérable.

— Oui, mais c'est pas juste ça !

— C'est quoi, d'abord ?

— Il voit quelqu'un d'autre.

— F-X ? Ah bon… c'est sérieux ?

— Je sais pas trop, mais quand je lui en ai parlé par texto, il m'a dit qu'il m'attendait encore, mais qu'il n'était pas un saint.

— Ça se défend, tu ne trouves pas ?

— Ouin… on va dire.

Le serveur se pointe pour débarrasser notre table. J'ai envie de prolonger la soirée et je commande un amaretto. Patrick s'en tient à une tisane à la menthe, affirmant qu'il ne veut pas être trop *poqué* pour prendre l'avion demain. Je lui fais valoir que son vol est en fin de journée, mais il tient à son infusion.

— Toi, t'as certainement pas été sage tout le temps depuis que c'est fini avec lui, hein ?

— Presque… Juste une fois ou deux, dis-je, omettant quelques autres épisodes.

Peu nombreux, cependant. Je le jure.

— Ouin. Et si j'avais pas barré la porte de la salle de bain tout à l'heure, tu te serais essayée une fois de plus.

— Hein ? Tu dis n'importe quoi !

— Fais-moi croire que t'as pas tenté de venir me rejoindre dans la douche.

— Non.

Patrick hausse les sourcils, sceptique.

— OK, j'y ai pensé. Mais je me suis pas rendue à la porte.

— Ah… Je suis content de savoir ça. Ça me rassure pour cette nuit. Je vais pouvoir dormir sans avoir peur de me faire violer.

— Pffff… c'est toi qui sais pas ce que tu manques.

Sur ces paroles qui, malheureusement, ne semblent pas vouloir le faire changer d'idée, je lève le verre que le serveur vient de m'apporter pour trinquer.

— À notre amitié, Patrick. Puisque c'est ça que tu souhaites.

— Oui, j'aime mieux ça. À notre amitié, Juliette. Qui est très sincère, je t'assure.

Je bois une gorgée de cette boisson à l'odeur d'amande que j'aime tant, tout en réfléchissant à ce qu'il vient de dire. Une amitié sincère… vraiment ?

— Pat, si t'es mon ami pour de vrai, tu vas me dire pourquoi t'es redevenu patrouilleur.

— C'est si important ?

— C'est pas ça, la question.

— Pourquoi alors ?

— Parce que ça me chicote trop. Et que j'arrête pas de me faire des scénarios dans ma tête.

Mon compagnon lève les yeux au ciel. Je le connais maintenant assez bien pour savoir qu'il joue les exaspérés, sans l'être réellement.

— *Come on*, Pat.

— Bon, OK, lance-t-il, vaincu.

— Je t'écoute.

— Mon partenaire enquêteur de l'époque commençait à me poser de drôles de questions sur ma vie privée. Comme s'il soupçonnait que j'étais pas vraiment hétéro.

— Et puis ?

— J'ai fait exprès de lui en mettre plein la vue avec une femme.

— Quoi ? Tu t'es inventé une blonde ? C'est pas un crime, ça.

— Non, c'est un peu plus compliqué que ça. J'ai voulu séduire une femme qui était…

— Qui était quoi ?

— Un témoin important dans une enquête, répond-il, honteux.

— Un témoin, un témoin… c'était pas la victime quand même ! C'est sûrement pas si grave que ça ?

— Euh… oui. Tu connais la notion de conflit d'intérêts ?

— Je veux bien, mais qu'est-ce qui s'est passé exactement avec elle ? J'imagine que tu l'as juste *cruisée* pour impressionner ton partenaire ?

— C'était déjà trop. En plus, je l'ai l'invitée à prendre un verre.

— Ouin, j'avoue, c'était pas fort, ton affaire, Pat.

— Pas fort pantoute. J'ai pas réfléchi deux secondes aux conséquences, même si c'était clair que mon partenaire allait tout rapporter à la direction.

— Tu penses ?

— Ben oui, déjà qu'on s'entendait pas très bien.

— Ça veut dire qu'inconsciemment tu savais ce que tu faisais.

— T'as tout compris !

— En fait, c'est un suicide professionnel, ton histoire, Pat.

— Oui, aujourd'hui, c'est ce que je crois. Mais je suis quand même pas fier de moi. C'était vraiment pas éthique.

Je me penche vers lui, au-dessus de la table, en lui faisant signe de se rapprocher. Il tend l'oreille, curieux.

— Tu sais quoi ? On s'en fout complètement. Et je le dirai à personne.

Je lui fais un clin d'œil et je me rassois sagement pour finir mon digestif, satisfaite de ne plus avoir à m'inventer des histoires farfelues sur les raisons de la rétrogradation de mon ami.

26

STATUT FB DE **JULIETTE GAGNON**

À l'instant, près de Stanstead

En route pour un *trip* de filles à la mer !

#VivelesStates

Mes yeux te prennent pour de l'or
Indivisible trésor
Mes yeux te prennent pour de l'or
Tout le reste s'évapore.

— FERME LA MUSIQUE, MARIE !

Assise à l'arrière de la Crosstour, Clémence doit crier si elle veut qu'on l'entende. Au volant, Marie-Pier appuie sur un bouton et la voix de Marie-Mai s'éteint tout doucement.

Nous roulons sur l'autoroute 55 à Stanstead et nous sommes sur le point d'atteindre la frontière canado-américaine. C'est ce qui rend Clem nerveuse.

— Pis enlevez vos verres fumés.

— Dès qu'on y est, promis, répond Marie-Pier.

— Tout de suite, ce serait mieux.

Notre conductrice soupire et place ses lunettes de soleil sur sa tête. Depuis une trentaine de minutes, Clem nous casse les oreilles avec des conseils à appliquer quand nous serons devant le douanier américain : rester polies, être calmes, sourire, mais pas trop, dire seulement le nécessaire sur notre voyage, se souvenir du nom de notre hôtel, lui donner nos passeports ouverts à la page de la photo, finir nos phrases par *sir*, etc., etc., etc. Comme si nous n'avions jamais traversé un poste frontalier…

— Juliette ! Jette ta gomme !

— Clem, relaxe. On a rien à cacher, on transporte absolument rien d'illégal, nos passeports sont en règle, quels problèmes on peut avoir ?

— Je sais pas, mais je voudrais pas qu'on attire l'attention.

— Pas de danger.

— Ce serait plate que ça nous retarde. Déjà qu'on est pas parties à l'heure ce matin.

— Bon, on est-tu en vacances ou pas ? Il est juste 13 heures. Si tout va bien, on est là max à 17 heures.

— Pis on prend notre apéro en regardant la mer, ajoute Marie-Pier.

— T'es certaine que nos chambres donnent sur l'océan ? reprend Clem.

— C'est ce que j'ai demandé, en tout cas, dis-je.

C'est moi qui ai été désignée pour *booker* le motel et j'avoue que je suis plutôt fière de ce que j'ai trouvé. Deux chambres communicantes, situées au troisième étage d'un petit établissement qui surplombe l'océan. L'une d'elles est équipée d'une mini-kitchenette pour nos repas et surtout d'un frigo pour entreposer nos bières et notre vin. Le tout, à quelques minutes à pied du *pier*, des jeux forains, des restos, des bars, etc. Bref, de l'action.

— J'ai vraiment hâte de mettre les pieds dans le sable, s'exclame Marie-Pier.

— Moi aussi ! Pis ils annoncent beau pour les trois jours. C'est génial !

Je lance un sourire complice à mon amie d'enfance. Nous ne sommes pas revenues sur sa « désertion » temporaire, mais quand je lui ai fait la bise ce matin, je lui ai dit à quel point j'étais heureuse et reconnaissante qu'elle soit du voyage. Elle m'a simplement répondu qu'au fond il ne pouvait en être autrement.

Marie-Pier est venue me chercher à bord de la magnifique Crosstour gris *charcoal* qui appartient à son père. Celle que nous convoitions au départ a été vendue à une pimbêche aux longs cheveux roux qui portait une minijupe et des bottes en cuir beige, dixit mon amie vendeuse d'autos.

Je préférais la noire, mais celle de David fait très bien l'affaire. Sauf pour l'étrange parfum qui s'en dégage. Un brin mononcle en rut, comme odeur.

Nous avons ensuite filé à Boucherville, où Clémence nous attendait. Et c'est là que nous avons perdu du temps, puisque son ex, qui devait venir chercher les jumeaux, n'était pas encore arrivé. Il nous a fait poireauter une demi-heure avant de se présenter, prétextant un trafic épouvantable sur le pont Jacques-Cartier.

Je ne me suis pas gênée pour lui mentionner que nous venions, Marie-Pier et moi, d'emprunter le même pont… qui était libre de toute circulation. Pris en flagrant délit de mensonge, il s'est contenté de maugréer quelque chose d'incompréhensible.

Et ce n'était pas fini. Les deux M, qui m'avaient entendue parler de plage, ont fait une crise épique pour venir avec nous. Moi qui croyais qu'à sept ans l'âge des colères était passé… eh bien non ! Paraît que les flos de Clémence sont tout ce qu'il y a de plus normal. Et quand l'un commence, essayez d'empêcher l'autre de faire pareil, pour voir.

Bref, quand on a quitté le chic quartier du Boisé, il était plus que temps. C'est Clémence qui était sur le point de péter sa coche.

Nous voilà maintenant devant le poste frontalier. Marie-Pier immobilise la voiture au signal d'arrêt. Devant nous, le conducteur d'une minifourgonnette remet des documents au douanier. Je suis heureuse de constater qu'il n'y a pas foule et que nous sommes les prochaines à passer.

Dans deux minutes, on sera aux States ! Yé ! Nous attendons en silence que ce soit notre tour, mais l'agent ne semble pas pressé et il s'entretient longuement avec l'automobiliste. Finalement, au bout de cinq minutes, le véhicule familial quitte le poste.

Illico, Marie-Pier pèse sur l'accélérateur et nous nous retrouvons face à l'employée qui, à ce que je vois, est une douanière et non un douanier. Pour une raison que j'ignore, elle est de mauvaise humeur.

— *You have to wait for the green light, ma'am.*

— *Oh, sorry. You want me to back up the car ?* propose mon amie, en embrayant le « reculons ».

— *Not necessary.*

— *Okay, sorry again.*

Elle met le véhicule en mode arrêt, mais laisse tourner le moteur.

— *Could you stop the car ?*

Bon, décidément, notre conductrice fait tout de travers. Ça commence bien… Surtout que la douanière a l'air aussi froide qu'un iceberg au pôle Nord. Je me penche vers elle, je lui fais un sourire engageant et je crois bon de la saluer.

— *Hello miss customs officer.*

Elle me dévisage comme si j'étais une extraterrestre.

— *Good afternoon, ma'am*, dit-elle, en insistant sur l'appellation.

Oups… Ai-je été trop familière ? Ma trouvaille était *cute* pourtant. Piteuse, je me recule dans mon siège et je laisse Marie gérer la suite. À la demande de l'agente, elle lui donne nos passeports.

— *Where do you come from?*

Ma copine répond que nous venons de Montréal, tandis que Clémence, par la vitre arrière qu'elle a descendue, croit bon de préciser qu'elle habite Boucherville. La douanière l'écoute distraitement expliquer que c'est *on the South shore*.

— *And where are you going?*

— *Old Orchard Beach.*

— *For how long?*

— *Three days.*

— *Where will you stay?*

— *Amazone motel.*

— C'est Amalia, pas Amazone, dis-je en murmurant.

— *Oh, sorry. Alia motel.*

— A-ma-lia.

— Euh… *I mean Amalia, ma'am. Sorry.*

L'Américaine fronce les sourcils, puis retourne à nos passeports. Si Marie continue de s'excuser comme ça, la femme va penser qu'on a quelque chose à cacher.

— *Is this your car?*

— *No. It's my dad's car.*

— *Oh. I see*, commente-t-elle avec un air méprisant.

Ça veut dire quoi, ça ? Qu'est-ce qu'elle « voit » au juste ?

— *Are you sure?*

— Euh… *yes. Why?*

La douanière n'en a rien à foutre du *why* de mon amie et poursuit son interrogatoire sur un ton méfiant.

— *What's your father's name?*

— *Yes*… euh… David Laverdière.

— *Laver what?*

— La-ver-diè-re. *It's my name too. Just look in my passport.*

Cette femme a le don de nous mettre sur les nerfs avec ses questions pas rapport. Même Marie-Pier en perd son anglais habituellement impeccable.

C'est quoi, le problème? On n'a pas le droit d'emprunter une voiture à un honnête citoyen canadien? À moins que David nous ait caché des choses et qu'il ait un passé trouble. *Oh my God!* Voilà l'explication!

Il a déjà été arrêté alors qu'il était un jeune *peace and love*, en possession de capsules de LSD, et depuis il est barré aux États-Unis. Ils ne nous laisseront jamais entrer avec un char appartenant à un ancien trafiquant de drogue... Notre voyage est à l'eau!

Je jette un coup d'œil paniqué vers Clémence, qui est muette depuis un bon moment. Elle m'implore des yeux de rester tranquille, ce qui me ramène à la raison. Ça suffit, les dérapages! Je prends une grande respiration et je tends l'oreille vers la douanière.

— *I don't see that name anywhere. In fact, the car belongs to a company.*

Bon, qu'est-ce que c'est que cette histoire d'auto qui appartient à une compagnie? Elle fait erreur, c'est clair. Ah! Je sais! Elle a dû se tromper en entrant un des chiffres ou une des lettres du numéro de plaque d'immatriculation. Ça arrive tout le temps, ces choses-là.

— *A company, are you sure? Maybe you don't have the right... the right...* plaque d'immatriculation.

À mon tour maintenant de chercher mes mots. Quand ça va mal...

— *You wanna do my job, ma'am?* me sermonne-t-elle.

La douanière me met hors de moi. Je n'aime pas la façon dont elle nous interroge, comme si elle nous soupçonnait de faire quelque chose de mal.

Nous ne sommes pas des terroristes transportant des bombes dans leur coffre quand même! Nous sommes trois filles cernées et fatiguées qui avons besoin de vacances, c'est pas plus compliqué que ça!

Marie-Pier explique maintenant que David est propriétaire d'un concessionnaire Honda et que la voiture est possiblement au nom du garage et non au sien. Ce que l'employée du poste frontalier ne comprend pas, c'est que ladite compagnie en soit une à numéro. Elle exige des éclaircissements.

— C'est parce qu'on l'a volée! C'est *toutte*!

Ma remarque jette un froid dans l'habitacle. Mes deux amies figent sur place, n'osant me regarder. *Shit!* Je n'ai pas pu me retenir! Heureusement que l'Américaine ne comprend pas le français.

— *What did she say?*

— *Nothing important*, précise notre conductrice.

— *Did I hear that the car was stolen?*

Fuck! Fuck! Fuck! Je garde les yeux baissés sur mes mains qui tripotent nerveusement un vieil emballage de tablette de chocolat que je viens de trouver dans le compartiment de la porte de droite. Plus question de prononcer un seul mot.

— Euh… *no, no. Nothing has been stolen.*

La réponse de Marie-Pier ne semble pas satisfaire la douanière, qui reste silencieuse quelques instants. Puis elle nous assomme toutes les trois en nous désignant un stationnement à notre gauche.

— *Ma'am, please go park your car over there.*

Marie-Pier s'exécute sans un mot. Une fois la voiture garée tout près du bâtiment du poste frontalier, elle remonte toutes les fenêtres et elle explose de colère.

— TABARNAK, JULIETTE!

Je me sens vraiment minable. J'aurais dû faire des efforts pour contrôler mes émotions. De vrais efforts. Je n'avais pas le droit de mettre mes amies dans l'embarras juste parce que je me suis sentie attaquée et victime d'un abus de pouvoir.

— S'cuse. Elle m'a pompé l'air solide avec sa façon de nous traiter comme si on était des criminelles.

— C'était pas une raison pour nous mettre dans la marde.

— Je sais. Et je m'excuse encore. Mais je peux rien faire d'autre.

— Oui. Tu peux te taire. Je veux plus t'entendre dire un mot.

— Promis. J'ai eu ma leçon.

— Les filles, intervient Clémence, calmez-vous. Regardez ce qui s'en vient.

Deux agents se dirigent vers nous. Marie-Pier redescend sa vitre et attend leurs instructions. Visiblement, elle a décidé de jouer *low profile*. Ils lui demandent d'ouvrir le coffre de la Crosstour et de rester dans la voiture. Ils enfilent des gants avant d'en examiner le contenu.

Je les entends bardasser à l'arrière et j'ai envie de me retourner pour voir ce qu'ils fabriquent, mais je n'ose pas.

— Tu vois quelque chose dans le rétroviseur, Marie? dis-je, tout bas.

— Non, la porte du coffre me bloque la vue.

— Ils trouveront rien dans nos valises, mentionne Clémence. Ce qui m'inquiète, c'est l'histoire de l'auto.

— Ouin, c'est quoi, l'affaire de la compagnie?

— Aucune idée, me répond Marie-Pier.

— Tu pourrais peut-être appeler ton père pour lui demander?

— C'est pas une bonne idée de faire un appel maintenant, fait valoir Clem.

— Texte-le d'abord.

Marie approuve de la tête et dépose son cell sur sa cuisse. Discrètement, elle tape un message. Un des agents surgit alors à sa fenêtre, tenant dans sa main un MacBook Air. Mon amie est tellement surprise qu'elle sursaute, envoyant valser son téléphone près de la pédale de frein.

L'homme demande à qui appartient ce portable. Clémence confirme que c'est le sien. Il se dirige à l'intérieur, emportant l'appareil.

— Merde! Dis-moi pas qu'il va vérifier le contenu de mon ordi?

— Clem, c'était quoi l'idée de l'apporter aussi ? Tu voulais travailler pendant nos vacances ?

Ma copine se sent attaquée par ma question et réplique aussitôt par une autre.

— Comment tu voulais que je sache qu'on serait fouillées aux douanes ? Pis c'était juste en cas d'urgence.

— OK, je comprends. Mais là, on est pas sorties d'ici.

— Y a rien de compromettant dans mon ordi. J'espère seulement qu'ils effaceront pas des trucs par mégarde.

L'agent revient les mains vides et retourne aider son collègue. Marie récupère son téléphone et continue d'écrire son message à son père. Une fois le texto envoyé, elle me regarde et se croise les doigts. Oui, on espère toutes qu'il répondra le plus rapidement possible.

Même si je sais qu'on n'a rien à se reprocher, la situation est extrêmement stressante. On n'a aucun contrôle sur ce qui peut se passer une fois qu'on est à la merci des services frontaliers américains.

Nous attendons que les douaniers aient terminé de mettre le bordel dans nos bagages. Pourvu qu'ils aient au moins la décence de tout replacer ! Ce qui rend les choses encore plus angoissantes, c'est de ne pas voir ce qu'ils font. Et moi, mon cerveau dévie facilement quand je suis dans le noir. Je les imagine déchirer la doublure de mon maillot de bain, à la recherche d'une quelconque drogue, *sniffer* mes bobettes parce qu'ils sont des pervers, regarder les photos qui se trouvent dans mon appareil, me voler ma paire de boucles d'oreilles préférées pour la donner à leur épouse… Bref, mon petit hamster n'arrête pas !

Tout à coup, la porte du coffre de l'auto se referme assez violemment. Bang ! Bon, ils ont fini. Un des douaniers passe en trombe à côté de la voiture, tenant à la main un sac refermable. Je ne distingue pas bien son contenu, mais c'est brun-vert et ça ressemble à… du *pot*. Il entre dans le bâtiment et je reste stupéfaite quelques secondes. Je ne peux pas croire qu'une de mes deux amies ait eu la brillante idée d'apporter de la drogue… d'autant plus qu'on n'en prend pour ainsi dire jamais !

C'est impossible ! D'après moi, c'est un piège. Ils ont planté ce sac dans nos affaires pour pouvoir nous garder captives.

— Qu'est-ce qu'il avait dans les mains ? demande Marie-Pier, soucieuse.

— C'est du *pot*, tabarnak !

— Hein ? Qui a apporté ça ? C'est toi, Juliette ?

— Es-tu malade ?

— C'est pas Clem, certain !

— J'ai rien à voir là-dedans ! se défend notre amie. Ça ressemblait à quoi ? J'ai pas vu.

— C'était dans un sac refermable.

— Oh non ! C'est moi qui…

Clémence n'a pas le temps de finir sa phrase que l'autre agent se penche à la fenêtre et nous ordonne de le suivre à l'intérieur. Nous sortons de la voiture et je jette un regard noir à Clémence, ne comprenant vraiment pas ce qui arrive. Elle affiche un air coupable.

— C'est du thé vert.

— Hein ? Du thé ?

— Il s'en vend aux États, tu sais… ajoute Marie-Pier, mécontente.

— *Ladies, in silence, please.*

Je suis soulagée que ce ne soit pas de la drogue, mais je suis tout de même inquiète du temps que ça prendra pour clarifier la situation. Surtout si on ne nous offre pas la possibilité de nous expliquer. On doit leur faire savoir que ce qu'ils ont confisqué est complètement inoffensif.

— *Sir, if I may…*

— *What did I just tell you ?*

— *Okay, sorry, forget it.*

Mes deux copines me regardent de travers pendant que le douanier nous dirige vers une salle fermée. Non, non, non! Je ne me laisserai pas enfermer sans protester.

— *Sir, this is tea. Only tea.*

Là, je vois que j'ai piqué sa curiosité. C'est à peine perceptible, mais je l'ai senti se détendre légèrement. Encouragée, je poursuis, en adoptant un ton rédempteur et en levant la main comme si je jurais devant la cour.

— *I plead guilty. And my friends too.*

Peut-être plus par nervosité que parce qu'elle trouve ça rigolo, Marie-Pier pouffe de rire. Clémence l'imite aussitôt et je fais de même. Toute la tension que nous vivons depuis notre arrivée aux douanes s'évanouit.

L'homme fait semblant de ne plus se préoccuper de nous, mais je crois fortement que je suis en train de le mettre de notre bord. Avec un petit, tout petit sourire, il nous ouvre la porte de la salle et nous demande de patienter. Contrairement à ce que je croyais, il ne nous passe pas les menottes et ne nous enferme pas. Fiou!

Nos rires s'éteignent et nous nous installons sur les chaises en bois, certainement pas conçues pour qu'on se sente à l'aise. Maintenant, place à l'attente. Une attente qui gruge de précieuses minutes de notre trop courte escapade.

— Qu'est-ce qui t'a pris d'apporter ton thé, Clem? demande Marie-Pier.

— C'est pas évident à trouver, du bon thé en feuilles. Surtout pas dans une place quétaine comme Old Orchard.

— Tu trouves ça quétaine, toi? T'aurais dû nous le dire.

— Bah, je savais que ça vous faisait plaisir d'aller dans un endroit animé.

— Qu'est-ce que t'aurais choisi?

— Wells ou Kennebunk.

— Ce sont des places pour les couples et les familles, dis-je, catégorique.

— C'est pour ça que je vous ai laissées décider. De toute façon, l'important, c'est qu'on sorte d'ici le plus rapidement possible.

— Ouin, mais comment?

— Ton père a-t-il répondu, Marie?

Elle vérifie sur l'écran de son téléphone et secoue la tête, découragée.

— Je vais essayer de l'appeler, voir.

Elle s'exécute et nous la regardons faire comme si le sort du monde entier dépendait de son appel. Quelques instants plus tard, elle raccroche, frustrée.

— Sa boîte vocale.

— Tu voulais pas lui laisser un message?

— À quoi ça sert? Il a mon texto.

Moi, à sa place, je lui aurais aussi laissé un message vocal. Ce n'est pas tout le monde qui pense à vérifier ses textos. Surtout pas les vieux. Bon, d'accord, David est un jeune-vieux, mais quand même…

— Euh… Ça te dérange-tu si je lui en laisse un, moi? Je vais lui demander de te rappeler sur ton cell.

Mon amie hausse les épaules et je songe que l'heure n'est pas à la susceptibilité. Certainement pas pour une histoire de fesses datant de deux ans et pour laquelle je me suis confondue en excuses pendant trop longtemps.

J'appelle David… et il répond à la première sonnerie. *Oh shit!* Je suis dans le trouble. Je m'apprête à raccrocher quand je me dis que c'est niaiseux. Nous avons besoin d'en savoir plus sur la compagnie propriétaire de son auto.

— David? Ah t'es là?

Les yeux de Marie me lanceraient des flèches s'ils avaient ce pouvoir.

— Juliette, je suis content d'entendre ta voix.

Faut que j'invente quelque chose, faut que j'invente quelque chose.

— Ah, je comprends. Ton téléphone était en bas, pis t'étais loin quand Marie a appelé, mais là t'allais la rappeler.

— Câlisse, Juliette! Il vit dans un condo à UN étage. De toute façon, il est à la job.

Oh là là... bel essai, ma fille, mais pour les résultats, on repassera, hein? À l'autre bout du fil, mon interlocuteur ne semble plus comprendre ce qui se passe.

— Juliette, ça va?

— Oui... ben, non. Pour dire vrai, on a un crisse de problème avec ton char. Mais je vais te passer Marie, elle va te raconter ça.

— Non, me répond fermement mon amie. Explique-lui, toi. Puisque ç'a l'air que c'est juste à toi qu'il veut parler.

— Marie, s'il te plaît, intervient doucement Clémence.

— C'est correct, je vais me défâcher, mais pour le moment je ferais mieux de parler à personne.

Je retourne à David, qui heureusement n'a rien entendu puisque j'ai eu le réflexe d'appuyer sur silence pendant notre petite altercation. Je lui décris la situation dans les moindres détails.

— Humm... j'avais pas pensé que ça vous causerait des problèmes aux lignes.

— Ben y aurait fallu! Là, on est en train de gaspiller nos vacances.

— Je suis désolé, Juliette. Mais je te rappelle que je voulais seulement vous faire plaisir.

— Ah, excuse-moi. T'as raison, dis-je, plus gentiment.

Mais pas trop gentiment tout de même, histoire de ne pas heurter les chastes oreilles de ma copine.

Le papa de Marie-Pier m'explique que tout est parfaitement en règle, que sa Crosstour appartient à une compagnie dont il est le seul et unique actionnaire et dont il paie les impôts tous les ans.

Il propose illico de me faire parvenir par courriel tous les documents statuant de la validité de l'entreprise.

— Ah oui ! Super bonne idée. Tu fais ça tout de suite ?

— Laisse-moi dix minutes.

— OK, *cool*. Merci !

— Dis à Marie que je m'excuse de ne pas l'avoir rappelée assez tôt, OK ?

— Promis. Bye, David.

Satisfaite, je raccroche et je transmets le message à Marie-Pier. Elle me fait signe que c'est correct, qu'on passe à autre chose. Ouf… Avec enthousiasme, je les informe de la suite.

— Dans dix minutes, il nous envoie ça. Dans dix minutes, si tout va bien, on reprend la route.

— Pis ce soir, on boit notre verre comme prévu, devant la mer. On reste optimistes, les filles, ajoute Clémence.

— Ouais, bien dit, Clem, on reste optimistes.

Et je fixe ma boîte de courriels, attendant avec impatience le message qui va nous délivrer de cette prison sans barreaux.

27

L'affiche lumineuse du motel Amalia m'apparaît comme une véritable bénédiction. Enfin arrivées!

Notre plan de prendre l'apéro en regardant les vagues est tombé à l'eau au fur et à mesure que l'après-midi s'écoulait. C'est que nous l'avons passée au grand complet assises sur des chaises inconfortables, au poste frontalier de Stanstead.

Je n'ai pas compris pourquoi les douaniers nous ont fait moisir pendant si longtemps, si ce n'est qu'ils ont évoqué la *national security* chaque fois que nous leur posions la question. Je sais qu'ils se sont renseignés sur nous, sur David et sur sa compagnie, en plus de faire le tour de tous les documents emmagasinés dans l'ordi de Clémence. Mais à mon avis, ils ont fait exprès d'étirer leur enquête pendant des heures, simplement parce qu'ils avaient le pouvoir de le faire.

Ce n'est donc pas l'apéro, mais bien le digestif que nous allons savourer sur notre balcon, après un trio *quarter pounder with cheese* avalé en vitesse. Même Clem a accepté qu'on fasse un saut au McDo, optant pour un *wrap* au poulet grillé, une salade et une bouteille d'eau.

Nous nous garons devant la réception pour aller nous enquérir de notre numéro de chambre. Clem et moi sortons de la voiture, tandis que Marie préfère y rester pour surveiller les alentours. Je crois qu'elle est encore traumatisée par notre mésaventure aux douanes. Je me suis faite rassurante en lui disant que nous n'étions pas malchanceuses au point d'avoir plus d'une *bad luck* pendant notre voyage! Voyons donc! Les ennuis sont derrière nous.

Le préposé qui nous accueille semble surpris de nous voir. C'est vrai que j'aurais peut-être dû appeler pour l'aviser que nous aurions quatre heures de retard.

— *Hello. My name is Juliette Gagnon and we have a reservation for two nights.*

— *Tonight?*

— *And tomorrow night. We booked an oceanfront room.*

Je sors ma carte de crédit pendant que l'homme dans la cinquantaine, légèrement grisonnant et bedonnant, fouille frénétiquement dans un grand cahier où des noms sont écrits à la main. Pas très moderne, comme système.

— *I don't have your reservation, miss.*

Je jette un coup d'œil alarmé à Clémence. Tout comme moi, elle ne comprend pas ce qui se passe.

— *But, I sent you an email, about… a month ago.*

— *Sorry, I really don't have it. And we are full tonight.*

— Hein ? Ça va donc ben mal !

— Juju, panique pas. Retrouve ton courriel, il va ben voir qu'on avait réservé.

Que mon amie est géniale ! Avec cette preuve, il devra se débrouiller pour nous trouver une chambre. Une recherche dans ma boîte de réception me guide directement vers le message provenant du motel Amalia. Et vlan ! *In your face !*

Je le lui mets sous le nez. Il le lit et ne semble pas du tout mal à l'aise. Vraiment, il se fout de notre gueule.

— *So, what are you gonna do ?*

— *Nothing.*

— *But, you see, we have a reservation.*

— *No, you don't. Look for yourself,* dit-il en me remettant mon téléphone.

Je lis le message en question. Le responsable du motel écrit que tout est beau, qu'ils ont bel et bien une chambre avec vue sur la mer pour les 2 et 3 août. Pour faire la réservation finale, il ne me reste plus qu'à envoyer mon numéro de carte de crédit. Oh non ! Ce n'est pas vrai ! Je n'ai pas oublié de donner suite à ce courriel ? TABARNAK !

Je vérifie à nouveau ma boîte de réception, espérant trouver un autre message qui confirmerait que nous pouvons dormir ici ce soir. Mais je n'en trouve aucune trace.

Clémence me bombarde de questions, mais je n'ose pas lui répondre tellement j'ai honte de ma gaffe… la deuxième de notre escapade.

Un vendredi au cœur de l'été, à 21 heures, dans une des villes les plus touristiques de la côte est américaine… peut-on espérer trouver de quoi se loger ? Va falloir un miracle, je pense.

— Juliette, tu vas finir par m'expliquer ce qui se passe ?

— On n'a pas de chambre, Clem. Il a raison, j'ai pas réservé.

— T'es pas sérieuse ?

— Ouais, je suis désolée.

Je lui fais part de mon erreur. Heureusement, ma copine n'est pas du genre à me taper dessus, elle passe tout de suite en mode solution. Elle demande l'aide de l'employé du motel, qui accepte volontiers de passer quelques coups de fil à ses compétiteurs. Ça augure plutôt mal, les trois premiers établissements sont, eux aussi, remplis.

La porte d'entrée s'ouvre et Marie-Pier surgit dans le hall.

— C'est ben long! Qu'est-ce que vous faites?

Je prends mon courage à deux mains pour lui décrire la situation. Comme je l'appréhendais, elle me chicane comme si j'étais une petite fille.

— On peut pas te faire confiance! Comment t'as pu oublier une chose pareille? T'arrêtes pas de parler de ce voyage-là depuis des semaines, me semble que…

— OK, c'est assez, Marie, intervient Clem. C'est pas le temps de chercher des coupables. Il est 9 heures du soir pis faut trouver un hôtel.

— Bonne chance, lance-t-elle, sarcastique.

Nous attendons en silence que le préposé termine ses appels, souhaitant chaque fois voir son visage s'illuminer. Mais il n'en est rien. Après la dixième tentative, il déclare forfait.

— *Fuck!* Qu'est-ce qu'on va faire? lance Marie.

Il nous suggère de tenter notre chance dans d'autres localités, telles que Wells ou Ogunquit. Une perspective qui ne nous enchante guère et dont les résultats sont loin d'être certains. Mais a-t-on vraiment le choix?

Nous le remercions et nous retournons à la voiture, résignées à reprendre la route. Notre conductrice tente de trouver un hôtel à l'aide de son GPS quand le préposé sort du motel et se penche à sa fenêtre.

— *There is a campground, about one mile ahead. I called them and they have a few sites available.*

Un camping? D'accord, mais on n'a ni tente, ni sac de couchage, ni le moindre équipement. C'est ce que répond Marie à notre aimable Américain, qui s'empresse de préciser qu'une roulotte tout équipée peut être louée pour soixante-dix dollars par jour. Une aubaine, selon lui. En plus, nous dit-il, ce sont des Québécois qui tiennent ce camping.

Il nous fournit l'adresse exacte et, bien que ce ne soit pas directement sur le bord de la mer, le camping n'est pas très loin de l'action.

— Qu'est-ce que vous en pensez, les filles? demande Clémence.

— Ça coûte pas cher d'aller voir, dis-je.

— Je m'attendais pas à faire du camping, mais j'aime mieux ça que d'aller revirer je sais pas où, ajoute Marie-Pier.

— Bon, ben c'est super! En route vers de nouvelles aventures, *girls*!

Mon enthousiasme débordant, qui vise à masquer le malaise que j'éprouve après ma bêtise, ne semble pas être partagé par mes compagnes. Je dois absolument ramener la bonne humeur au sein de notre cellule d'expédition.

— C'est l'*fun*, l'inconnu, vous trouvez pas?

— OK, Juju, on a compris, arrête de te sentir coupable, me rassure Clem.

— Ben oui, on te pardonne, la seconde Marie, à la condition que tu paies notre commande de demain au *liquor store*.

Si je peux faire oublier mes gaffes de la journée en dépensant quelques dizaines de dollars pour de la bière et du vin, je ne demande pas mieux.

— OK, c'est un *deal*!

— Parfait, Clem et moi, on avait déjà prévu boire une bouteille de Veuve.

— Ben là, faudrait pas exagérer!

— Ah! C'est ça ou on te fait la baboune tout le week-end!

— T'es dure en négos, Marie. Ce sera pas drôle quand tu vas être copropriétaire du garage.

Nous éclatons de rire toutes les trois et je suis soulagée de constater que la joie est de retour dans l'habitacle. Au moment où Marie immobilise la voiture devant une cabane défraîchie qui semble être le poste d'accueil du camping, je me dis que se soûler au champagne sera nécessaire pour faire passer ça.

28

STATUT FB DE **JULIETTE GAGNON**
À l'instant, près de Old Orchard Beach, Maine
Pognée à faire du camping dans une roulotte
qui sent le moisi.
#Vacancesderêve #NOT

— *Ç*a, c'est la roulotte de Luc et Lucette, mes
   parents.

La propriétaire du camping, une dénommée Lucie,
est montée à bord de notre voiture pour nous guider
vers notre logis. Étourdissante, elle n'arrête pas de
jacasser.

— Ils viennent tous les étés, mais cette année papa
a des gros problèmes d'incontinence et maman a la
maladie des griffes du chat.

Non, mais on s'en fout ! Tout ce que je souhaite,
c'est ouvrir une bière bien froide et relaxer avec mes
copines en parlant de nos plans pour le week-end.

Pas écouter une campeuse raconter mille et un détails insignifiants.

— D'ailleurs, poursuit-elle, je comprends pas qu'elle ne se débarrasse pas de Tigrou. C'est lui qui lui donne ces cochonneries-là, mais bon, elle l'aiiiiiiime. Moi, je trouve pas que c'est un bon minou. Il n'est pas assez affectueux. C'est pas comme celui qu'elle avait avant. Zébulon. Lui, c'était quelqu'un.

Voir si un chat peut être quelqu'un. Elle m'éneeeeeerve !

— Il ne la lâchait pas d'une semelle. Même que le matin, pour la réveiller, il miaulait comme ça « zette, zette ». Comme pour dire Lucette… Je vous le dis, c'était quelqu'un !

— Euh… excuse, Lucie, demande notre conductrice, je tourne ici ou je continue ?

La propriétaire jette un coup d'œil dehors. On n'y voit pas grand-chose, à part quelques fanaux allumés ici et là, il n'y a aucun éclairage sur le site. Ce camping me semble vraiment mal entretenu. Souhaitons que la roulotte le soit un peu mieux. Si elle était habitée par des personnes âgées, ça devrait, non ? À moins que les problèmes d'incontinence de monsieur aient commencé là ?

— Revire de bord, on a passé tout droit.

Marie-Pier pousse un soupir de découragement et fait marche arrière. Comme moi, elle a juste hâte de *chiller* un peu. La journée a pour ainsi dire été épuisante.

BANG !

— Qu'est-ce que je viens de frapper là ? demande mon amie, inquiète.

— Bah, ça doit être une des bébelles des flos Landry. Ils se laissent traîner partout. Continue.

— Comment ça, continue ? Non, non, je vais voir. Tout d'un coup qu'il y a quelqu'un.

Elle sort du véhicule prestement, suivie de Clem et moi. Lucie, elle, reste dans la voiture, bien peinarde.

Heureusement, aucune vie humaine ou animale à l'horizon. Ce qu'a percuté Marie, c'est simplement un nain de jardin… qui s'est cassé en deux.

— Honnn…

Lucie vient nous rejoindre. En voyant l'objet en morceaux, elle se lance dans une autre explication à n'en plus finir.

— Une chance que mes parents sont pas ici, parce que Ti-cul, c'était leur nain préféré. Ils en ont planté un peu partout dans le camping. Je leur disais que c'était pas pratique, mais ils y tenaient parce que ça protège contre les forces maléfiques, semble-t-il. En tout cas, moi, je…

Ses paroles m'entrent par une oreille et me sortent par l'autre. Pour mes amies, c'est la même chose. Rien qu'à voir leurs visages, je comprends qu'elles sont exaspérées.

De retour dans la voiture, je fais savoir à Lucie qu'il est tard et que nous aimerions nous installer bientôt.

— Oui, oui, on arrive, prends à gauche. Mais je vous le dis tout de suite, va falloir faire les lits. Parce que je savais pas qu'il allait y avoir du monde, pis moi j'ai pas…

— C'est correct. Y a vraiment pas de problème, on va s'en occuper, l'interrompt Clémence.

— Ouin, j'espère. Parce que moi, je vous fais un bon prix, je pourrais la louer plus cher, mais comme vous êtes mal prises…

Et blablabla, et blablabla… Après un interminable trajet, nous arrivons devant la roulotte qui, comme je le craignais, ne paie pas de mine. Tant pis, il faudra faire avec.

J'ignore par quel miracle nous réussissons à nous débarrasser de miss Bavarde tout de suite après qu'elle nous a fait faire le tour du proprio.

Aussitôt qu'elle referme la porte, je m'écrase sur une des banquettes de la table à manger qui, comme nous l'a spécifié Lucie, se transforme en lit. Je suis épuisée.

Mes copines m'imitent et nous profitons du silence pendant un moment. Notre répit est toutefois de courte durée puisque nous devons aller récupérer nos bagages dans l'auto. Et surtout la caisse de douze que nous avons achetée en entrant à Old Orchard Beach. En espérant que les bières à la lime seront encore froides.

Marie-Pier ouvre le coffre, et ce que nous avions complètement oublié nous saute aux yeux : tout le contenu de nos valises est pêle-mêle, gracieuseté de nos amis les douaniers.

— Ostie !

— De tabarnak !

— De câlisse !

Marie et moi, nous nous tournons vers Clémence, surprises qu'elle ait participé à notre défoulement collectif en y allant d'un sacre bien senti, chose qu'elle ne se permet pas souvent.

— On s'en occupera demain matin, OK ?

Ma proposition ne plaît pas à Clem, qui soutient avoir besoin de son sac de toilette et de son pyjama pour la nuit.

— OK d'abord, on rentre tout pis on démêle ça en dedans.

J'attrape une pile de vêtements que je colle contre moi et je marche jusqu'à la roulotte, en faisant bien attention de ne pas laisser tomber une quelconque petite culotte par terre.

Soudain, une voix masculine à l'accent chantant du Lac-Saint-Jean se fait entendre derrière moi.

— On peut-tu vous aider ?

Je me retourne et j'aperçois deux gars au visage avenant. Cette intrusion de la gent masculine dans notre périple de filles me déstabilise un peu. J'ai envie d'être seule avec mes amies, mais d'un autre côté ils ont vraiment l'air sympathique.

Ce sont des *lumbersexuels*, un genre que je déteste la plupart du temps, parce que je ne les trouve pas authentiques. Certains hommes ont beau se laisser pousser la barbe et porter des bottes de randonnée, ils n'auront jamais ce petit air sauvage si irrésistible des vrais gars des bois.

Mais ces deux-là, je les sens plus vrais, moins influencés par la mode et plus en harmonie avec leurs valeurs. Au Lac-Saint-Jean, on vit plus près de la nature, n'est-ce pas?

Je jette un coup d'œil à mes copines pour tenter de savoir ce qu'elles en pensent, mais Clémence est penchée dans le coffre et Marie-Pier me tourne le dos, occupée à regarder nos visiteurs.

— C'est pas d'adon trop, trop, votre système de rangement, lance le plus grand des deux, en faisant un pas vers Marie.

Il se penche, ramasse mon soutien-gorge noir transparent qu'elle avait laissé échapper et le dépose sur la pile de linge qu'elle transporte.

— Merci, balbutie-t-elle.

Son ton gêné m'amène à conclure que ce n'est pas une bonne idée de les laisser s'immiscer dans notre trio. Pas ce soir, du moins.

— Merci, les gars, mais on va être correctes.

— Comme vous voulez.

Ils s'apprêtent à repartir quand Marie les interpelle.

— Je dirais pas non à un petit coup de main, moi.

Stupéfaites par sa demande, Clémence et moi ne savons pas trop comment réagir. Qu'est-ce qui lui prend? Elle n'est pas lesbienne, elle?

Nos nouveaux amis ne se font pas prier. En deux temps, trois mouvements, ils rentrent tout dans la roulotte: le contenu de nos valises, l'oreiller de Clem, dont elle ne se sépare jamais parce que c'est le seul qui ne lui donne pas mal au cou, les chaises pliantes, les raquettes de tennis de plage de Marie, mon fourre-tout jaune en toile contenant tout mon nécessaire pour la plage, et la caisse de bière. D'une efficacité redoutable, ces Jeannois.

Maintenant que c'est fait, nous avons appris qu'ils se prénomment Tom et Max, pour Thomas et Maxime, nous les avons chaleureusement remerciés et leur avons signifié que leur heure du départ est venue.

— Ben, merci encore, les gars, on va peut-être se…

— Eille! Pourquoi vous restez pas prendre une bière? m'interrompt Marie-Pier, me déconcertant une fois de plus.

— *Cool!* répond Tom.

— Mais venez à notre *spot*. On a fait un feu, pis on a même des guimauves, ajoute Max, en pointant un doigt vers une tente tout près de notre roulotte.

— OK, bonne idée, approuve Marie, en mettant quelques bières dans un sac de plastique.

Inquiète du comportement de mon amie, je veux juste vérifier ses intentions et m'assurer que Clem est à l'aise avec ce plan.

— Donnez-nous deux minutes et on va aller vous rejoindre, OK?

— Pas de trouble, prenez votre temps.

Aussitôt qu'ils ont franchi la porte, j'adresse un regard interrogatif à Marie. Clémence fait exactement la même chose.

— Ben quoi? Ils sont fins, non?

— C'est pas ça, la question, mais ça commence plutôt raide notre week-end. Ç'aurait été le *fun* d'être toutes les trois, non?

— Juliette, c'est pas toi qui voulais venir ici pour te changer les idées?

Je comprends bien son sous-entendu qui signifie « t'offrir une partie de jambes en l'air avec un inconnu », mais je n'avais pas l'intention de partir à la chasse dès le premier soir.

— Oui, mais y a rien qui presse. Toi, Clem, ça te tente-tu d'y aller?

— Bof… Mais allez-y, je suis fatiguée et je vais lire un peu.

— Bon, ben je reste aussi, dis-je pour être aimable.

Cette perspective ne me réjouit guère. La roulotte est tout sauf accueillante. À commencer par cette odeur de renfermé, voire de moisi, qui plane dans l'air, son décor dans les tons de brun et orange, tout droit sorti des années 1970, et ses banquettes-lits durs comme de la roche.

— Ben non, vas-y, Juju.

— Seulement si tu viens.

— OK, je vais aller prendre une bière. C'est vrai qu'ils ont l'air gentils.

— Oui, pis ça nous engage à rien, fait remarquer Marie-Pier.

En posant le pied sur la petite marche de métal de la roulotte, c'est exactement ce que je me dis. Rien ne m'oblige à rien.

*

— Une autre guimauve, Juliette?

Le moins qu'on puisse dire, c'est que Tom et Max ont le sens de l'hospitalité. Depuis une heure, ils ne se contentent pas de nous faire griller des douceurs sur le feu au bout d'une branche de bois. Ils les transforment en *shooter*!

Une fois bien ramollie par les flammes, la guimauve est placée sur une assiette et arrosée d'un peu de Baileys. Un trou se forme instantanément dans la confiserie, créant ainsi un *shooter* complètement débile mental. Je viens d'enfiler mon troisième.

— Je vais prendre un petit *break*, merci.

— Marie, Clémence, un autre? ajoute Tom.

Sage comme toujours, Clem refuse, tandis que Marie-Pier accepte avec plaisir. Je ne sais pas si c'est parce que Eugénie n'est pas avec elle, mais ma copine se laisse aller ce soir comme je l'ai rarement vue faire. Et c'est tant mieux. Elle en a bien le droit, elle aussi.

Tom et Max sont tout à fait charmants et je constate qu'ils ont une bonne oreille. Depuis que nous sommes tous assis autour du feu, sur de grosses bûches de bois, ils n'ont fait que nous écouter. Nous leur avons raconté notre mésaventure aux douanes, nos problèmes de réservation au motel Amalia, en plus de leur donner un bref aperçu professionnel de chacune d'entre nous. Sans toutefois aller plus loin dans les confidences sur notre vie personnelle ou amoureuse.

J'estime qu'il est maintenant temps d'en savoir plus sur eux.

— Vous venez d'où, au Lac?

— On vient pas du Lac. On vient du Saguenay, répond Max comme si je venais de commettre la bourde du siècle.

— Excusez-moi, j'avais oublié de faire la distinction.

— On les aime bien, les gens du Lac, mais nous autres, on vient de Chicout'.

— Ouais, les frères Larouche de Chicout', ajoute Tom.

— Hein? Vous êtes des frères?

— *Yes!* Demi-frères en fait, mais pour nous, ça change rien.

— Ayoye! Vous vous ressemblez pas beaucoup… à part la barbe, avance Marie-Pier.

Elle a raison. Tom a les yeux d'un bleu perçant tandis que ceux de Max sont marron. Le premier a les cheveux châtain clair légèrement bouclés, alors que le deuxième a une coupe courte, style militaire, qui laisse entrevoir une chevelure beaucoup plus foncée. Mais tous les deux ont un sourire désarmant.

— C'est qui l'aîné? demande Clem.

— Moi, affirme Tom. De trois ans.

Je n'aurais su le dire. C'est qu'ils ont l'air d'avoir le même âge, que j'évalue être au début de la trentaine.

— Si ça vous dérange pas, je vais vous laisser, annonce Clémence.

— Tu vas te coucher ?

— Oui. Mettons que la journée a été longue.

— Vous autres, les filles, vous restez un peu ? On a un fond de Baileys à finir, propose Tom.

— Euh, je sais pas trop, hésite Marie-Pier.

— *Come on*, juste un peu, insiste Max.

— OK, mais pas longtemps.

J'ajoute ma voix raisonnable à celle de ma copine.

— Juste un dernier verre.

Nous saluons Clémence, lui souhaitant de beaux rêves, et nous reprenons la conversation avec nos amis saguenéens, tout en nous enfilant d'autres *shooters*.

— Avez-vous des plans pour demain ? leur demande Marie.

— C'est sûr qu'on va aller à la plage, se faire une partie ou deux de volley-ball.

— Eille ! Aimez-vous le tennis de plage ? J'ai apporté mes raquettes, mais j'ai personne avec qui jouer.

— Tu me l'as même pas demandé, dis-je, offensée.

— Juliette, depuis quand tu fais du sport ?

— Ben… J'aime ça bouger aussi.

— En tout cas, nous autres, on est ben d'adon pour tout ce qui bouge, laisse tomber Max, le sourire racoleur.

Bon, ça commence. Parce que nous sommes deux filles et deux gars, ils pensent tout de suite qu'on va se *matcher* pour les prochaines heures. Prévisibles, les mecs…

Ils vont frapper un méchant nœud quand Marie va leur faire savoir qu'elle préfère les femmes… à moins qu'elle décide de s'offrir un petit aparté. Ce soir, elle n'est tellement pas la Marie-Pier Laverdière que je connais que ça ne m'étonnerait pas.

Quant à moi, je ne sais pas du tout si je souhaite me retrouver dans les bras de l'un ou de l'autre. Ou des deux. Ou des deux en même temps? Pourquoi pas? Ce serait l'occasion de réaliser un désir que j'ai depuis longtemps. Et dans un contexte parfait. Pas d'engagement, pas de lendemain, même pas de numéros de téléphone échangés. Juste du plaisir. Avec des frères en plus… Deux fantasmes pour le prix d'un!

Toutefois, j'ignore s'ils seraient partants. Mais mon petit doigt me dit qu'ils ne se feraient pas tordre un bras. Les gars du Lac… euh, pardon, du Saguenay, sont réputés pour être assez *willing*, si je me rappelle bien.

C'est clair que Max et Tom sont des gars physiques. Beaucoup plus dans leur corps que dans leur tête. D'ailleurs, ils ont fondé une entreprise de *snowkite* qui les occupe tout l'hiver. L'été, ils profitent de la vie et viennent à Old Orchard, ce qui m'étonne un peu de la part d'amateurs de plein air.

— Si vous aimez bouger tant que ça, pourquoi êtes-vous venus ici? C'est une place pour *s'effoirer* sur la plage plus que d'autre chose, non?

— On revient d'une expédition au mont Katahdin. On avait envie de se reposer un peu. Pis de rencontrer du beau monde. De belles filles, plutôt, lance Tom avec un clin d'œil.

Pas subtil pour deux sous, mon Tom. Passons…

— Comme ça, vous êtes de vrais aventuriers?

— Ben oui. On est pas *gréyés* de même pour suivre la mode, comme ils font à Montréal.

Pour appuyer son commentaire, Max désigne du doigt son short cargo et ses bottes de randonnée toutes poussiéreuses.

— Ouin, c'est clair que vous avez pas juste marché sur l'asphalte.

— Non. Et c'était assez intense. Surtout la deuxième journée, vingt et un kilomètres.

— Wow! Vous êtes *hot*, les gars.

— Juliette est pas très sportive, fait qu'elle est facile à impressionner, lance Marie-Pier, cherchant visiblement à attirer l'attention.

— Pas pantoute. Et vingt et un kilomètres, c'est énorme, je trouve. Ça mérite toute notre admiration.

— Pfff... Vingt et un kilomètres, c'est un demi-marathon. Je fais ça en même pas deux heures.

Par politesse ou parce que ça les intéresse vraiment, les frères Larouche s'informent sur les talents de coureuse de Marie. Elle leur raconte qu'elle s'entraîne pour le marathon de Montréal.

— Mais ces temps-ci, je suis tannée. Ça demande beaucoup trop de discipline, j'ai le goût d'avoir plus de lousse dans ma vie. Peut-être même que je vais tout crisser ça là.

Pour se confier comme elle le fait, j'en déduis qu'elle a bu un peu trop de Baileys. Ça me fait à la fois plaisir et peur de la voir se laisser aller. Je m'inquiète un peu. J'espère qu'elle ne sera pas malade.

La discussion sur les ambitions sportives de Marie-Pier se termine par les encouragements sentis de nos deux compagnons. Ils souhaitent la voir poursuivre son rêve parce que, disent-ils, «il n'y a rien de plus satisfaisant que de se dépasser physiquement»... S'ils le disent.

Pendant quelques minutes, nous profitons du silence de la nuit. Le doux crépitement du feu, sa chaleur sur mes cuisses nues, l'odeur réconfortante du bois qui brûle me font oublier les tracas de la journée. Je ferme les yeux pour savourer complètement cet instant de béatitude.

— Vous autres, les filles, êtes-vous bonnes de la saucisse?

WHAT? Tu parles d'une façon niaiseuse d'approcher une fille! Si ce n'était pas si ridicule, j'en serais insultée. Mais là, c'est vraiment trop premier degré pour ne pas en rire un bon coup.

— Pouahhhhhhh!

— Ha! Ha! Ha!

Je me réjouis que Marie prenne ça, elle aussi, avec un grain de sel...

— C'est quoi qu'on a dit de drôle ?

— *Come on*, Tom ! Fais pas l'innocent, en plus !

— Je parlais de notre souper de demain. On a apporté de super bonnes saucisses de chez nous, pis on en a pour une armée. Fait que, si ça vous tente de partager notre repas, on vous invite.

— Ah bon. Excuse-moi, je me suis trompée sur tes intentions, dis-je, un sourire au coin des lèvres.

— Ça prend ben juste des filles de Montréal pour penser croche de même !

Tom me fait un sourire sans équivoque. Je me dis que ce serait trop facile de me jeter dans la gueule du loup le premier soir. D'autant plus que je commence à avoir ma journée dans le corps. Faisons-le patienter un peu.

— On se reparle pour le souper de demain, mais là, il est temps qu'on y aille. Marie ?

— Non, non, pas tout de suite. Il reste-tu du Baileys ? demande-t-elle.

Décidément, elle est partie *sur la go*... et pas à peu près. On vient tout juste d'avaler chacune un *shooter*.

— C'est sûr, confirme Max, en attrapant une guimauve dans le sac de plastique.

— Ah, laisse faire la guimauve. Juste le Baileys, ça va être correct.

— Marie, tu devrais être prudente. Faudrait pas...

— Eille ! Je te dis-tu quoi faire, moi ?

Son ton agressif me fait aussitôt *backtracker*. Après tout, c'est sa vie. Si elle a envie de vomir dans la toilette à pédale à la propreté douteuse de notre roulotte, ce sera son problème.

— Pour une fois que j'ai personne qui va me réveiller à 6 heures du matin.

— C'est beau, Marie, je dis plus rien.

— Qui ça qui te réveille à 6 heures du matin ? demande Tom.

— Ma fille. Elle a presque dix-huit mois. Vous autres, avez-vous des enfants ?

— *Nope.*

— Pas encore.

— Ben profitez-en parce que ta vie change en crisse quand t'es parent. Pis le Baileys, il s'en vient-tu ?

— Ah, s'cuse, faut que j'aille chercher un verre dans le pick-up, indique Max en se levant.

— Pas besoin de verre.

Sous mon regard stupéfait, Marie-Pier se lève en titubant, fait quelques pas et se penche pour ramasser la bouteille convoitée. Elle perd pied, mais heureusement Max est assez rapide pour la rattraper juste avant qu'elle tombe par terre.

— Ouhhhh… je pense que ça tourne un peu.

Mais c'est qu'elle est complètement soûle ! Je ne me souviens pas de l'avoir déjà vue comme ça. Voilà maintenant qu'elle s'agrippe au bras du beau Saguenéen, comme s'il était une bouée lancée à la mer. On dirait qu'elle ne sait plus ce qu'elle fait. Et ça m'inquiète. Je n'ai pas envie qu'elle commette une bêtise et qu'elle s'en veuille demain matin. Il faut qu'on rentre avant que ça dégénère. Max semble lui aussi trouver qu'elle a assez bu.

— Je pense que t'as plus besoin d'eau que de Baileys, ma belle.

— Mais non, je suis correcte. Pis arrêtez de me dire quoi faire !

Max l'aide à s'asseoir et éloigne discrètement le digestif.

— On fait pas ça pour t'écœurer, dis-je.

— Tout le monde veut mener ma vie à ma place. Mon père, mon frère…

— Pas Arianne quand même ?

En entendant le nom de sa blonde, Marie-Pier se fige, tandis que nos compagnons se jettent un coup d'œil interrogatif. J'ai l'impression que mon amie n'est pas très contente de mon incursion dans sa vie privée. Mais si ma question peut lui mettre un peu de plomb dans la cervelle, ça en valait le coup.

Il est toutefois peut-être préférable de préserver son secret.

— C'est sa mère. Elle est super fine.

Immédiatement, je sens mes nouveaux compagnons se détendre. Marie sort de sa torpeur et se lève, toujours chancelante.

— C'est pas ma mère pantoute. C'est ma blonde. Fait que, les gars, si vous voulez *scorer* à soir, il vous reste juste Juliette. Moi, je m'en vais me coucher.

Abasourdie par le comportement de Marie-Pier, je mets quelques secondes à réagir. Je n'ose pas regarder Tom et Max, qui doivent penser que je suis une fille facile, dénoncée par sa copine.

Marie s'éloigne dans le noir et je l'entends rager contre les «maudites broussailles». Je prends le dessus et je décide d'aller la rejoindre pour l'empêcher de s'estropier.

— Excusez-nous, hein? On est pas aussi *heavy* que ça d'habitude.

— Pas de trouble, Juliette. On se revoit demain?

— Peut-être, on verra. Merci pour tout.

Je les quitte, reconnaissante qu'ils n'aient pas insisté pour que je reste et, surtout, qu'ils n'aient pas fait allusion aux paroles de mon amie. Ni aux saucisses. De véritables gentlemen, les frères Larouche.

29

STATUT FB DE **MARIE-PIER LAVERDIÈRE**

Il y a 14 minutes, près de Old Orchard Beach, Maine

Je ne bois plus jamais de ma vie. Fini l'alcool.
Encore mal au cœur de ma brosse d'hier.
#Neveragain

— *T*iens, une revenante !

Marie-Pier étend sa serviette à côté de la mienne, sur le sable chaud. Il est presque 13 heures et elle vient tout juste de sortir des vapes dans lesquelles elle a été plongée pendant plus de douze heures.

Une absence parsemée de quelques intervalles pendant lesquels elle a vomi sa vie, tenté de récupérer en buvant du jus de tomates, régurgité à nouveau, mais cette fois-ci sans avoir eu le temps de se rendre aux toilettes… Beurk ! Méchant dégât que Clem et moi avons dû nettoyer. Tout ça en n'arrêtant pas de se traiter de «*fucking* pas de tête». Bref, elle se remet d'une cuite lamentable.

— Parle pas trop fort, Juliette.

— Une petite *shot* de Baileys peut-être?

— Ta gueule. Je veux plus jamais entendre ce mot-là de ma vie…

— Prends ça, intervient Clémence en lui offrant une bouteille d'eau.

— Merci, t'es un ange.

Marie-Pier boit à petites gorgées en faisant la grimace.

— Même ça, ç'a de la misère à passer.

— Force-toi un peu, lui recommande notre nutritionniste de service. Faut que tu te réhydrates.

— Je sais pas ce qui m'a pris. Sérieux, vous auriez dû m'arrêter.

— Je l'ai fait, dis-je, mais y était trop tard. T'es comme tombée soûle ben vite.

— Moi, j'étais partie me coucher. Sinon c'est certain que je t'aurais dit de modérer.

— C'est un reproche à mon endroit ça, Clem?

— Mais non, Juju. C'est juste que vous avez toutes les deux tendance à m'écouter, moi.

— Hier soir, même toi, t'aurais pas eu d'influence. Marie était partie pour la gloire et y avait rien pour l'arrêter.

— Ç'a l'air à ça, marmonne la principale intéressée.

Elle s'étend sur le ventre et enfouit sa tête entre ses bras. Clémence lui conseille de mettre de la crème solaire.

— Trop fatigant.

Clem lève les yeux au ciel et s'agenouille auprès de notre éclopée pour la prémunir contre les coups de soleil. Tout en lui massant le dos, elle lui demande pourquoi elle avait besoin de s'enivrer comme ça.

— Le stress, j'imagine.

— Par rapport à ta job?

— Pas juste ça… C'est stressant en crisse de se poser des questions sur son orientation sexuelle, lance-t-elle, toujours sans nous regarder.

Clem et moi, on reste silencieuses devant cette confidence. Si Marie a envie de parler de sa vie intime, il ne faut surtout pas la brusquer. Seulement l'encourager.

— Je comprends.

Mon amie relève la tête et me fixe d'un regard sceptique.

— Ça, Juliette, ça m'étonnerait. Tout a toujours été clair pour toi.

— Ben, je me suis déjà posé des questions, comme tout le monde.

— C'est ça, comme tout le monde qui veut juste faire un *trip*. Moi, c'est plus que ça.

— Tu dis que t'es bien avec Arianne. C'est ça qui compte, non ?

— Oui, oui, je remets pas ça en cause.

— Qu'est-ce qui t'inquiète dans ce cas-là ? demande doucement Clémence.

— Hier soir, avec les gars…

— Oui ?

— Je sais pas… je voulais qu'ils s'intéressent à moi. Pas juste à Juliette.

— Ils l'ont fait, dis-je. Ils t'ont posé plein de questions sur la course. Mais c'est sûr que quand tu leur as dit qu'Arianne était ta blonde…

Marie se redresse vivement sur ses genoux.

— J'ai pas dit ça ?

— Euh… oui. Tu t'en souviens pas ?

— Non, pas du tout.

— Et qu'est-ce que ça change ? T'avais quand même pas l'intention d'avoir une aventure avec un des deux ?

— Non, non. Je te les laisse. Les deux.

— Franchement ! Je suis tannée de tes allusions à ma vie sexuelle. Comme si j'étais une dépravée !

— Juju, calme-toi.

— Calme-toi, calme-toi. J'en ai rien à foutre, de ces deux gars !

Bon, ce n'est pas tout à fait vrai, mais je suis loin d'avoir décidé de faire un *move* de ce côté-là. J'attends d'en savoir plus sur leurs motivations.

— Ah oui, c'est vrai. C'est un Américain que tu veux, me rappelle malicieusement Marie-Pier.

— Arrête !

— Ben quoi ? C'est toi-même qui l'as dit !

— Je sais bien, mais là, je suis plus certaine.

— Ah bon ? Pourquoi ?

Je hausse les épaules, incapable d'exprimer claire-ment mes intentions. En fait, je ne veux plus chercher LA baise du siècle. Si ça arrive, ça arrive. Sinon tant pis !

— Mais là, Marie, on parlait de toi… Pourquoi tu voulais les séduire, les deux frères ?

— Séduire, c'est un bien grand mot. Je voulais juste pas être invisible.

— Pour ça, t'as réussi ! T'as été tout sauf invisible.

Je ris de bon cœur et, à mon grand étonnement, Marie m'imite. *Cool !* Si elle est capable d'un peu d'autodérision, c'est peut-être signe qu'elle vit moins d'angoisse par rapport à tout ça. Je l'espère fortement.

30

STATUT FB DE **TOM LAROUCHE**

Il y a 23 minutes, près de Old Orchard Beach, Maine

Soirée feu de camp avec les saucisses du Saguenay et de la bonne bière froide. Avec ça, on va scorer avec nos voisines, c'est sûr ! ☺

— *T*oulouse, wapiti et bleuets ou tomates et basilic ?

C'est la distribution des saucisses à la table de pique-nique de nos amis du Saguenay. Pour faire honneur à leur coin de pays, j'opte pour celle qui contient des bleuets. Avec les pommes de terre au romarin qu'ils ont préparées et la salade verte que Clémence a apportée, nous allons bien nous régaler, tous les cinq.

Même Marie-Pier est de la partie. Encore un peu *poquée* et carburant à l'eau minérale, mais présente quand même. Pour le reste de la compagnie, la bière coule à flots.

Après une journée à nous faire dorer la couenne au soleil, la Corona est bienvenue.

— Vous allez voir, ce sont les meilleures saucisses du monde, lance Tom sans aucune fausse modestie.

— C'est comme tout ce qui vient de par *che* nous : c'est toujours ce qu'il y a de mieux, ajoute son frère.

— Vous êtes chauvins, vous autres. J'ai jamais vu ça !

Je ponctue mon commentaire d'un large sourire, leur faisant comprendre que je ne déteste pas ça pour autant. Des gars qui ont confiance en eux, ça m'a toujours charmée.

— On est pas chauvins, enchaîne Max, on est réalistes. Pis on connaît notre valeur, c'est tout.

Pas plus compliqué que ça ! J'aimerais donc avoir cette belle assurance. Parfois, je trouve qu'elle me fait cruellement défaut.

En plus de nous nourrir, les gars font le service. Tom dépose quatre pommes de terre grelot dans mon assiette.

— Wô ! Pas trop.

— Bah… ça se mange tout seul. C'est vrai que vous avez peut-être pas aussi faim que nous autres… avec tout l'exercice que vous avez fait.

Notre hôte se moque gentiment de nous. Il n'en revient pas que nous ayons passé la journée à la mer, sans jamais sauter dedans.

— On te l'a dit, Tom, l'eau était beaucoup trop froide.

— Pffff, petite nature. Nous autres, quand on va au lac, il est encore plus froid que ça. Il est à peine calé qu'on se baigne !

— On le sait ! Vous êtes les meilleurs. Pis le lac Saint-Jean, c'est la huitième merveille du monde !

— Exactement, Juliette ! T'as tout compris.

— Vous me faites mourir.

— On veut pas ça !

L'ambiance est à la fête et, pour la première fois depuis longtemps, je me sens vraiment en vacances.

Plus rien n'existe que le moment présent. Ni les clients compliqués, ni les comptes à payer, ni les rencontres fortuites sur le trottoir qui me ramènent à des amours impossibles… Il n'y a que moi, mes meilleures amies et deux gars hyper drôles qui semblent totalement en harmonie avec la vie.

J'envie leur simplicité. Je ne connais pas beaucoup Tom et Max, mais j'ai la conviction qu'ils ne s'embarrassent pas de détails et ne se posent pas mille et une questions. Quand ils désirent quelque chose, ils le disent. Sans détour, sans fioritures. Je m'attends d'ailleurs à ce que la soirée se termine sur une proposition en bonne et due forme. Je ne sais juste pas de qui elle viendra… et qui d'autre elle impliquera.

Qui va tenter sa chance avec qui? À cause de ses révélations, Marie est *out*. Mais qu'en est-il pour Clem? Depuis le début du souper, Max et elle ont établi une belle complicité, mais je ne suis pas certaine qu'il la drague. Et puis Clem n'est pas infidèle. Pas du tout. Mais on ne sait jamais, un moment d'égarement, ça peut arriver à tout le monde. Surtout quand on se trouve à des centaines de kilomètres de chez soi.

De mon côté, c'est Tom qui m'intéresse le plus. Mais je préfère ne pas me créer d'attentes et laisser les choses venir. Les frères Larouche sont peut-être en couple… et fidèles. Pour le savoir, je pourrais tout simplement le leur demander, mais je n'ai pas envie. Leur vie privée ne m'intéresse pas. Tout ce que je souhaite, à l'heure actuelle, c'est qu'ils continuent de m'amuser et de me faire rire. Ce en quoi ils sont excellents.

Je sais bien que mon premier désir en organisant ce voyage était de tout oublier dans les bras d'un inconnu. Et de me redonner confiance. Mais ce n'est tout de même pas une question de vie ou de mort! *Que sera sera.*

J'entame ma saucisse et je dois concéder qu'elle est, en effet, délicieuse. Tom et Max guettent ma réaction.

Est-ce que je leur donne mon verdict tout de suite ou je les fais languir? Je choisis la seconde option et je me compose un air impénétrable, tout en prenant une deuxième bouchée. Pauvres ti-choux! Ils sont pendus à mes lèvres, tout piteux. Ohhh, trop *cute*! Ils ne méritent pas que je brise leur belle confiance.

Je soutiens leur regard encore quelques secondes puis je souris et j'éclate de rire, à leur grand soulagement.

— Ben non! Elle est super bonne... votre saucisse.

Immédiatement, ils retrouvent leur contenance, en affirmant ne pas en avoir douté une seconde. Pas fiers à peu près, ces sportifs saguenéens. Ils requièrent l'avis de mes copines et sont ravis que Clem leur donne aussi son approbation. Quant à Marie, c'est une autre histoire. Elle picore dans son assiette.

— S'cusez, les gars, c'est pas que c'est pas bon... mais j'ai encore mal au cœur.

Elle repousse son plat et Tom s'empresse de lui piquer sa Toulouse.

— Si ça vous dérange pas, poursuit-elle, je vais aller m'acheter une poutine.

— Une poutine? demande Clem. Je sais pas si y a ça ici.

— Et elles sont certainement moins bonnes que chez nous, ajoute Max.

— Ah! *Fuck!* Y a juste ça qui peut me remettre sur le piton, se lamente Marie.

— Ça te prend du Gatorade. Ça, ça te replace un homme! lance-t-il.

— Euh... une femme aussi?

— Oui, chère.

— OK! Je vais me chercher ça.

— Veux-tu que je t'accompagne? propose Clémence.

— Je peux y aller pour toi si t'es trop *vedge*, dis-je.

— Non, non, ça va me faire du bien de marcher. Je vais me rendre au petit dépanneur qu'on a vu ce matin, c'est juste à côté.

— Comme tu veux.

— Oui, oui, inquiétez-vous pas.

— J'espère que tu vas pouvoir manger du dessert, déclare Tom.

— Vous avez pas du dessert en plus? Juste les saucisses, ça va être assez, affirme mon amie nutritionniste.

— Vous allez pas passer à côté des bleuets du Lac, quand même?

— Vous en avez apporté? Même si c'est interdit?

— Certain! Pis on s'est même pas fait pogner, nous autres, répond-il fièrement.

— Bon, bon, retourne pas le fer dans la plaie, dis-je.

— En tout cas, si on veut du thé, on sait que vous en avez du bon.

— Tom, arrête! Dis-moi plutôt, vos bleuets, vous les mangez comment?

— Avec de la crème, du pain tranché pis du sucre. C'est notre bagatelle maison.

— Une bagatelle, murmure Clem, perdue dans la nostalgie. Ça me rappelle trop des souvenirs d'enfance. On va y goûter, hein, les filles?

J'approuve avec enthousiasme, tandis que Marie ne s'engage pas, préférant attendre de voir si le Gatorade qu'elle s'apprête à aller acheter fera effet. Je la regarde s'éloigner d'un pas lent et je me dis qu'elle en met du temps à cuver son vin. Plus que moi.

— Je l'ai jamais vue comme ça, ça m'inquiète un peu.

— Mais non, Juju, elle va être correcte.

— Ben oui. Demain, elle va nous battre à son jeu de plage, là, là, lance Tom.

Je souris de l'entendre ponctuer sa phrase de la fameuse expression saguenéenne. Charmeur, il me fait un clin d'œil avant de s'enfiler un énorme morceau de Toulouse. Un peu conventionnelle, comme drague, mais irrésistible.

Le silence se fait quelques instants et j'en profite pour observer les environs. La tente des frères

Larouche est minuscule pour deux grands gars. Ils doivent être collés là-dedans comme c'est pas possible. Je ne sais même pas si on pourrait tenir trois à l'intérieur. Et si jamais Tom et Max mettent beaucoup de cœur à l'ouvrage, elle risque de se démonter et de nous tomber dessus… Bon, ça suffit, les cochonneries ! Juliette, arrête de te faire des scénarios !

J'avale une grande gorgée de bière froide pour chasser les images que je vois poindre dans ma tête. Quatre mains sur mon corps… ASSEZ ! Je me lève et je fais quelques pas, sous le regard éberlué de la tablée.

Nos nouveaux amis en profitent pour s'intéresser davantage à Clémence. Ils s'excusent de ne pas la connaître et de ne pas avoir vu ses chroniques à la télé.

— Faites-vous-z'en pas, je m'attends vraiment pas à ce que tout le monde sache ce que je fais.

— Clem est très modeste, mais ça marche au *boutte,* ses affaires.

— Juju, franchement.

— Ben quoi ! C'est vrai ! Ton entreprise est super rentable, on peut pas en dire autant de la mienne.

— Tu peux pas comparer, Juju. T'es toute seule dans ta boîte. T'es plus une travailleuse autonome en affaires.

— Un jour, moi aussi je vais avoir des employés, tu vas voir. Mon studio va être le plus *hot* de la ville.

— J'en doute même pas. Et ce jour-là, il est pas loin, Juju.

Que je l'adore, mon amie ! Elle a le don de me donner des ailes, de croire en moi, de faire disparaître toutes mes peurs. Pendant un bref instant, je savoure ce moment de grâce. Jusqu'à ce que Tom intervienne avec une proposition alléchante.

— Tu devrais venir *che* nous pour nous poser l'hiver prochain. Ça nous prendrait de nouvelles photos de *kite* pour notre site internet.

— Oui, renchérit son frère. Celles qu'on a sont pas terribles, terribles.

— Je suis toujours volontaire pour un beau contrat, les gars. Et j'aime ça, les nouveaux défis.

Je ne peux m'empêcher de lancer à Tom un air coquin. Il me couve d'un regard de désir on ne peut plus clair. Et voilà, le bal est lancé… Que me réserve la suite?

*

— Tu goûtes le ciel…

— Tom, arrête de parler pis continue.

Le beau Saguenéen remet sa tête entre mes jambes et je m'efforce de me laisser aller.

Depuis une vingtaine de minutes, nous sommes tous les deux seuls dans la minuscule tente à essayer de nous faire du bien. En préférant Tom à Max, j'ai misé sur le bon cheval puisque ce dernier m'a informée qu'il venait tout juste de s'engager dans une relation avec une fille du secondaire qu'il a toujours trouvée à son goût. C'était la chose à ne pas dire.

Ses propos m'ont inévitablement ramenée à F-X. Depuis, je n'ai que son visage en tête. Et bien que mon compagnon démontre des talents charnels assez exceptionnels, je n'arrive tout simplement pas à jouir.

Je revois F-X, dans ce cabinet de toilette où nous avons fait l'amour la dernière fois. Ses grands yeux verts exprimant à la fois le bonheur de m'avoir tenue dans ses bras et la tristesse de savoir que je lui fermais mon cœur. Puis cette phrase, qui m'a si souvent hantée : « Je vais t'attendre, Juliette. Jusqu'à ce que t'arrêtes de te convaincre que t'es capable de te passer de ça. »

Pendant que Tom s'évertue à me donner du plaisir, que sa langue se fait de plus en plus insistante, que ses mains remontent lentement le long de mes côtes jusqu'à la naissance de ma poitrine, je sens une première larme couler sur ma joue. Puis une seconde. Et je comprends que ce n'est pas ici que je veux être. Pas dans les bras d'un bel inconnu, aussi gentil soit-il.

Je ne veux plus chercher à m'étourdir. Je n'en ai plus besoin. Ma quête folle des derniers mois est terminée. Je n'en ai plus rien à foutre, des autres gars. J'ai fini d'exister à travers eux, simplement pour me prouver que je peux passer à autre chose. Désormais, un seul homme compte pour moi. Ce soir, tout ce que je veux, c'est rentrer à la maison. Et ma maison, elle s'appelle François-Xavier Laflamme.

31

Aujourd'hui, je prends ma vie amoureuse en main.
#AboutTime

1. M'assurer que la crisse de folle de miss Tzatziki ne représente plus de danger.
2. Vérifier si F-X est toujours amoureux de moi.
3. Obtenir la preuve qu'il est prêt à s'engager complètement et inconditionnellement.

Ça, c'est la *to-do list* que j'ai dressée la semaine dernière, à mon retour d'Old Orchard Beach, et qui est bien en vue sur mon réfrigérateur. Quand j'ai fait part de mon plan à mes deux amies, elles ont trouvé mon approche un peu trop cérébrale. Mais moi, j'ai besoin d'avoir des garanties avant de plonger avec F-X.

Malgré mes craintes, j'ai informé mes amies que je voulais le reconquérir. Après avoir traversé les douanes canadiennes, bien sûr, où heureusement tout s'est bien passé. Tout comme le reste de notre voyage d'ailleurs.

J'avoue que, quand j'ai interrompu mes ébats avec Tom, j'ai eu peur de sa réaction. Je savais que je faisais quelque chose de pas *chill* du tout, mais c'était plus fort que moi.

Je me suis relevée et je lui ai simplement dit que je ne voulais plus. Il m'a demandé pourquoi. J'ai été sincère. C'est à un autre que je pensais et je n'avais plus envie de baiser avec lui. Point. Déçu, il a néanmoins respecté ma décision, et j'ai quitté la petite tente avec un immense soulagement.

J'attrape ma liste sur le frigo et je raye le premier énoncé : « M'assurer que la crisse de folle de miss Tzatziki ne représente plus de danger. »

Bien que je doute qu'Ursula Dimopoulos ne me fasse plus jamais la vie dure, j'ai de bonnes raisons de croire qu'elle va me laisser tranquille.

J'arrive de la prison pour femmes, où j'ai passé une heure avec l'ex de F-X. Une rencontre qui, au départ, m'a déstabilisée. Je dois dire que, n'eussent été ses yeux presque noirs, je ne suis pas convaincue que je l'aurais reconnue. Ses cheveux auparavant hyper lustrés ont perdu de leur éclat, elle a gagné quelques kilos qui lui font des bourrelets et qui arrondissent son visage, et elle n'a plus son air arrogant qui la caractérisait.

Sous la surveillance de son agent de libération conditionnelle, elle m'a parlé de son cheminement de la dernière année. Elle a réalisé que sa relation avec F-X n'a jamais été basée sur un amour solide et partagé.

« Je sais qu'il m'a mariée parce que j'étais enceinte. Aujourd'hui, je le comprends et je lui pardonne. »

Même si sa confession m'a touchée, je suis restée sur mes gardes. J'ai voulu savoir comment elle en était arrivée à voir la situation sous cet angle.

Un diagnostic de trouble de la personnalité limite, de la médication et des séances de thérapie lui ont permis d'en venir à cette conclusion. Mais le plus important pour moi était de connaître ses plans à sa sortie de prison. Il est prévu qu'Ursula séjourne quelques mois dans une maison de transition avant d'aller vivre chez ses parents. « Et Loukas dans tout ça ? » lui ai-je demandé.

Une fois de retour chez ses parents, elle souhaite partager la garde de son fils avec F-X. Pour les détails, elle verra ça en temps et lieu.

« Une chose est certaine, je n'ai pas envie que ce soit compliqué, a-t-elle précisé. Je ne veux pas de trouble, pas de guerre, pas de rancœur. Je le fais pour mon fils, mais pour moi aussi, c'est important pour mon équilibre. »

Nous en sommes enfin venues à l'épisode fatidique. Ursula m'a présenté ses excuses, pour ensuite m'expliquer dans quel état d'esprit elle se trouvait à ce moment-là. J'ai coupé court à ses justifications, affirmant que c'était du passé, que je regardais maintenant vers l'avant et non vers l'arrière.

Elle a insisté pour me faire comprendre à quel point elle était malade à l'époque. « Ça fait partie de ma démarche de justice réparatrice », a-t-elle mentionné. Bonne joueuse, je me suis prêtée au jeu. Mais j'avais hâte qu'on en finisse. Je n'aime pas trop repenser à cette nuit-là. J'ai bien assez de ma cicatrice qui me la rappelle sans cesse.

Finalement, Ursula m'a demandé ce qu'elle pouvait faire pour réparer les torts qu'elle m'a causés. Travaux communautaires ? Lettre d'excuses ? J'ai réfléchi quelques minutes avant de répondre. En exigeant d'elle un geste quelconque, je lui octroyais mon pardon. Étais-je prête à le lui donner ?

Pourquoi pas ? Ça sert à quoi d'entretenir la rancune ? Strictement à rien. Ce sont des énergies négatives dont je n'ai aucunement besoin. J'ai donc profité de son offre pour l'inciter à s'engager encore plus dans son processus de réinsertion.

« Je veux que tu me promettes de continuer à t'occuper de toi, comme tu sembles le faire présentement. C'est ça, ma demande. »

Sous-entendu : « Continue à prendre tes pilules et à me laisser tranquille. »

Ursula a accepté d'emblée, en me jurant qu'elle le ferait, que je pouvais dormir en paix.

« Et F-X ? lui ai-je demandé.

— Lui non plus, il n'a rien à craindre. »

Je me suis levée et je lui ai serré la main. Je l'ai regardée droit dans les yeux, soutenant son regard de longues secondes. J'ai cherché à savoir si je pouvais lui faire confiance. Elle m'a donné l'impression qu'elle était sincère.

Est-ce que tout ça est trop beau pour être vrai ? Peut-être. Sera-t-elle aussi zen une fois libre ? Rien n'est certain. Mais j'ai décidé d'essayer d'y croire. De lui donner une chance. Ce qui me permet de passer à mon deuxième objectif : « Vérifier si F-X est toujours amoureux de moi. »

Reste maintenant à trouver une façon de le faire.

32

STATUT FB DE **JULIETTE GAGNON**

À l'instant, près de Montréal

Demander à une amie de jouer les espionnes,
ça se fait, non ? Pourquoi ma best refuse de m'aider ?
#Vietropcompliquée ☺

— Non, je rentre pas ! C'est pas à moi de faire
ça, Juliette !

— S'il te plaît, Marie-Pier. Tu le connais presque
aussi bien que moi.

Je regarde encore une fois la nouvelle affiche à
l'extérieur du bureau de F-X : *Campeau, Laflamme,
architectes*. Je comprends qu'il s'est associé officiellement avec Mélissa. Logique. Mais pourquoi le nom de
Sylvianne Bergeron, la mère de cette dernière, a-t-il
disparu ? Elle a pris sa retraite ou quoi ?

Cette idée ne m'enchante pas, j'aurais nettement
préféré qu'ils soient trois partenaires. Trop de proximité.

En cette fin d'après-midi grise, j'ai traîné mon amie dans la rue Notre-Dame sous prétexte d'aller déguster les meilleurs financiers à l'érable de Montréal, dans la plus chouette pâtisserie que je connaisse.

Enfin, ce n'est pas complètement faux puisque c'est là que nous irons dès qu'elle aura sondé F-X sur ses sentiments à mon égard. Si elle accepte de me rendre ce service. Ce qui n'est pas gagné d'avance.

— Je comprends pas pourquoi tu veux pas lui parler toi-même. C'est toi qui veux reprendre avec lui. Pas moi.

— Je veux lui parler. Mais après toi. Quand je vais avoir une idée de ses intentions.

Marie-Pier pousse un long soupir de découragement. Elle fixe ensuite le sol en secouant la tête de gauche à droite.

— Quoi? Qu'est-ce qu'il y a?

Mon amie met quelques instants à relever la tête. Quand elle le fait, elle affiche un air décidé.

— Là, Juliette, il est temps que je te parle.

— Bon. Quoi encore?

— Ç'a pas d'allure, ton histoire de reconquête. Tu peux pas gérer ça comme une partie de poker. T'as beau essayer toutes les stratégies du monde, t'obtiendras pas la garantie que t'auras plus jamais mal à cause de F-X.

— J'essaie juste de me protéger.

— Ben, c'est con! En amour, faut prendre des risques. Je suis bien placée pour le savoir.

C'est vrai que Marie-Pier a eu du *guts*. En revenant de notre voyage à la mer, elle a eu une bonne conversation avec son père et son frère, leur dévoilant sa relation avec Arianne. David a super bien réagi, affirmant qu'il s'en doutait depuis un moment. Vincent, lui, a été odieux. En dix minutes, tous les employés du garage étaient au courant. Mais Marie-Pier s'en fichait complètement. Surtout que David a préparé les documents légaux qui font d'elle et de son frère les deux propriétaires du commerce à parts égales. Comme s'il avait pu en être autrement. Je n'ai jamais douté qu'il serait juste envers ses enfants. Il a même prévu un dédommagement honorable pour le cadet de la famille, qui a refusé de faire partie de la transaction.

Quoi qu'il en soit, nous sommes maintenant trois entrepreneures : Marie, la fille de chars, Clem, la spécialiste de la bouffe, et moi, l'artiste qui joue à la femme d'affaires. Joli trio ! Je n'ose pas imaginer le malheur qu'on ferait si on fondait une business ensemble. On écraserait tous nos compétiteurs dans le temps de le dire. C'est un projet qui mérite réflexion.

— Juliette, reprend mon amie, tu fonces ou tu fonces pas. Décide !

Ah que c'est compliqué ! Pourquoi suis-je incapable de faire les choses simplement ? Et normalement ? Qu'est-ce qui me retient d'aller sonner à la porte de F-X ? Et de lui dire : « Salut, si t'es toujours *in*, moi je le suis » ?

C'est la peur. La peur du rejet. La peur de souffrir une fois de plus. La peur de ressortir écorchée vive. Au point de mettre une croix sur les histoires d'amour. À vingt-huit ans.

En toute sincérité, j'ignore si je survivrais à une nouvelle peine d'amour avec F-X. La première a laissé des traces indélébiles dans mon cœur et dans ma tête. À commencer par une méfiance extrême, démesurée. La seconde finirait de m'achever.

Voilà ce que j'explique à ma copine, qui m'écoute attentivement. Mais elle ne semble pas convaincue pour autant.

— Tu vas passer à côté de la plus belle histoire d'amour de ta vie parce que peut-être qu'un jour F-X va te laisser et que tu vas avoir de la pei-peine ?

— C'est juste que je voudrais pas que ça arrive.

— Si je suis ton raisonnement, je prendrai plus jamais mon char parce que peut-être que je pourrais avoir un accident. Je mangerai plus jamais de hamburgers parce que peut-être que je pourrais attraper l'E. coli, être hospitalisée et mourir à cause du C. difficile.

— Pfff… tes exemples sont ridicules.

— Non, c'est toi qui es ridicule, Juliette Gagnon.

L'insistance de mon amie me fait réfléchir. Elle a probablement raison. Je dois cesser de me poser mille et une questions et de vouloir tout contrôler. L'heure est à l'action. Envoye, Gagnon, *move on*!

— Regarde, dit Marie en m'indiquant de la tête la porte d'entrée de Campeau, Laflamme, architectes.

J'aperçois F-X qui sort du bureau en compagnie de Mélissa. Tube porte-plans à l'épaule, il se dirige vers l'est, sa collaboratrice à ses côtés. Ils semblent tous deux en discussion animée.

Mon instinct de chasseresse prend le dessus. Protège ton territoire, Juliette! Je me tourne vers mon amie, le regard plein d'espoir.

— De quoi j'ai l'air?

— Tu es magnifique, Juliette. *Let's go!*

Je doute fort qu'elle dise vrai. Mes cheveux sont lourds d'humidité, j'ai oublié de me mettre du *gloss* et je regrette d'avoir choisi un banal t-shirt gris qui n'a rien de sexy. Mais tant pis. Il me prendra comme ça ou il ne me prendra pas pantoute.

— OK, j'y vais. On se revoit plus tard.

— Tu vas où au juste? me questionne-t-elle, inquiète.

— Je sais pas, je vais le suivre.

— Ce serait pas mieux d'attendre qu'il revienne? C'est clair qu'il a un rendez-vous d'affaires.

— J'ai trop attendu, tu trouves pas?

Marie-Pier hésite un instant, puis elle me sourit, complice.

— T'as raison. *Go!*

Je lui rends son sourire et je tourne les talons pour courir vers mon avenir. C'est une façon de parler, bien entendu. Pas question de commencer à galoper comme une folle dans la rue Notre-Dame et risquer d'attirer l'attention. Non. Je serai discrète comme une aiguille dans une botte de foin (!) et je verrai bien comment l'aborder en temps et lieu.

Je me faufile entre les passants qui circulent sur cette artère à la mode, entrant dans un bar à vin, chez un antiquaire ou chez ce nouveau traiteur santé. F-X et sa collaboratrice-peut-être-amante-peut-être-blonde marchent d'un bon pas jusqu'à la rue des Seigneurs, où ils bifurquent à droite.

J'accélère à mon tour, question de ne pas les perdre de vue. Au moment où je tourne le coin de la rue, j'ai tout juste le temps de les voir entrer dans un édifice en chantier. Comme la plupart des nouvelles constructions dans le quartier, il s'agit d'un immeuble à condos de prestige, tel que l'indique la pancarte. Je suis un peu surprise que F-X collabore encore à des projets d'habitation, lui qui disait vouloir se consacrer à l'institutionnel et au commercial. Enfin, on ne choisit pas toujours.

Casques blancs sur la tête, ils disparaissent dans l'édifice. Je m'approche et je m'adresse au gardien de sécurité qui surveille l'entrée.

— Bonjour, je suis avec les deux architectes qui viennent de passer.

— Votre nom?

Ça y est, je suis foutue. Si je lui réponds franchement, il me laissera moisir ici et ce n'est pas ce que je souhaite. Je dois trouver un moyen de pénétrer dans le bâtiment. J'ai déjà une foule d'idées qui fourmillent dans ma tête pour approcher F-X, une fois sur le chantier. Le surprendre dans un coin noir, me cacher dans la cage d'escalier, l'attendre sur la terrasse sur le toit… en espérant qu'il y en a une, mais c'est presque toujours le cas dans ce type de résidences.

Et si ce projet en était un du temps où Mélissa travaillait avec sa mère? Ç'a du sens. Essayons un petit vol d'identité. Temporaire, bien sûr.

— Bergeron.

L'homme consulte sa liste pendant quelques secondes qui me paraissent interminables. J'espère que la mère de Mélissa en fait partie.

— Sylvianne ? me demande-t-il.

J'essaie de ne pas montrer ma joie et j'approuve d'un hochement de tête avant d'enfiler le casque blanc qu'il me remet. Puis j'entre dans un vaste rez-de-chaussée, aux cloisons pas encore dressées. Personne en vue.

Je tends l'oreille et des voix me parviennent depuis l'étage au-dessus. En m'engageant dans l'escalier, je reconnais celle de mon ex-amant. Chaude, posée et ferme. Je l'écoute quelques minutes parler de contrôle de la qualité, de certificats d'achèvement et de respect du budget. Comme s'il faisait un *pitch* à quelqu'un. Ah oui, ça doit être ça ! Il propose ses services pour terminer le projet à la place de Sylvianne.

Puis il s'arrête et le silence se fait, jusqu'à ce qu'une voix féminine vienne le briser.

— Vous pouvez avoir confiance en M. Laflamme. Il prend la relève de ma mère avec beaucoup d'enthousiasme.

Eh bien, j'avais vu juste ! Une vraie Columbo, ma foi ! Mais une Columbo qui va faire une folle d'elle si ça continue. C'est quoi l'idée d'aller espionner F-X en plein travail ? On arrête ça, les scénarios débiles. Et ça presse.

Je sors en coup de vent de l'immeuble, bien décidée à m'évanouir dans la nature, et je marche d'un pas rapide vers la rue Notre-Dame.

— MADAME BERGERON !

Je me retourne, sidérée par les cris du gardien, qui me fait signe de revenir.

— VOTRE CASQUE !

Câlisse ! J'ai complètement oublié de le lui remettre. Tête baissée, je marche dans sa direction, espérant que personne dans l'édifice ne l'a entendu gueuler. Je risque un coup d'œil aux fenêtres de l'étage et, comble de malheur, F-X et Mélissa me regardent. Ce n'est pas vrai ! Dame Chance aurait pu être de mon bord pour une fois !

D'ici, en plus, je ne distingue pas l'expression de leurs visages. Mais je les imagine assez stupéfaits, merci ! Qu'est-ce que je fous sur leur chantier ? Et puis tant pis ! Qu'ils me voient. Sous toutes mes coutures. Et que F-X comprenne que je suis là pour lui. Je m'arrête, les fixant toujours. Je soulève mon casque et je leur fais une gracieuse révérence… tant qu'à faire dans le ridicule, assumons-nous.

Puis je remets dignement mon chapeau de construction, en marchant d'un pas assuré vers la bâtisse. Si, après cette mise en scène, F-X ne me donne pas de nouvelles, c'est qu'il n'en vaut pas la peine.

33

STATUT FB DE **JULIETTE GAGNON**
À l'instant, près de Montréal
En attente du grand amour de ma vie.
J'espère que, cette fois-ci, c'est la bonne.
Wish me luck ! ♥♥♥♥♥♥♥♥♥♥♥♥♥♥♥♥

« Suis libre dans 30 minutes. Tu m'attends ? »
À mon grand bonheur, le texto de F-X n'a pas
tardé. Je lui ai donné rendez-vous dans un café tout
près de son bureau, où je patiente en savourant un
macchiato au caramel.

Et si c'était vrai, cette fois-ci ? Si nous nous retrou-
vions pour de bon ? J'ose à peine y croire.

Pour la dixième fois, je vérifie la porte d'entrée du
commerce, espérant voir F-X la franchir. Je ne peux
m'empêcher de douter. De lui. De moi. De nous deux.
J'ai rarement, sinon jamais, été chanceuse en amour.
Comme si la malédiction s'amusait à s'abattre sur

mes relations. La plupart du temps, c'est parce que les gars en question étaient des T de C qui refusaient de s'engager. Mais c'était aussi à cause de circonstances extérieures, comme ce fut le cas avec mon bel architecte.

En fait, F-X est le seul de mes ex pour qui j'ai encore de l'estime. Parce qu'il n'a pas été un salaud. C'est la vie qui a été chienne avec nous. La vie et ma fichue peur. Celle qui m'a paralysée pendant de longs mois. Celle qui m'a retenue de retourner vers lui comme j'aurais dû le faire. Comme il le souhaitait depuis longtemps. Est-ce que c'est toujours son désir? Même si les faits me disent qu'il en est ainsi, l'incertitude persiste.

Parfois, devant tous mes questionnements et toutes les stratégies à la con que j'invente, j'en viens à penser que je possède une quelconque hormone de sabotage. Un mécanisme qui bousille mes histoires à la dernière minute. Qui fait en sorte qu'inconsciemment je ne m'accorde pas le droit d'être heureuse en amour. Qui m'interdit d'avoir une relation simple, équilibrée et enrichissante… en même temps que passionnée. Ce que peut m'offrir F-X. Quelle fille sensée ne sauterait pas à pieds joints?

Mais non. Il me faut toujours compliquer les choses. Mes copines me l'ont assez répété pour que j'y croie. Eh bien, cette fois-ci, ce sera différent. Je vais accueillir F-X sans qu'on ait besoin de se promettre mer et monde ou qu'on élabore des plans d'avenir à n'en plus finir. Il y a une seule chose à laquelle je tiens. Et elle est non négociable.

*

Voilà deux minutes que F-X est assis en face de moi et nous n'avons échangé presque aucune parole. Un petit «Salut, ça va?» suivi d'un «hum, hum» puis d'un léger baiser sur la joue. Depuis, c'est le silence entre nous deux.

Je ne me lasse pas de l'observer ; ses grands yeux me regardent avec tant de douceur, son sourire se fait hésitant et ses longs doigts fins tapotent une enveloppe de sucre. Est-il nerveux ? Je ne sais pas. Mais j'aime ce que je vois : sa chemise blanche laisse entrevoir une étroite bande de carreaux noirs et gris à l'intérieur de la boutonnière, son jeans noir *slim* sur son ventre plat et ses baskets *charcoal* à semelle blanche complètent un ensemble parfait.

Et maintenant, qui dit quoi ? Comment on joue ça, une scène de réconciliation ? Allons-y tout d'abord avec le savoir-vivre.

— Veux-tu un café ?

— Je vais aller m'en chercher un. Toi, veux-tu autre chose ?

— Non, je… je suis comblée.

Il n'en faut pas plus pour lui faire décocher un énorme sourire qui me réchauffe le cœur. Je soupire de contentement.

Il revient quelques minutes plus tard, un latte dans une main et un morceau de tarte dans l'autre.

— On partage ? me propose-t-il, posant le tout sur la table.

— Si tu me prends par les sentiments… aux pacanes, en plus.

— Je connais tes desserts préférés, Juliette.

Je lui lance un air complice avant de lui faire remarquer qu'il a oublié les fourchettes. Il s'éloigne et revient avec un seul ustensile. Ah bon ? Contre toute attente, il tire sa chaise pour la mettre à côté de la mienne. La proximité de son corps me trouble et m'intimide à la fois. Comme s'il m'était étranger. Pourtant, ce n'est pas le cas. Le corps de F-X, je le connais dans ses moindres détails, dans ses plus petits défauts comme dans tout ce qu'il a de parfait. À commencer par ses épaules juste assez musclées, jusqu'à ses orteils parfaitement alignés.

D'ailleurs, depuis qu'il est arrivé, j'éprouve cette curieuse émotion d'être à un premier rendez-vous amoureux, mais avec un homme que j'aime et que je connais depuis toujours. Comme une redécouverte de l'autre. Est-ce que c'est ça qu'on appelle se donner une seconde chance ? Peut-être, oui.

Mon compagnon coupe d'un coup de fourchette un morceau de tarte et me l'offre. Ravie, j'ouvre la bouche et j'accueille cette petite douceur en me fermant les yeux. Je savoure le moment et je laisse le sucre envahir ma bouche tout entière. Quand j'ouvre les yeux, F-X me fixe d'un regard profond, intense… à la limite sauvage.

— Je sais pas ce que je préfère. Te regarder manger ou te regarder jouir…

Je rougis comme une écolière et je détourne les yeux, gênée par ses propos. S'ils m'amènent au paradis, ils ont aussi pour effet de me déconcerter. F-X agit comme si tout était normal entre nous, comme si nous n'avions pas besoin de parler, de mettre les choses au clair.

Après tout, il faut bien que je sache où il en est dans sa vie. Cette Mélissa, par exemple, est-ce qu'elle compte pour lui ? A-t-il entamé les procédures de divorce avec Ursula ? Est-il d'accord avec une éventuelle garde partagée ?

Oui, je veux savoir, mais en même temps je n'ai pas envie de briser ce moment magique. Si c'est lui qui avait raison ? Si les mots n'étaient pas nécessaires ? Il est là, je suis là, c'est le signe que nous voulons être ensemble. Le reste, c'est de l'histoire ancienne. C'est l'avenir qui importe maintenant. Notre avenir. Et rien ne presse d'en connaître les détails organisationnels. L'instant présent, je veux le consacrer à mon amour pour lui. Tout simplement.

À mon tour d'attraper la fourchette. Aussitôt sa bouchée avalée, je le surprends en posant mes lèvres sur les siennes. Je l'embrasse comme si plus rien n'existait. Ni les clients du café qui pourraient s'offusquer de notre comportement, ni les miss Tzatziki de ce monde, ni le prochain contrat stressant, ni le compte d'Hydro en retard. Que lui et moi.

C'est si doux, si bon, si apaisant et si excitant. C'est ça, F-X. Un gars qui m'apaise et m'excite en même temps. Je voudrais que ça dure des heures, mais comme j'ai autre chose en tête, je mets fin à notre baiser avec regret. En espérant que j'y reviendrai bientôt et que ma prochaine demande ne foutra pas tout en l'air.

— F-X, je veux qu'on se fiance.

34

STATUT FB DE **CLÉMENCE LEBEL-RIVARD**

À l'instant, près de Montréal

Mon amie Juju entre dans une nouvelle étape
de sa vie aujourd'hui. #tropheureusepourelle

STATUT FB DE **MARIE-PIER LAVERDIÈRE**

À l'instant, près de Montréal

Journée cruciale pour mon amie Juliette. J'espère
qu'elle va finalement s'assagir. #VœuxPieux ☺

— Wow ! Elles sont trop belles ! T'aurais pas
dû, Clem !

Je m'extasie devant l'immense bouquet de fleurs
que m'offre ma copine, qui vient d'entrer dans l'appartement de F-X. C'est ici que je vis la plupart du
temps depuis notre réconciliation il y a un mois. Un
grand et lumineux cinq et demi que mon amoureux
a loué près du marché Atwater, après avoir vendu sa
maison de Laval.

— Ce sont des lys asiatiques, pour aller avec le
thème de tes fiançailles.

— Ahhh, t'es trop chou !

J'embrasse Clémence tendrement et je fais la même chose avec Yanni, qui l'accompagne. Avec émotion, je regarde une fois de plus les magnifiques lys rouge, rose et blanc. Ils compléteront à merveille le petit décor que j'ai imaginé dans le salon.

En s'excusant d'arriver à l'avance, Clémence m'aide à mettre les fleurs en pot.

— La fleuriste ne pouvait pas nous dire s'ils sont chinois, mais au moins c'est asiatique.

— C'est parfait, Clem. Ç'a pas besoin d'être aussi authentique que le reste.

Quand j'ai proposé à F-X qu'on se fiance, il a accepté d'emblée. En précisant, toutefois, qu'il ne pourrait pas se marier avant que son divorce avec Ursula soit officiellement prononcé, ce qui devrait se faire d'ici la fin de l'année. Mais je m'en fous. Pour moi, ce sont les fiançailles qui comptent. Elles sont synonymes d'engagement… surtout avec le genre de célébration que j'ai prévue.

Quand je lui ai fait part de mon plan (ben oui, c'est le dernier, promis!), F-X a froncé les sourcils.

— Pourquoi tu ne veux pas de bague? m'a-t-il demandé.

— Parce que c'est trop convenu, trop *dry*, trop comme tout le monde.

— Oui, mais c'est romantique.

— Et une bague, ça s'enlève trop facilement. Alors que ce que je te suggère, ça dure toute la vie.

— C'est quoi?

— Un *tattoo*.

— Un tatouage?

— Yep! Le même tatouage pour nous deux. Au même endroit.

— Et… où tu vois ça?

— À l'intérieur de l'avant-bras.

F-X s'est levé de table et a fait les cent pas dans la cuisine. Visiblement, ma requête le tourmentait. Et moi, ça m'a fait péter les plombs.

— T'as peur de quoi au juste ? Tu veux plus t'engager ? T'es plus certain de notre relation ? Je le savais ! Toujours pareil ! Facile, les paroles, hein ? Mais quand faut passer à l'action, par exemple !

D'un baiser sur la bouche, F-X m'a fait taire. Puis il m'a regardée droit dans les yeux.

— Arrête, Juliette. Arrête d'avoir toujours peur. Je suis là pour rester, mais…

— Mais ?

— Mais je ferai pas de tatouage apparent.

— Qu'est-ce que tu veux dire ?

— Je ferai pas un tatouage que mes clients peuvent voir. Tu peux pas me demander ça.

— Pourquoi ? T'aurais honte ?

— Non, je veux juste pas attirer l'attention là-dessus. Ni me faire poser des questions.

Je me suis pliée à son désir, non sans une certaine déception. Moi qui me faisais un plaisir de montrer nos « marques de fiançailles » à tout le monde. En revanche, il a dit être prêt à afficher publiquement notre engagement, en portant une bague de fiançailles. J'ai finalement accepté ce compromis, me disant que ce serait une bonne façon de décourager les filles qui se mettraient en tête de le séduire.

Je n'ai toutefois pas abandonné l'idée de mon tatouage, que nous porterons fièrement… dans le bas du dos.

D'ailleurs, les tatoueurs ne devraient-ils pas déjà être arrivés ? Je les ai convoqués une demi-heure avant mes invités, histoire qu'ils puissent bien installer leur matériel en vue de la « cérémonie ».

Ding, dong !

Tiens, ça doit être eux ! Je me précipite à la porte d'entrée, que j'ouvre sur Marie-Pier et Arianne. Elles me mettent sous le nez un petit vase en porcelaine, enveloppé dans du papier transparent. Blanc, avec des motifs bleus peints à la main, le vase est une des plus belles œuvres d'art que j'ai vues de toute ma vie. Je tremble déjà à l'idée de l'accrocher et de le briser…

— *Oh my God!* Les filles! Vous auriez pas dû!

— On nous a juré que c'était un authentique vase chinois.

— Ahhh vraiment, ça me touche beaucoup.

Je les laisse entrer, tout en observant leurs tenues. Marie-Pier est superbe dans son veston tissé poivre et sel et son pantalon noir seyant. Quant à Arianne... euh, ça reste Arianne en jeans et t-shirt. Mais elle a fait l'effort de ne pas porter son foutu chandail de baseball. Son haut est même très respectable, avec son encolure ronde et ses manches qui cachent bien ses aisselles colorées. Elle a aussi troqué le noir et gris contre un bourgogne un peu plus joyeux. J'apprécie.

— Juju, tes assiettes de service sont où?

Clémence. Même pas arrivée depuis cinq minutes qu'elle farfouille dans la cuisine. Je vais la rejoindre, suivie des nouvelles venues. Tout le monde se fait la bise chaleureusement, tout en restant légèrement réservé. Certes, l'ambiance est à la fête, mais il y a quelque chose de solennel dans l'air. Comme si, pour tout le monde, c'était un moment important.

— Je sais pas où il les range.

— Ce sera plus simple quand tu vas rester ici pour de bon.

— Ça s'en vient, Clem. Ça s'en vient.

Si je n'ai pas encore abandonné mon appartement du Mile End, c'est que j'ai parfois besoin de me réfugier dans mon univers... et d'échapper à la présence de Loukas, qui vit avec nous à temps plein.

Heureusement, la situation est temporaire. Ursula se comporte de façon exemplaire en maison de transition et devrait, en théorie, reprendre la garde de son fils d'ici quelques mois. Au moins, je m'en sauverai une semaine sur deux. Ce n'est pas que je n'aime pas cet enfant. Au contraire, il est adorable. Mais quand on fait le choix de ne pas en avoir et qu'on se retrouve à en côtoyer un régulièrement, ça demande une adaptation. J'en suis consciente et je travaille très fort là-dessus.

Quand il me tape trop sur les nerfs, ou qu'il pique des colères, je vais chez moi. Ou je sors mon appareil photo. Loukas a une relation très particulière avec celui-ci. Tout comme Eugénie, il se prête facilement au jeu, jusqu'à en oublier les raisons de sa crise. Et moi, le voir charmeur devant ma lentille me le rend plus facile à supporter.

Aujourd'hui, j'ai demandé que nous soyons entre adultes. Tout le monde s'est donc organisé pour faire garder les flos par la famille. Une bénédiction !

Pour moi, c'était clair que Marie-Pier et Clémence seraient témoins de notre engagement. Pas question de vivre ce moment sans elles. F-X, de son côté, a préféré ne pas lancer d'invitation. « Je garde ça pour le mariage », a-t-il précisé. J'ai adoré sa réponse. Elle signifie qu'il y pense déjà !

Le mariage... Que j'ai hâte de l'annoncer à maman et papa ! Ils vont être fous de joie. J'ai décidé d'attendre de les voir pour leur apprendre la bonne nouvelle en personne. Quand je leur dirai, je ne veux pas qu'un écran nous sépare. Je souhaite qu'ils puissent me serrer très fort dans leurs bras et me féliciter d'être finalement devenue une grande fille. Ils doivent venir au Québec à Noël, ce sera le moment parfait.

— Je les ai trouvées, lance Clem, toute joyeuse.

Ma copine dépose sur le comptoir deux assiettes de service blanches et y dispose les rouleaux de printemps. Son conjoint l'observe amoureusement, puis il se tourne vers moi.

— En tout cas, je voulais te remercier, Juliette.

En entendant les propos de Yanni, Clem interrompt sa tâche et le regarde, complice.

— Quand Clémence a su que tu te fiançais, elle a accepté ma demande en mariage.

— Pour vrai ? Vous allez vous marier ?

— Ben oui ! lance Clem.

— Ah, je suis trop contente pour toi !

J'enlace mon amie, et Marie-Pier vient aussitôt nous rejoindre. Yanni et Arianne se font discrets, ils comprennent que cet instant nous appartient à toutes les trois.

Clémence casée, Marie-Pier casée, moi casée… Ouf! On est bien loin d'il y a quelques années, alors que Clem vivait un mariage malheureux, que Marie tentait de convaincre son amant de s'investir dans une relation avec elle, et pas seulement d'être son entraîneur, et que moi je…

Qu'est-ce que je faisais au juste? Ah oui. Je ne le savais pas à l'époque, mais j'attendais le retour de F-X dans ma vie. D'ailleurs, il est où, celui-là? J'espère qu'il ne tardera pas trop.

Un peu plus tôt, il a quitté l'appartement comme je le lui ai demandé. Je voulais lui faire la surprise du décor et de ma tenue. J'ai choisi une robe chiffon rouge, vaporeuse. Sexy, comme en témoigne son dos ouvert, et sage, en raison de son col montant. Et des escarpins noirs vertigineux, avec lesquels je m'efforce de marcher avec grâce… Pas évident.

Mon futur fiancé en a profité pour aller faire un tour au bureau pour régler quelques dossiers. À son retour, il enfilera le veston noir et la chemise blanche que nous avons choisis ensemble. Classique et sexy. Pour le reste, son jeans noir et ses bottillons de l'année dernière feront l'affaire. Assez, les dépenses, on garde ça pour la grande noce!

Je m'habitue peu à peu à l'idée que F-X soit en affaires avec une ex-amante. Bien entendu, ça ne me réjouit pas, mais je n'y peux rien. Mélissa et lui ont couché ensemble à quelques reprises, sans rien se promettre. F-X ne lui a jamais caché qu'il m'attendait et c'est pourquoi elle n'a rien espéré de leur liaison. Ça, c'est ce qu'elle lui a dit. Mais quand je lis dans les yeux de Mélissa Campeau, je comprends qu'elle aurait souhaité plus. Beaucoup plus. Mais j'ai confiance en mon amoureux… ce qui ne m'empêchera pas de la surveiller, elle ! Faut pas être naïve, tout de même.

— Juju ! Ton cell !

Je me précipite sur mon appareil et j'y lis un message de F-X. Il m'avise qu'il quitte le bureau.

— Il arrive dans dix minutes. Pis les tatoueurs sont même pas là ! *Fuck !*

Ding, dong !

Bon, parlant du loup… J'invite les deux professionnels à s'installer au salon, avec leurs machines, parmi les lampes en papier de riz colorées et le paravent aux motifs de dragons. Ça défait un peu mon décor chinois, mais bon, pas trop le choix.

Je retourne à la cuisine, où Clémence fait chauffer les dims sums au bain-marie.

— Quand ce sera prêt, Clem, tu les mettras sur la table.

— Tout de suite ? Mais y a pas la cérémonie avant ?

— Non, non, y a pas vraiment de « cérémonie ». On se fait tatouer, on mange et on boit en même temps. Vous allez pas rester comme des piquets à nous regarder. Ça va quand même être long.

— Tant qu'à ça ! approuve Marie.

Je sors le mousseux du frigo et je m'apprête à l'ouvrir quand Marie-Pier met sa main sur la mienne.

— Juliette, on va s'en occuper. Toi, va relaxer un peu.

— Ouais, d'autant plus que tu veux pas que F-X te voie tout de suite, hein ? ajoute Clem.

— Va te cacher dans la chambre, m'ordonne Marie.

Malgré mon état d'énervement élevé, je prends le temps de m'arrêter et de regarder mes amies qui s'occupent de tout.

— Les filles, je suis tellement choyée de vous avoir. Une chance que vous êtes là, je sais pas ce que je ferais sans vous.

— Ohhhhhh, Juju, nous autres non plus, on pourrait pas se passer de toi.

— C'est sûr ! On aurait personne pour nous exaspérer, nous inventer des plans de fous, nous…

— Marie-Pier ! Arrête ! C'est sérieux, là !

— Je te niaise, tu sais bien.

— En tout cas, je vous aime.

— Nous autres aussi, mais on va t'aimer plus quand tu seras dans la chambre.

Marie-Pier me pousse gentiment vers le couloir et je passe près de trébucher à cause de mes fichus talons trop hauts. Elle éclate de rire, tandis que Clem nous enjoint de faire attention.

— C'est pas le temps qu'elle s'écorche un genou. Ça ferait pas de belles photos.

Je la rassure du regard et je m'éloigne vers la chambre en me disant que j'aimerais bien avoir le pouvoir de me dédoubler. Comme ça, je pourrais faire mes propres photos des événements importants de ma vie et non pas me fier à mes amies qui, si gentilles soient-elles, sont de pitoyables photographes…

$$35$$

STATUT FB DE **JULIETTE GAGNON**
À l'instant, près de Montréal

Croyez-moi ou non, amis Facebook, aujourd'hui,
je deviens une vraie adulte. Merci de m'avoir
accompagnée dans ma route jusqu'ici. Je crois
que je me suis finalement trouvée. xx

— *C*'est bien le message que vous souhaitez
avoir?

Je regarde la feuille que nous montre le tatoueur
et j'approuve d'un signe de tête. À mes côtés, F-X fait
de même.

— J'espère que c'est le bon! Ç'a été assez compliqué, votre histoire de chinois, lance Marie-Pier.

À l'évocation de ce que j'ai appelé notre périple
chinois, tous mes amis éclatent de rire. F-X et moi les
imitons, tandis que les deux tatoueurs se demandent
bien de quoi il retourne.

— Vous voulez que je vous raconte?

Curieux, ils me prient de le faire pendant qu'ils poursuivent leurs préparatifs.

— Quand j'ai parlé de *tattoo*, mon idée était déjà faite. Je voulais un truc en chinois.

— Pourquoi? me demande l'un d'eux.

— Parce que je me voyais pas avec un «J'aime F-X», un «F-X et Juliette pour la vie» ou un «À la vie, à la mort avec F-X». Bien trop quétaine.

— Tant qu'à ça.

— Et puis j'ai toujours trouvé que les caractères chinois étaient gracieux, élégants. Vous pensez pas?

— Oui, c'est sûr que c'est très beau.

— En plus, on allait être les seuls, à part les Chinois, à comprendre le sens de notre tatouage.

— Hum, hum.

— Donc on a choisi la phrase: «À toi, pour toujours.»

— Ahhh c'est ça que ça veut dire!

— C'est *cute*, hein?

— Très *cute*.

— On a ensuite cherché la traduction sur Internet, sauf que là…

— Attends, je vais finir de raconter, intervient F-X.

— Vas-y, mon petit won-ton.

Mon chum me regarde, stupéfait. Mes invités aussi.

— Pas de panique, c't'une *joke*!

— Fiou! laisse tomber Marie-Pier.

— OK, reprend F-X. Moi, les traductions sur Internet, je fais pas trop confiance à ça. Donc j'ai voulu vérifier avec du vrai monde, qui parle vraiment chinois.

— Fait que j'ai proposé d'aller dans le quartier chinois.

— On entre dans un premier commerce. C'était lequel donc, Juliette?

— Un genre de Stokes chinois.

— Ah oui. Un magasin de cuisine. Je montre la feuille que j'avais imprimée à une employée, mais elle ne parle pas chinois, elle est née ici.

— Faut dire qu'elle avait même pas vingt ans. Elle nous envoie voir sa mère.

— Pas plus de succès non plus. Elle ne reconnaît pas tous les caractères. C'est qu'il y a plusieurs dialectes en Chine, nous on a choisi le mandarin.

Même s'ils ont déjà entendu cette histoire, nos invités sont suspendus à nos lèvres, tout comme les tatoueurs.

— On s'en va dans une pharmacie, dis-je après avoir avalé une gorgée de mousseux. Mais là, c'est pas des Chinois. Tout le monde est vietnamien !

— Ben voyons donc ! s'exclame un tatoueur. Pas de Chinois dans une pharmacie du quartier chinois ?

— Non, renchérit F-X. Et ç'a été comme ça dans quatre, cinq autres commerces. Soit c'étaient des Vietnamiens, soit ils ne comprenaient pas ce chinois-là !

— Coudonc, c'est de la fausse représentation, ajoute le tatoueur.

Son observation soulève les rires dans la pièce baignée par la lumière de fin d'après-midi.

— Ils vendent chinois pareil, dis-je, mais ils savent pas le parler. En tout cas, pas ceux qu'on a vus.

— Peut-être que c'était votre message qui n'était pas exact ? demande Yanni, un rouleau de printemps à la main.

— Non, non, il était bon, précise F-X. Finalement, je l'ai fait vérifier par un prof de l'école de langues de l'UQAM.

— Et ça dit vraiment « À toi, pour toujours » ?

— Yep !

— C'est beau, hein ? C'est ma suggestion et F-X a approuvé.

Je me tourne vers mon amoureux et je lui tends la main. Il la prend délicatement dans la sienne et la porte à ses lèvres pour l'embrasser avec douceur.

— Ohhhhhhhhhhhhhh ! s'exclament nos amis.

Je souris à mes amis, trop contente qu'ils soient tous là pour nous voir unir nos destinées, F-X et moi.

— Bon, vous êtes prêts? demande le tatoueur.

— Oui.

— Oui.

— Assoyez-vous dos à moi, dit-il en désignant les deux chaises de service qu'ils ont apportées.

J'obéis et le tatoueur relève ma camisole… eh oui, j'ai dû troquer ma belle robe rouge contre quelque chose de plus pratique. Tout comme F-X, qui porte finalement un t-shirt noir, qu'il vient d'enlever. *Meeeeooooow!*

— Placez votre tête droite, dans l'appuie-tête.

À regret, je quitte mon amoureux du regard. J'aurais souhaité rester liée à lui pour vivre ce moment.

— Donne-moi ta main, me dit-il, comme s'il avait compris mon besoin.

C'est ça qui est fabuleux avec cet homme que j'aime plus que tout au monde. Il va au-devant de mes désirs, sans même que j'aie besoin de les exprimer. C'est rassurant, mais en même temps terriblement inquiétant.

Pendant que je sens l'aiguille s'enfoncer dans ma chair, je ne peux m'empêcher d'éprouver à nouveau certaines angoisses.

Serai-je à la hauteur de cet amour que je trouve parfois plus grand que nature? Vais-je pouvoir rendre mon fiancé heureux? Malgré mon caractère parfois immature et mon égocentrisme que je n'arrive pas toujours à mettre de côté?

Je n'en sais rien, mais je vais essayer. Avec tout mon cœur, mon corps et mon âme. Avec toute la fureur de vivre qui m'anime. Avec toute ma volonté de devenir une meilleure personne. C'est la seule certitude que je peux lui offrir. La seule, mais la plus importante.

Bye, bye, Juju!

Remerciements

À Yves… Ai-je besoin de te dire à quel point tu es important dans ma vie? Même si tu le sais, je te le dis et redis. Merci d'être là et d'être l'homme formidable que tu es.

À Laurence, parce que grâce à toi je connais désormais le mot «n00b»… et bien d'autres choses de la vie avant trente ans.

À mon père, qui a eu une année particulièrement difficile. Pour m'avoir guidée dans ma carrière de journaliste et pour être mon plus fidèle lecteur. Juju, ça te change des polars, non?

À Nadine Lauzon. Que dire? Sinon que ton magnifique travail d'édition, ta passion pour la littérature et ton amitié profonde ont marqué les cinq dernières années de ma vie.

À toute l'équipe de Groupe Librex. Nous terminons aujourd'hui un marathon de sept romans. Vous avez été un partenaire exceptionnel dans l'édification de ma carrière de romancière. Du Charlotte 1 au Juju 3, votre professionnalisme et votre engagement ont fait la différence.

À mon agente, Nathalie Goodwin. Parce que, grâce à toi, je peux laisser toute la place à l'artiste que je suis en sachant que mes affaires sont en de bonnes mains.

À toutes les blogueuses et chroniqueuses littéraires qui, jour après jour, transmettent leur passion pour la littérature québécoise. Votre travail, que vous faites bien souvent bénévolement, est d'une importance capitale pour tous les auteurs québécois.

Aux deux organisateurs de la journée « Le 12 août, j'achète un livre québécois ». Merci Patrice Cazeault et Amélie Dubé pour l'incroyable visibilité que vous nous avez donnée. Merci aussi à tous les lecteurs qui ont fait de cet événement un franc succès. On récidive tout le monde cet été ?

Et merci à la vie. Celle qui, à l'aube de mes quarante ans, a mis sur mon chemin une épreuve importante. Après la colère et le sentiment d'injustice, c'est la résilience qui a pris le dessus. Et avec elle, la naissance de Charlotte, de Juju… et d'une nouvelle femme, que je considère maintenant comme une auteure accomplie. Permettez-moi simplement d'être fière de moi.

Suivez les Éditions Libre Expression sur le Web :
www.edlibreexpression.com

Cet ouvrage a été composé en Minion 12/14
et achevé d'imprimer en avril 2015 sur les presses
de Marquis imprimeur, Québec, Canada.

certifié   procédé   100% post-   archives   énergie
   sans chlore   consommation   permanentes   biogaz

Imprimé sur du papier 100 % postconsommation, traité sans chlore,
accrédité Éco-Logo et fait à partir de biogaz.